2,-

Michael Klems

Die Welt von CompuServe

CompuSurfer's Reiseführer

Bonn · Albany · Belmont · Boston · Cincinnati · Detroit · London · Madrid
Melbourne · Mexico City · New York · Paris · Singapore · Tokyo

Die Informationen in diesem Produkt wurden mit größtmöglicher Sorgfalt erarbeitet. Dennoch können Fehler nicht vollständig ausgeschlossen werden und Verlag, Autoren oder Übersetzer übernehmen keine juristische Verantwortung oder irgendeine Haftung für evtl. verbliebene fehlerhafte Angaben und deren Folgen.
Alle Warennamen werden ohne Gewährleistung der freien Verwendbarkeit benutzt und sind möglicherweise eingetragene Warenzeichen. Der Verlag richtet sich im wesentlichen nach den Schreibweisen der Hersteller.

Das Werk einschließlich aller seiner Teile ist urheberrechtlich geschützt. Alle Rechte vorbehalten, einschließlich der Vervielfaltigung, Übersetzung, Mikroverfilmung sowie Einspeicherung und Verarbeitung in elektronischen Systemen.

© 1994 by International Thomson Publishing GmbH
1. Auflage 1994

Satz
Reemers EDV-Satz

Umschlaggestaltung
Justo G. Pulido, Bonn

Belichtung
Bercker Graphischer Betrieb, Kevelaer

Farbreproduktionen
ImagingService Flöer, Bonn

Produktion
TYP*isch* Müller, Bonn

Druck und buchbinderische Verarbeitung
Bercker Graphischer Betrieb, Kevelaer

Printed in Germany

ISBN 3-929821-40-0

Inhaltsverzeichnis

Vowort	Praktisch einsteigen	1
Kapitel 1	**Die CompuServe-Story**	**5**
	CompuServe Quo Vadis?	7
Kapitel 2	**CompuServe Sightseeing**	**9**
	Kurzeinblick in das Angebot von CompuServe	10
	Was brauchen Sie für CompuServe?	10
	Mit CompuServe nach USA kommunizieren?	13
	So werden Sie CompuServe-Nutzer	15
	Die Kosten von CompuServe	16
	CompuServe – Hilfe rund um den Computer	17
	Software aus CompuServe	17
	Was ist ein Forum unter CompuServe?	18
	Konferenzen für Jedermann	21
	Digitale Post mit den vielen Vorteilen	22
	Nachrichtenagenturen unter CompuServe	23
	Wetterkarte auf dem PC	24
	Finanzdienste unter CompuServe	25
	Elektronisch Recherchieren	26
	Die ersten Gehversuche im System	26
	Kosten: Rechnen Sie bitte nach!	34
	Paßwort ändern: Chefsache	38
	CompuServe-Knigge	39
Kapitel 3	**Navigatoren**	**43**
	Kleiner Unterschied große Wirkung	43
	Tu dies, tu das. Das Prinzip eines Navigators	46
	Der Windows Navigator von CompuServe	46

Installation des Navigators	46
Die Oberfläche des CompuServe Navigators	51
Erstellen eines Skripts mit dem CISNAV	53
Login mit dem Navigator	63
Die Protokolldatei mit allen Informationen	65
Thread Summaries	66
Beziehen von Dateien über den Navigator	68
Das eigene Datenarchiv: Offline Library	70
Die Pass-Funktion	72
Praktische Hinweise	74
Setup für Fortgeschrittene	76
Praktisches Arbeiten mit dem Navigator	81
Timing ist alles!	86
Wann Navigator? Wann WinCIM?	93

Kapitel 4 OzCIS? 95

Was ist OzCIS?	95
Wie bekommt man OzCIS?	96
Systemvoraussetzungen für OzCIS	97
Installation von OzCIS	97
Einführung in die Arbeit mit OzCIS	98
Host einrichten	101
Einstellen der Host-Optionen	105
Erstellen einer E-Mail mit OzCIS	107
Foren mit OzCIS bearbeiten	114
OzCIS kontra CompuServe Navigator	117

Kapitel 5 Compifachsimpeleien 119

Patient: Computer	119
Hilfe: Drucker druckt nicht!	119
Softwareentwickler unter sich	127
Die ersten US-Publikationen zum Thema	130
Multimedia: Der Ton macht die Musik	132
Rund um das Modem	133
Ansteckend: Vireninformationen	137
Microsoft – der Riese im Riesennetz	145

File Finder: Wer sucht, der findet	150
Login – Kauf ein!	158
Fallbeispiel: Kauf eines Modems	162
Shopping – Lohnt es sich?	167

Kapitel 6 CompuServe für das Business   169

E-Mails für die Profis	169
Internet: Topic Nr.1 bei CompuServe	171
Finanzdienste für den Profi	177
Ticker-Symbole eines Unternehmens herausfinden	177
Praxisbeispiel	178
Weitere Finanzdienste auf CompuServe	185
Geschäftskontakte auf CIS knüpfen: Talk English	187
Werbung auf CompuServe	193
CompuServe im Unternehmen einsetzen	196

Kapitel 7 Datenbankrecherchen mit CompuServe   199

CompuServe als Informationsquelle	199
Grundsätzliches zu Recherchen	199
Recherchen und Kosten	201
Telefonnummer eines Nutzers aus den USA ermitteln	202
Phone*File alle Telefonnummern aus den USA	204
Marquis' Who is Who: Unternehmerbackground	206
IQuest: Informationsquelle	208
Recherche unter IQuest	209
Tips und Tricks, damit nichts schiefgeht	215
Liste Datenbankdienste unter CompuServe	215
Top-Information innerhalb der CompuServe Foren	220

Kapitel 8 CompuServe nur als Hobby   223

Flugsimulationen: Über den Wolken	223
Hello Hollywood!	225
Roger Eberts Filmkritiken (GO EBERT)	228
Soap-Operas: Wissen was läuft	230

Spiele: Für eine Handvoll Dollar	237
Die besten Spiele-Foren	237
Forum der Spiele Hersteller (GO GAMPUB)	238
Modem Spiele Forum	240
Kontakte zu Sammlern in aller Welt	241
Ahnenforschung auf CompuServe (GO ROOTS)	243
Weitere Hobby-Foren	244

Kapitel 9 Reisen mit CompuServe   247

Reiseplanung mit CompuServe	247
Praxisbeispiel: Australien und USA	248
Travel Forum (GO TRAVEL)	248
EAASY SABRE: Schauen, was der Spaß kostet	250
Selber buchen – lohnt sich das?	253
Foren für die Reiseplanung	256

Kapitel 10 News und aktuelle Informationen aus CompuServe   259

Associated Press	260
Reuters Ticker	263
Nachrichtenbilder von Reuters	263
Deutsche Presseagentur	266
Newsgrid	266
ENS-Nachrichten für die Profis	267
Anmelden der Executive Option	267
Tips und Tricks zum ENS Clipping Service	274
Journalist: Die Zukunft hat begonnen	275
Zeitung Just in Time	276
Journalist für den ENS Clipping Service	278
Wo bekommen Sie Journalist?	280
Journalist: Lohnt sich das?	281

Kapitel 11 Diskette   283

Installation des WinCIM	283

Anhang	**Die meist gestellten Fragen**	**287**
	Wörterbuch	290
	Terminplan CompuServe-Konferenzen	296
	Alle Foren im Überblick	304
	Software für CompuServe im Überblick	336
	Internationale Zugänge zu CompuServe	343
	Kundenservice von CompuServe	348
	CompuServe-Gebühren	349
	Stichwortverzeichnis	**355**

Vorwort
Praktisch einsteigen

Der Beginn eines Buches oder auch der eines Artikels über CompuServe beginnt in den meisten Fällen immer noch mit der Beschreibung, daß CompuServe das größte Mailboxsystem der Welt mit unzählig vielen Angeboten sei. Ich denke, daß man dies den routinierten CompuServe-Nutzern nicht mehr aufzählen muß. Die meisten wissen, welche Dimensionen mit CompuServe vor ihnen liegen und jeder von ihnen hat eigene Vorstellungen, wie er CompuServe nutzen kann. Selbst nach mehreren Jahren der Nutzung bietet CompuServe eben wegen seines großen Angebotes eine große Menge an neuen Nutzungsmöglichkeiten, die auch der routinierte Nutzer noch nicht wahrgenommen hat.

Das Buch richtet sich sowohl an den schon erfahrenen CompuServe-Nutzer, als auch an den Anfänger, der direkt mit den praktischen Ansätzen von CompuServe arbeiten will. Vieles lernt man als Beginner in der direkten Verbindung zu CompuServe. Das Buch hilft Ihnen, Fehler und damit auch Kosten zu vermeiden. Viele alte Hasen auf CompuServe werden Ihnen sagen, wo Sie Informationen zu Ihrem Thema finden werden. Doch bis dahin ist es ein langer Weg, und Sie sollten aus den bereits gemachten Erfahrungen profitieren.

Viele Leute, die ich kenne, lesen sich in den seltensten Fällen eine Bedienungsanleitung durch. Ein Buch wird immer dann zu Rate gezogen, wenn etwas nicht funktioniert. Wie in meinen anderen Büchern empfehle ich »Learning by Doing«. Nur so kann jeder seinen idealen Weg finden, um in diesem Fall mit CompuServe erfolgreich zu arbeiten, und gerade das sollen Sie. Mit CompuServe arbeiten ist das Ziel! Eben einmal in das System reinschauen und gelangweilt ein paar Forennachrichten lesen, das eine oder andere Programm beziehen oder sich zu einem Dialog auf dem CB-Channel hinreißen lassen, bringt eher Verdruß am Monatsende. Die Anwendung steht im Vordergrund. Wer CompuServe richtig anwendet, der kann mit ein paar Logins in der Woche eine Reihe wertvoller Informationen beziehen, oder was in der heutigen Zeit viel wichtiger ist, wertvolle Kontakte knüpfen.

Nun soll CompuServe nicht nur die Quelle möglicher Geschäftskontakte sein, sondern noch ein wenig mehr, das umfassende Kommunikationsmedium für das globale Dorf. CompuServe kann eine Menge für Sie tun, Ihnen dies nur erklären wird Sie schnell langweilen. Ich lade Sie auf eine Reise durch die CompuServe-Welt ein, die immer auch die Frage beantworten soll, was man mit diesem Forum, Dienst oder Service eigentlich anfangen soll. Lösen Sie sich von der Vorstellung, CompuServe umfassend nutzen zu wollen. Viele Interessen und Hobbys wollen mit CompuServe unterstützt werden. Im ersten Moment werden Sie darüber hinweglesen, doch im Zuge Ihrer eigenen Erfahrungen werden Sie immer wieder darauf zurückgreifen.

Die Arbeit mit den gängigen Information Managern von CompuServe ist sehr einfach und verständlich. Das Buch wird hier einen anderen Weg nehmen und den Information Manager nur in Kürze erläutern. Schwerpunkt liegt auf den Navigatoren, die erheblich die Kosten senken können. Programme wie OzCis sind so in der Funktionsweise schneller erlernbar und machen aus dem Neueinsteiger in kürzester Zeit einen Nutzer, der mitreden kann. Aber auch ein großer Teil der erfahrenen CompuServe-Nutzer hat sich bisher nicht an die weitaus preiswerteren Navigatoren gewagt. Mit einem eigenen Navigator hat CompuServe eine ideale Ergänzung zum Information Manager auf den Markt gebracht, da sich beide Programme sinnvoll ergänzen. Die umfassende Beschreibung zum CompuServe Navigator und OzCis werden Sie im Buch nicht finden; denn dafür können Sie den Erfahrungsschatz tausender Nutzer in aller Welt anzapfen.

Viele Unternehmen nutzen mittlerweile CompuServe als universelles Kommunikationsmedium. Was dafür und auch dagegen sprechen kann, werden Sie in diesem Buch finden. Sie finden Berufsgruppen, die ohne das Medium CompuServe kaum noch effektiv arbeiten können. Was diese Menschen bewegt und auch Sie bewegen sollte, CompuServe als Ihr universelles Kommunikations- und Informationsmittel einzusetzen, erfahren Sie an zahlreichen Beispielen.

Nein, Sie nutzen CompuServe nur in Ihrer Freizeit? Dann wollen Sie aber sicherlich erfahren, welche interessanten Foren es gibt und vor allem welche Informationen sich darin befinden. Machen Sie mehr aus Ihrer Textverarbeitung, Tabellenkalkulation oder Ihrem Adventure, indem Sie mit CompuServe den Kontakt halten. Spielen Sie live gegen Nutzer, die 10.000 Kilometer von Ihnen entfernt gerade am Rechner sitzen, oder besorgen Sie sich mal eben den neuesten Shareware-Hit von Apogee aus Ihrer eigenen Spielebibliothek.

Der Autor schreibt zwar ein Buch, aber eine Menge Menschen stecken hinter der Entstehung eines solchen Werkes. Neben den gängigen Wachmachern, Kaffee und weiteren koffeinhaltigen Getränken gilt der Dank allen Compu-

Serve-Nutzern, die CompuServe zu dem gemacht haben, was es heute ist. Bedanken möchte ich mich bei meiner Freundin Marion für die Unterstützung und Motivation, Frau Hönsch für die Korrektur und Michael Otto wieder für die Beantwortung und Diskussion allerlei Fragen zum Thema PC, Modem und Software. Dem gesamten Team von International Thomson danke ich, insbesondere Ralf Lieder und seiner Frau für die aufopferungsvolle Arbeit. Frau Susanne Gronholz alles Gute für die Zukunft. Ralph Lemke und allen Thomson-Mitarbeitern Dank für den vielen Spaß, den so manches Treffen gemacht hat.

Begleiten Sie nun den CompuServe Navigator und WinCIM auf einer Reise durch die größte Mailbox der Welt!

Kapitel 1
Die CompuServe-Story

Vom Tellerwäscher zum Millionär, aus einer Garage heraus zu einem der größten Computerhersteller der Welt (Apple). Vielfältig sind die Erfolgsstories aus den USA. CompuServe paßt mit seiner Firmengeschichte genau in dieses Schema. Denn auch bei CompuServe begann alles sehr klein und beschaulich.

CompuServe wird geboren

Eine Versicherungsgruppe in den USA hatte 1969 einen Computer gekauft und stellte fest, daß dieser in seiner Auslastung noch weit mehr leisten konnte, als diesem im eigenen Hause abverlangt wurde. Man kam daher auf die Idee, die Rechenleistung zur Miete anzubieten.

```
0892399    DIALOG File 516:   D&B Duns Market Identifiers
Block, H & R, Inc
4410 Main St
Kansas City, MO   64111-1812

TELEPHONE: 816-753-6900
COUNTY: Jackson      MSA: 3760  (Kansas City, MO-KS)
REGION: Midwest

BUSINESS: Tax Preparation Personnel Svces & Franchising Computer Svces

LATEST YEAR ORGANIZED: 1946    OWNER CHANGE DATE:           NA
STATE OF INCORPORATION: MO     DATE OF INCORPORATION: 11/17/1947
ANNUAL SALES REVISION DATE: 08/11/1993

                        LATEST          TREND           BASE
                        YEAR            YEAR            YEAR
                                        (1991)          (1989)
SALES         $    1,525,330,000  $  1,370,698,000  $  900,000,000
EMPLOYEES TOTAL:         4,100              NA              NA
EMPLOYEES HERE:            246

   SALES GROWTH:  52 %   NET WORTH: $    524,860,000
   EMPLOYMENT GROWTH:  NA %

SQUARE FOOTAGE: 70,000  OWNED
```

Abb. 1.1: H&R Block Inc. ist einer der größten Steuerberatungsdienste in den USA

1970 entwickelte sich daraus eines der ersten Kommunikationsnetze, der Weg für CompuServe war geebnet. Mit dem System *MicroNet* wurde 1979 der direkte Vorgänger von CompuServe auf den Markt gebracht. Elektronik-Handelsketten wie Tandy nahmen das CompuServe-Starter-Kit in Ihr Sortiment auf, und bereits in den 80er Jahren wurde es bis zu 7000 Mal pro Jahr verkauft. 1980 wurde CompuServe von der H&R Block Inc. gekauft. Für nur 23 Millionen US-Dollar erwarb einer der größten Steuerberater der USA, mit 9500 Büros landesweit, den Online-Dienst. Die finanzstarke Mutter war zu dieser Zeit das Geldpolster von CompuServe, um neue Entwicklungen und Dienste in den Service einzubinden.

Die Expansion von CompuServe in den ersten 10 Jahren nach der Gründung ging kontinuierlich weiter. 1989 blickte man auf 500.000 und 1992 auf knapp über eine Million Nutzer in aller Welt.

```
2402311     DIALOG File 516:   D&B Duns Market Identifiers
Compuserve Incorporated
Compuserve Data Tech Div
5000 Arlington Centre Blv
P O Box 20212
Columbus, OH  43220-2913

TELEPHONE: 614-457-8600
COUNTY: Franklin      MSA: 1840  (Columbus, OH)
REGION: North Central

BUSINESS:    On   Line   Information  &  Electronic   Communication   Services
     Value-Added Telecommunication Network Services

LATEST YEAR ORGANIZED:  1980    OWNER CHANGE DATE:          NA

STATE OF INCORPORATION:  OH    DATE OF INCORPORATION: 02/15/1980
ANNUAL SALES REVISION DATE: 01/18/1993
                            LATEST            TREND            BASE
                            YEAR              YEAR             YEAR
                                              (1991)           (1989)
    SALES          $    280.852,000    $   280.852,000   $  173.000,000
    EMPLOYEES TOTAL:         1,614              1,381             1,400
    EMPLOYEES HERE:          1,170

      SALES GROWTH:   62 %   NET WORTH:  $    194,123,959
      EMPLOYMENT GROWTH:  -1 %
```

Abb. 1.2: Firmeneintrag von CompuServe in der Datenbank Dun & Bradstreet

Mittlerweile hat sich CompuServe zum stärksten Pferd im Stall H&R Block Inc. entwickelt. 20% des Gesamtgewinns der H&R Block Inc. fließen von CompuServe in die Unternehmensgruppe ein. 1993 machte die CompuServe Inc. einen Gewinn vor Steuern von 74 Millionen US-Dollar. Das Unternehmenseinkommen lag damit doppelt so hoch, wie beim schärfsten Wettbewerber America Online. Derzeit hat CompuServe weltweit einen 1,5 Millionen großen Kundenstamm (70% Privatkunden), der pro Woche um 16.000 Neukunden wächst (Quelle:

Forbes 1993). CompuServe ist für die H&R Block Inc. mittlerweile ein wichtiges Standbein geworden, da das Steuervolumen in den USA während der Rezession starke Einbrüche erlebt hat. Den Erfolg des Online-Dienstes würdigte die Firmenmutter mit dem Abhalten der Jahreshauptversammlung 1993 im Firmensitz von CompuServe in Columbus, Ohio.

Der große Erfolg von CompuServe in den USA liegt aber noch in anderen elektronischen Zweigen. So übernimmt CompuServe die gesamte elektronische Kreditkartenprüfung von VISA (Dial-Up-Card-Verification) und wird bei den meisten Luftfahrtgesellschaften für die elektronische Mitarbeiterdisposition genutzt.

Der große Kopf hinter CompuServe ist Maturice Cox, ein Mathematik- und Computerwissenschaftler. Vor dem Einstieg bei CompuServe (1979) arbeitete Cox als Marketingleiter bei Control Data. Cox hat aber trotz des Erfolges von CompuServe den Kontakt zur Basis behalten. Mit seinem Palmtop-Computer arbeitet er in den Foren unter CompuServe, wann immer es sich anbietet.

CompuServe Quo Vadis?

Gerade für die deutschen Teilnehmer in CompuServe ist es sehr wichtig, Fragen nach der Zukunft von CompuServe-Deutschland zu stellen. Keine Angst, CompuServe hat den europäischen Markt entdeckt, der mit Wachstumsraten glänzt, die in den USA in den 80er Jahren vorhanden waren. Etwa 100.000 Mitglieder hat CompuServe derzeit in Europa. Schaut man sich die rasend schnelle Entwicklung innerhalb der Computer- und der Kommunikationstechnologie einmal an, so wird auch CompuServe in den nächsten Jahren noch leistungsfähigere Dienste anbieten können.

Den nächsten Schritt in eine Internationalisierung stellt die derzeitige Umstellung von CompuServe auf den 8-Bit-Code dar. Lange Zeit hatten sich gerade die deutschen Nutzer immer wieder darüber beklagt, daß Sonderzeichen nicht möglich sind. Mit Blick auf die zukünftige Entwicklung des CompuServe-Systems für den deutschen Nutzer kann es nur erfreuliche Aussichten geben. Viele Dienste sind immer noch sehr US-orientiert und warten nur darauf, von europäischen Anbietern genutzt zu werden. Quer durch alle CompuServe-Dienste ist eine »*Europäisierung*« zu erwarten.

Elektronisch Einkaufen
Auch europäische Anbieter werden CompuServe als neuen Vertriebsweg für Produkte entdecken. Den Anfang als Europäer macht die Air France, die schon

seit längerer Zeit in der *Shopping Mall* vertreten ist. Denkbar sind zum Beispiel die führenden Versandhäuser der unterschiedlichsten Produktgruppen in Deutschland.

Datenbanken und Informationen

Um gerade auch den US-Nutzern den Zugriff auf europäische Daten zu ermöglichen, wird CompuServe in den nächsten Jahren das Angebot an Datenbanken vergrößern. Eine Vielzahl europäischer Datenbankhosts werden mit Sicherheit ein Interesse an einem Weiterverkauf der aufliegenden Daten an ein Computernetz mit mehreren Millionen Nutzern haben. Nennenswert sind Hosts wie Data Star, FIZ Technik, STN International, BRS, GBI und Questel. Mit Sicherheit nicht dabei sein werden die Datenbanken von GENIOS, denn diese gehören zu GENIE (General Electric), einem Wettbewerber von CompuServe.

Foren für die Zukunft

CompuServe ist primär ein Netzwerk für den Computeranwender und wird diesen Schwerpunkt weiter verfolgen. Die Beobachtung der neu entstehenden Foren beweist die Ausrichtung in die EDV-Branche. Hauptanbieter von Foren ist zweifellos Microsoft, das seine Online-Produktunterstützung auf über 30 Foren ausgedehnt hat.

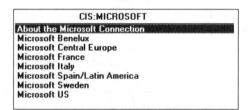

Abb. 1.3: Microsoft ist einer der Hauptanbieter im Bereich der computerorientierten Foren

Wie entscheiden Sie sich?

Als Neuling im Bereich der elektronischen Dienste werden Sie schlichtweg mit dem derzeitigen Angebot überfordert sein. Wählen Sie aus, welcher Dienst für Ihren Bedarf der sinnvollste und auch preisgünstigste ist. Für eine Entscheidung oder die effektive Nutzung werden Sie die nachfolgenden Seiten brennend interessieren.

Kapitel 2
CompuServe Sightseeing

Auch für den einen oder anderen erfahrenen Nutzer von CompuServe kann diese Kurzeinführung in CompuServe sehr hilfreich sein, hat man doch auf diese Weise eine einfache und einleuchtende Erklärung für dieses System zur Hand. Denn auch die erfahrensten Nutzer werden immer wieder gefragt: »Was ist denn bitte CompuServe?«. Auf wenigen Seiten beschränkt erfahren Sie, was Sie überhaupt mit CompuServe alles anstellen können und wie einfach Sie sich damit zurechtfinden werden. Das Buch wird den Information Manager nicht in allen Einzelheiten beschreiben, aber die alltägliche Arbeitsweise in Verbindung mit dem CompuServe Navigator werden Sie im Praxisteil (ab Kapitel 5) verfolgen können.

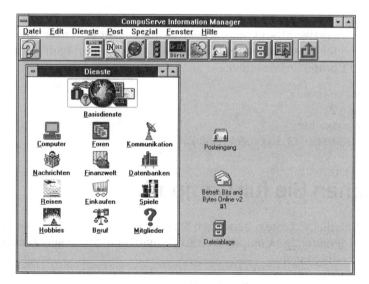

Abb. 2.1: CompuServe, leicht zu bedienendes Informationssystem für den Computer

Über ein sehr einfaches Beispiel, das mittlerweile vielen Menschen bekannt ist, läßt sich CompuServe recht anschaulich auch für den völlig Unbedarften in Sachen Computer erklären. Videotext kennt sicherlich jeder mittlerweile und Ihnen ist sicherlich schon aufgefallen, daß man nur lesend daran teilnehmen kann. Sie haben die Möglichkeit, das aktuelle Fernsehprogramm, Nachrichten oder die Wettervorhersage abzurufen. Alles ist sehr übersichtlich auf dem Fernseher zu erkennen und nach einem sehr einfachen Prinzip zu bedienen. Auch weitaus detailliertere Daten, wie Börsenwerte und Flugankunftszeiten, lassen sich über Videotext abrufen. Ob nun Nachteil oder Vorteil, Sie sind immer nur passiv beteiligt, eine Eingabe in das System von Ihrer Seite aus ist nicht möglich.

Prinzipiell ist CompuServe nichts anderes als eine kombinierte Form von Lesen und aktiver Eingabe per Computer. Hier haben Sie schon einen der wesentlichen Unterschiede. Sie benötigen im Unterschied zum Videotext einen Computer mit Modem und eine spezielle Software, um die Verbindung zu CompuServe aufzubauen. Da Sie für die gesamte Nutzung noch ein wenig mehr Geld bezahlen müssen als beim Videotext, kann CompuServe, es wäre auch sehr ärgerlich wenn nicht, einiges mehr.

Kurzeinblick in das Angebot von CompuServe

Was CompuServe Ihnen alles bieten kann, erfahren Sie sehr ausführlich im Informationsmaterial, das man Ihnen gerne zusendet. Unter der folgenden Anschrift oder Telefonnummer können Sie weitere Unterlagen anfordern oder Fragen zu CompuServe stellen:

CompuServe GmbH
Jahnstraße 2
82008 Unterhaching
Telefon 0130/864643, Fax 089/66550-255

Was brauchen Sie für CompuServe?

Für das Beispiel Videotext benötigen Sie bekanntermaßen einen Fernseher mit Videotextdecoder. Bei CompuServe stößt man namentlich schon auf die erste der drei Bedingungen.

Der Computer – Ihr bester Freund

Um CompuServe nutzen zu können, benötigen Sie in erster Linie einen Computer. Empfehlenswert ist die Nutzung eines IBM-kompatiblen Rechners, da die meisten Foren unter CompuServe auf diesen Computertypen ausgerichtet sind. Aber auch Computer von Apple, Amiga und Atari können CompuServe nutzen. Gerade Rechner von Apple, die in Deutschland vor allem im Profibereich zum Einsatz kommen, werden hier teilweise als Exoten behandelt. Über CompuServe haben Sie dann Zugriff auf die große *Apple-Gemeinde* in den USA.

Ohne Modem geht nichts!

Die zweite Komponente ist das Modem, das 14400 bps (bits per second) haben sollte. Mittlerweile sind diese Highspeed Modems schon ab 400,-DM mit BZT-Nummer zu erhalten.

Hinweis: *Achten Sie beim Modemkauf auf die Zulassung der Telekom. Das Modem muß mit einem Prüfsiegel des Bundesamtes für Zulassungen in der Telekommunikation versehen sein. Hat das Modem keine Zulassung, verstoßen Sie gegen Paragraph 15 des Fernmeldeanlagengesetzes. Verstöße gegen diesen Paragraphen können mit bis zu fünf Jahren Freiheitsentzug bestraft werden. Im Falle bekannter Modembeschlagnahmungen sind 30-40 Tagessätze im Verhältnis zum Einkommen verhängt worden. Lassen Sie sich nicht von einem Fachhändler erzählen, die Telekom würde sich nicht darum kümmern. Wohnungsdurchsuchungen sind seit Mitte 1993 an der Tagesordnung, und die Ermittlungsbehörden machen es sich mittlerweile so einfach, Kundenkarteien einschlägiger Händler zu beschlagnahmen und Kunden per Vorladung zu verhören. Erzählt man Ihnen im Laden etwas anderes, sollten Sie dem Verkäufer empfehlen, in den gängigen Mailboxsystemen und CompuServe die einschlägigen Berichte zu lesen.*

Computer müssen wissen, was Sie tun:
Software für CompuServe

Spätestens mit dem Erwerb des Modems treten Sie in die Welt der Telekommunikationsprogramme ein. Zumeist liegt dem Modem eine Software bei, mit der Sie zumindest die ersten Schritte unternehmen können. Bei CompuServe liegt der Fall etwas anders, denn für die Arbeit mit CompuServe empfehlen sich die gängigen Telekommunikationsprogramme Telix, Procomm, Telemate u.a. ausnahmsweise einmal nicht. Die Firma CompuServe und eine Reihe anderer Hersteller bieten speziell für den Zugang und die Arbeit mit CompuServe leistungsfähige Programme an. Die Programme zeichnen sich auf der einen Seite durch die Bedienerfreundlichkeit aus und verhelfen CompuServe zu einem wirklich leistungsfähigen System. Die Anbieter neben CompuServe kommen allesamt aus den USA und England. So führt einen deutschen Compu-

12 CompuServe

Serve-Nutzer der erste Weg zum Information Manager, der Software von CompuServe. Dieses Softwarepaket, als DOS- oder Windows-Programm erhältlich, ist ein deutsches Programm und daher gerade für den Einsteiger leicht zu bedienen. Dies ist auch entgegen jeder Kritik langjähriger CompuServe-Nutzer an der Leistungsfähigkeit der Information Manager der richtige Weg zu CompuServe. Als deutscher Erstnutzer erhalten Sie ein komplettes Startpaket für 70,-DM von CompuServe. Mit dabei ist einer der beiden Information Manager (DOS oder Windows), sowie ein Benutzerkredit, der Ihnen eine kostenlose Zugangszeit für die ersten Gehversuche unter CompuServe ermöglicht.

Hinweis: *Natürlich kann man auch mit einem sonst wirklich leistungsfähigen Terminalprogramm in CompuServe arbeiten. Dies ist jedoch aufgrund der Kosten im System und dem mangelnden Komfort nicht zu empfehlen.*

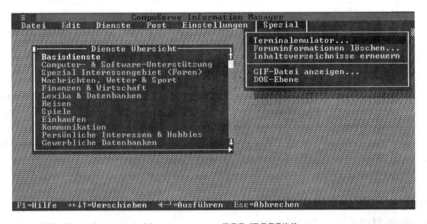

Abb. 2.2: Der Information Manager unter DOS (DOSCIM)

Der Information Manager erledigt für Sie eine Reihe von Aufgaben, die das Arbeiten unter CompuServe preiswerter, effektiver und interessanter machen. So lassen sich über die Information Manager alle Nachrichten ohne Verbindung zu CompuServe schreiben und dann bequem zu einem späteren Zeitpunkt verschicken. Da die Aufenthaltsdauer unter CompuServe berechnet wird, ist natürlich oberstes Ziel, so viel wie möglich vorab vorzubereiten und dann in kürzester Zeit in CompuServe abzuarbeiten.

Ein großer Teil der deutschen Nutzer arbeitet mit den Information Managern unter DOS und Windows. Zusätzlich zu diesen Programmen gibt es Navigatoren oder Skriptprogramme, über die Sie in Kapitel 3 weiteres erfahren können.

Für den Einstieg empfehlen sich die Information Manager, um das Prinzip und den Aufbau des CompuServe-Systems zu verstehen.

Abb. 2.3: Der Information Manager unter Windows (WinCIM)

Mit CompuServe nach USA kommunizieren?

Die Andeutung, man arbeite mit einem System, dessen Rechner in den USA stehen, führt schnell zu der Meinung, für den Verbindungsaufbau muß eine Nummer in den USA angewählt werden. Dies ist selbstverständlich nicht der Fall.

Sicherlich haben Sie schon einmal mit jemandem in den USA oder im fernen Ausland telefoniert und neben den hohen Kosten die schlechte Verbindungsqualität kennengelernt. Auch die berühmte Sekunde Zeitversatz der Gesprächspartner ist sehr nervenaufreibend und führt zu allerlei Verständigungsproblemen. Überträgt man dies auf die Kommunikation zweier Computer, so haben diese mit den gleichen Problemen und Schwierigkeiten zu kämpfen. So wird Computer I mit Sicherheit Computer II fragen, was er denn gerade gesagt hat und ob er denn etwas lauter sprechen könnte. Dies ist neben den Kosten noch das kleinste Übel.

14   CompuServe

Abb. 2.4: Im CB-Simulator sind Sie live mit CompuServe-Nutzern in aller Welt verbunden

Ein Telefonat in die USA wird von der Telekom im Vier-Sekunden-Takt abgerechnet und schlägt mit 3,45 DM pro Minute zu Buche. Für ein Fünf-Minuten-Gespräch sind dies dann bereits 17,25 DM und die derzeit über 30.000 deutschen CompuServe-Nutzer müßten allesamt einer sehr hohen Gehalts- oder Einkommensklasse angehören. Tatsächlich bezahlt man im wirklich teuersten Fall 1,33 pro Minute.

Hinweis: Eine Übersicht der Kosten finden Sie im Anhang

Hängen Sie sich bitte nicht an den 1,33 DM auf, diese dienen nur dazu, das Prinzip der Vernetzung von Rechnersystemen und die damit verbundenen Kosteneinsparungen deutlich zu machen.

Das Prinzip der Vernetzung kann man sehr einfach und anschaulich an dem Beispiel einer Fahrgemeinschaft erklären. Wenn Sie zu mehreren mit einem Auto zur Arbeit fahren, ist dies einfach billiger und schont sogar noch die Umwelt. Bei der Kommunikation ist das Prinzip mit ein paar Erweiterungen fast das gleiche. Je mehr Nutzer eine Leitung in die USA belegen, desto preiswerter wird die Benutzung für den Einzelnen und die Qualität der Verbindung ist bei weitem besser, da man eine spezielle Leitung für Sie geschaltet hat, um dies einmal einfach und verständlich zu erklären. Um die Welt der Beispiele nicht zu verlassen, denken Sie bei der Computervernetzung an ein

2 • CompuServe Sightseeing

Stromnetz. Wollen Sie Strom haben, suchen Sie sich eine Steckdose. Nichts anderes machen Sie bei CompuServe, nur daß die Steckdosen in einzelnen deutschen Städten zu finden sind, die Sie per Modem anwählen müssen (derzeit: Berlin, Düsseldorf, Frankfurt, Hamburg, Stuttgart, München). Wohnen Sie zu weit von einem dieser Knotenpunkte entfernt, müssen Sie sich dennoch keine Sorgen machen. Statt der 39,43 DM für eine Stunde telefonieren (8.00 – 18.00 Uhr) in der Fernzone zahlen Sie weitaus weniger, wenn Sie die Knotenpunkte anderer Netze in Ihrer Nähe nutzen. Was wären denn Computernetze, wenn diese nicht mit anderen kommunizieren könnten? Für Ihren Fall nutzen Sie das Datex-P-Netz der Telekom. Denn dies kostet nur 21,30 DM zuzüglich der Verbindungskosten für die Anwahl.

Datex-P: Keine Ahnung und keine Kennung

Kaum ein anderes Netz wirft so viele Fragen auf, wie das Datex-P-Netz der Telekom. Um ein gängiges Vorurteil direkt vorweg abzubauen: Für die Nutzung des Datex-P-Netzes zum Verbindungsaufbau mit CompuServe benötigen Sie keine spezielle Kennung oder müssen Datex-P-Kunde sein. Die Verbindung über das Datex-P-Netz zum CompuServe-Knoten baut die Software von CompuServe automatisch auf. Die Kosten, die dabei entstehen, werden nach dem Prinzip *Gebühr bezahlt Empfänger* verrechnet. CompuServe wird diese Kosten auf Ihre Rechnung umlegen.

Hinweis: Weitere Informationen zum Verbindungsaufbau über Datex-P und Datennetze finden Sie im Anhang.

So werden Sie CompuServe-Nutzer

Als Leser des Buches haben Sie sich schon einen Schritt erspart und können mit dem beiliegenden Information Manager direkt loslegen. Um aber dem in der Buchhandlung lesenden Interessenten oder einem Ihrer Bekannten weiterzuhelfen, sei der normale Weg zu CompuServe erklärt.

Hinweis: Im Kapitel Diskette wird Ihnen genau erklärt, wie Sie sich mit dem WinCIM als *CompuServe-Nutzer* registrieren lassen.

Bestellen Sie das Startpaket von CompuServe für 70,-DM oder achten Sie auf eine Sonderaktion namhafter Computerzeitschriften, die sehr oft ein Startpaket zu einem noch geringeren Preis anbieten. Mit diesem Startpaket schalten

16 CompuServe

Sie sich das erste Mal automatisch bei der Konfiguration der Software in CompuServe ein. Sie registrieren sich und die Software direkt in Verbindung zu CompuServe, indem Sie Namen, Anschrift, Kreditkartennummer oder Bankverbindung angeben. Das System erteilt Ihnen dann eine Kennung und ein Paßwort für den persönlichen Zugang zum System. Nach ungefähr 14 Tagen hat CompuServe die Angaben Ihres Eintrages überprüft und teilt Ihnen schriftlich eine neue Kennung und ein Paßwort mit. Ab diesem Zeitpunkt sind Sie ordentlich eingetragener CompuServe-Nutzer.

Die Kosten von CompuServe

Umsonst ist nichts und so werden die Kosten unter CompuServe nach Ihrer Aufenthaltszeit berechnet. Zusätzlich dazu kommt die eventuelle Inanspruchnahme weiterer Zusatzdienste von CompuServe (Datenbanken, Nachrichtenagenturen, Börsendienste u.a.). Weiterhin hängt dies von der Vertragsart ab, die Sie mit CompuServe abgeschlossen haben. Haben Sie keine Angst, dies alles ist nicht sehr kompliziert, mehr als 1,5 Millionen Nutzer in aller Welt kommen damit zurecht.

```
           ACCOUNT BALANCE

Balance as of 1/29/94      $20.71
Activity since 1/29/94:
  Payments                 -54.42
  Charges                  $97.21
  Credits                   -1.78
  Adjustments                 .00
                          --------
Balance as of 2/12/94      $61.72
                          ========

Last Payment: 2/9/94
```

Abb. 2.5: Sie können den Kontostand und die bisher angefallenen Kosten unter CompuServe jederzeit abrufen

Hinweis: Eine komplette Übersicht der Kosten von CompuServe finden Sie im Anhang.

CompuServe – Hilfe rund um den Computer

Über CompuServe erreichen Sie Tausende von Computerbegeisterten. Alle namhaften Soft- und Hardwarehäuser sind über CompuServe zu erreichen und bieten Ihnen umfassende Hilfe bei Problemen mit einem Produkt an. Im Vergleich zu einer Hotline haben Sie über CompuServe immer die Möglichkeit, Ihre Frage überhaupt loszuwerden, mit dem Vorteil, daß andere Nutzer ebenfalls Antworten beisteuern können.

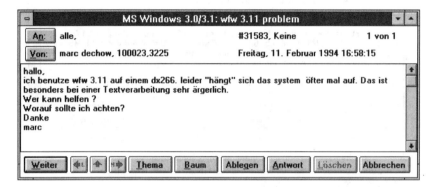

Abb. 2.6: Anfragen lassen sich schnell über CompuServe beantworten. Hier eine Anfrage aus dem deutschen Microsoft Forum (GO MSF)

Gerade für den Bereich der Programmierer, die sehr oft vor Fragestellungen stehen, die sich nur in einem Fachgespräch klären lassen, bietet CompuServe noch den Clou, daß es keine Grenzen kennt. Software auf dem deutschen Markt hat sehr oft den Härtetest auf dem U.S.-Markt bestehen müssen und gerade das große Potential der U.S. Computer Consultants mit einem eigenen Diskussionsbereich (mehr dazu s. Kapitel 5) ist ein Weg, Computerprobleme schnell und umfassend gelöst zu bekommen.

Software aus CompuServe

Mit CompuServe steht Ihnen das größte Softwareangebot ins Haus, das Sie jederzeit und wann immer Sie wollen nutzen können. Sie spielen nicht am Computer? Aber auch dann werden Sie nicht auf CompuServe verzichten können. Ein einfaches Beispiel stellt der Kauf eines Druckers dar, den Sie unter Word für Windows benutzen wollen. Nun stellen Sie aber nach Ihrem Einkauf fest, daß Sie keinen funktionsfähigen Druckertreiber haben. Wie immer ist es bei einem solchen Problem schon Abend oder Samstagnachmittag und Ihre Bekannten können nach endlosen Telefonaten auch nicht weiterhelfen. Mit CompuServe haben Sie neben der Möglichkeit Fragen zu stellen auch Zugriff auf die Softwarebibliotheken der einzelnen Anbieter und können sich sehr schnell mit den notwendigsten Treibern und Hilfsprogrammen versorgen.

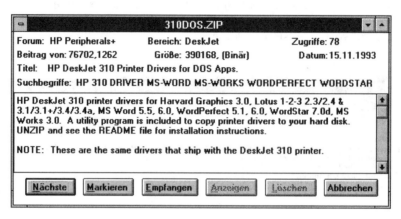

Abb. 2.7: Druckertreiber und viele andere Programme, Tools und Utilities lassen sich sehr schnell in den Softwarebibliotheken unter CompuServe auffinden und direkt in Ihren Rechner laden

Was ist ein Forum unter CompuServe?

Bei der Vielzahl von Themen und Anbietern im Bereich Hard- und Software gäbe es ein heilloses Durcheinander, wenn man alles zusammen anbieten würde. Gehen Sie mal in einen Supermarkt, der seine Produkte nicht geordnet verkaufen würde. Für einen einzigen Einkauf wären Sie schnell Stunden unterwegs.

Die thematische Aufgliederung wird in CompuServe über Foren durchgeführt. Der grundsätzliche Aufbau eines Forums unter CompuServe ist immer der Gleiche. Dies macht gerade das leichte Arbeiten mit dem System aus, da Sie innerhalb verschiedener Foren immer die gleiche Arbeitsumgebung vorfinden werden. Wird es Ihnen schon zu kompliziert? Es ist wirklich sehr einfach, den Aufbau eines Forums zu verstehen, wenn Sie versuchen, sich das Ganze als Räumlichkeiten in einem Bürogebäude vorzustellen. Unser Bürogebäude soll das Deutsche Computerforum sein, das meist eine der ersten Anlaufstellen deutscher Nutzer ist.

2 • CompuServe Sightseeing   19

Hinweis: Mit GO GERNET gelangen Sie in das Deutsche Computerforum unter CompuServe.

Das Augenfälligste, was Ihnen auffallen wird, ist die überdimensionale *Pinnwand*, auf der Hunderte von Zetteln mit Nachrichten hängen. Die Nachrichten sind fein säuberlich nach Themen sortiert und die Antworten hängen jeweils in chronologischer Reihenfolge darunter.

CompuServe nennt dies *Message Board,* auf dem die Nutzer des Forums offizielle Nachrichten hinterlassen. Antworten werden wiederum ebenso offiziell von anderen Nutzern hinterlassen. Um auch innerhalb eines Forums verschiedene Themenbereiche zu trennen, besteht das Forum aus mehreren Sektionen. Wie im Beispiel des Deutschen Computerforums geht dies durch eine Vielzahl von Themenbereichen.

Titel	Themen	Nachrichten
GerNet Pub	123	410
Politik/Wirtschaft	15	104
Gesundheit/Soziales	9	36
Presse & Medien	8	15
Telekommunikation	48	164
Multimedia & Midi	5	10
Programmieren	20	48
Computer-Corner	67	178
Religion & Leben	13	112
Sprache & Kultur	17	131
Sport/Auto/Reisen	15	23
Suche & Biete	78	138
DATEX-J	10	23
Rechtsfragen	16	38
New Uploads	26	50
Job & Business	19	62

Abb. 2.8: Sektionen des Deutschen Computerforums

Das ist nun natürlich noch nicht alles. Denn hinter den Sektionen verbergen sich eine nicht unerhebliche Anzahl von Nachrichten, was die Zahlen hinter den Sektionsnamen schon andeuten. Ihre Pinnwand im Büroexempel führt die Diskussionen in sortierter Reihenfolge auf. Die Zahlen beschreiben dabei die Anzahl an Meldungen in jeder Sektion. Beim Betrachten der aufliegenden Themen in einer Sektion wird dies noch etwas verständlicher. Jede Nachricht wird einem Thema zugeordnet, unter dem die Antworten abgelegt sind.

20 CompuServe

Abb. 2.9: Themen im Brett »Telekommunikation« des Deutschen Computerforums

Schaut man sich dieses Ablageprinzip etwas genauer an, so ähnelt dies einem Familienstammbaum. Alle Meldungen sind chronologisch abgelegt und beziehen sich auf eine Meldung innerhalb der Diskussion oder der ersten Nachricht bzw. Fragestellung.

Abb. 2.10: Der chronologische Verlauf einer Diskussion im Markt und Technik Forum (GO MUTFORUM)

Mit dem Information Manager können Sie die Nachrichten aus den Foren abspeichern und verwalten. Der Information Manager ermöglicht das Markieren interessanter Nachrichten mit nachfolgendem Abspeichern und dem bequemen Lesen ohne Verbindung zu CompuServe. Auch die Antworten erstellen Sie in Ruhe und ohne Zeitdruck mit dem Information Manager. Ein leicht zu bedienender Editor ermöglicht das Einbinden von ASCII-Texten oder eine direkte Eingabe (vgl. Abbildung 2.11).

Das richtige Forum finden

Auch bei der Suche nach dem richtigen Forum für Ihren Bedarf hilft CompuServe Ihnen weiter. Mit der Eingabe eines Schlagwortes listet Ihnen das System alle Foren und Dienste auf, die für den Sachbereich Informationen enthalten (siehe Abbildung 2.12).

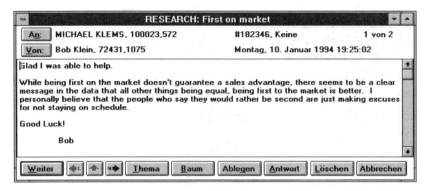

Abb. 2.11: Nachricht aus dem PR & Marketing Forum, die man bequem ohne anfallende Kosten lesen und beantworten kann

Abb. 2.12: Foren unter CompuServe lassen sich menügeführt suchen

Haben Sie den Aufbau eines CompuServe-Forums verstanden und können Sie damit umgehen, so sind Sie in der Lage, alle CompuServe Foren ohne weitere Einarbeitung zu bearbeiten. Der einheitliche Aufbau, den Ihnen der Information Manager oder andere Programme liefern und die einheitliche Strukturierung der Foren machen das Arbeiten im System zum Kinderspiel.

Konferenzen für Jedermann

Greifen Sie nochmals das Bürobeispiel auf. Jedes gute Büro hat einen Konferenz- oder Besprechungsraum, in dem wichtige Dinge mit Kunden besprochen werden können.

So besteht jedes Forum neben dem Nachrichtenbereich und der Softwarebibliothek aus mehreren Konferenzräumen, in denen sich die Nutzer einfinden, um online Themen zu besprechen. Dem Stand der Technik entsprechend heißt dies derzeit Eintippen von Fragen und Antworten, die live von den anderen Teilnehmern beantwortet werden.

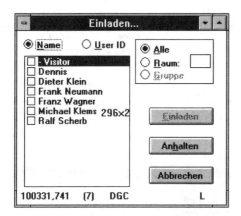

Abb. 2.13: Online-Konferenzen sind innerhalb der Konferenzräume von CompuServe möglich

Konferenzen haben unter CompuServe eine feste Tradition und finden in vielen Foren zu regelmäßigen Zeiten statt. Auch gibt es fest angekündigte Konferenzen, zu denen sich Größen wie Bill Gates (Microsoft-Chef) oder Al Gore (derzeitiger Vize-Präsident der USA) einfinden.

Digitale Post mit den vielen Vorteilen

Ein weiterer Vorzug von CompuServe ist das preiswerte Verschicken von privaten Nachrichten an andere CompuServe-Nutzer oder Nutzer von Systemen wie das Internet. Preiswert ist dies allemal, wenn man den Kostenvergleich eines Faxes von Deutschland in die USA im Vergleich zu einer E-Mail via CompuServe anstellt. Bei einer Übertragungszeit von 1 Minute kostet das Papierfax 3,45 DM, eine Mail über CompuServe bei Nutzung der teuersten Kostenkonstellation jedoch 3,29 DM und im billigsten Fall nur 0,23 DM!

Ein weiterer Vorteil ist, die digitale Vorlage des Textes, der direkt weiterverarbeitet werden kann. Zusätzlich ist die Nachricht an jedem Ort der Erde abrufbar und nicht an einem Faxgerät lokal gebunden.

Hinweis: *Bei der Berechnung wurde eine Datex-P Vebindung gegen 10.00 Uhr bei einem Anwählen aus einer Fernzone mit 9600 bps angenommen. Die E-Mail wurde mit einer Empfangsquittung verschickt.*

Abb. 2.14: Eine E-Mail läßt sich bequem vor dem Verbindungsaufbau zu CompuServe erstellen

Hinweis: *Die Adressierung von E-Mails an Nutzer anderer Systeme finden Sie im Kapitel 6*

Was Sie auf der einen Seite als digitale Post abschicken, kann mittels CompuServe am anderen Ende ohne große Probleme als Fax, Telex oder Brief ankommen. Dazu bedarf es lediglich der Eingabe der Fax- oder Telexnummer bzw. Anschrift des Empfängers. Der Rechner von CompuServe verschickt dann den Wortlaut Ihrer E-Mail auf die gewünschte Art und Weise.

Hinweis: *Weiteres zum Thema E-Mail über CompuServe finden Sie im Kapitel 6.*

Damit Sie sich die Anschriften, Kennungen oder sonstige Daten der Adressaten nicht aufwendig notieren müssen, verfügt der Information Manager über ein Adreßbuch, das über die Option einer Gruppeneinteilung die Erstellung von Serienbriefen ermöglicht (vgl. Abbildung 2.15).

Nachrichtenagenturen unter CompuServe

Mit CompuServe steht Ihnen die Welt der Nachrichten und Wirtschaftsmeldungen offen. Sehr preiswert haben Sie Zugriff auf aktuelle Tickermeldungen von Agenturen wie die Deutsche Presseagentur, Associated Press und Reuters. Die Meldungen werden in einem Menü thematisch abgelegt (siehe Abbildung 2.16).

24 CompuServe

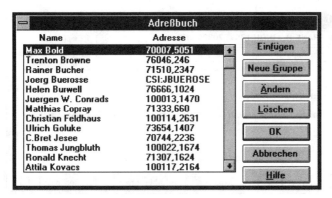

Abb. 2.15: Das Adreßbuch des Information Managers verwaltet die Adressen anderer Nutzer und Empfänger

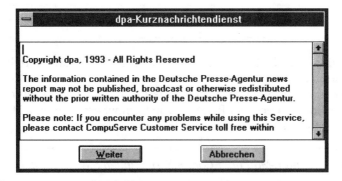

Abb. 2.16: Mit CompuServe haben Sie neben anderen Diensten auch Zugriff auf die Deutsche Presseagentur

Hinweis: Sie dürfen die Meldungen aus den Nachrichtendiensten nur für Ihren Bedarf verwenden! Ein Weiterverkaufen ist nicht gestattet.

Wetterkarte auf dem PC

Über CompuServe haben Sie Zugriff auf die aktuellen Wetterdaten und können sich für die geographische Region, die Sie interessiert, eine Wetterkarte oder ein Satellitenbild laden. Die Daten werden laufend aktualisiert und können leicht bei Ihnen auf dem Rechner weiterverarbeitet werden.

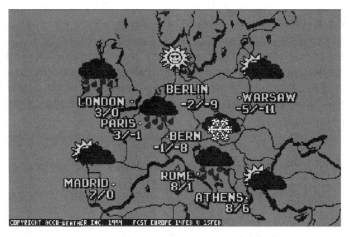

Abb. 2.17: Die digitale Wetterkarte auf dem eigenen PC

Finanzdienste unter CompuServe

Neben den Nachrichtendiensten versorgt Sie CompuServe mit den neuesten Finanzinformationen aus aller Welt. CompuServe liefert die Realtime-Daten der New Yorker Wallstreet, und Sie haben über angeschlossene Brokerdienste die Möglichkeit, direkt vor Ort zu investieren. Zusätzlich dazu bietet CompuServe Analysen zu den an der Börse gehandelten Unternehmen und liefert Hintergründe und Fakten aus angeschlossenen Datenbanken.

```
                    20 Most Active Stocks

Ticker      Name/Issue              Volume    Price     Change    % Change
TMX      TELEFONOS DE MEXICO S A AD  42,720   74.250     0.875       1.193
COL      COLUMBIA / HCE HEALTHCARE   41,330   38.625    -1.875      -4.630
GM       GENERAL MTRS CORP COM       34,820   61.125    -1.375      -2.200
WMX      WMX TECHNOLOGIES INC COM    29,900   24.750     0.500       2.062
C        CHRYSLER CORP COM           27,020   59.000    -0.750      -1.255
F        FORD MTR CO DEL COM         23,550   65.500    -0.500      -0.758
MRK      MERCK & CO INC COM          21,400   34.875     0.000       0.000
GLX      GLAXO HLDGS PLC SPONSORED   20,650   18.750     0.375       2.041
IBM      INTERNATIONAL BUSINESS MAC  19,860   53.250     0.375       0.709
CML      CML GROUP INC COM           19,360   20.250     0.750       3.846
RN       RJR NABISCO HLDGS CORP COM  14,734    7.500    -0.125      -1.639
WMT      WAL MART STORES INC COM     14,723   27.125     0.250       0.930
STK      STORAGE TECHNOLOGY CORP CO  14,585   35.375    -2.125      -5.667
KO       COCA COLA CO COM            14,559   41.500     0.750       1.840
HAN      HANSON PLC SPONSORED ADR    14,213   21.000    -0.625      -2.890
```

Abb. 2.18: Die aktuellen Finanzdaten aus den USA auf Ihrem PC

Elektronisch Recherchieren

Eine Vielzahl von Datenbanken lassen sich über CompuServe recherchieren. Die Recherchen selber sind sehr einfach menügesteuert durchzuführen. Ob Sie neueste Literatur oder Zeitungsstellen zu einem Thema suchen, CompuServe liefert mit seinen Datenbanken einen umfassenden Zugriff in einer einfachen Menüabfrage.

```
                    * D & B -- DUN'S MARKET IDENTIFIERS *
PRESS    TO SELECT

     1  by company
     2  by geographic location
     3  by product/service
     4  by executive name
     5  by number of employees
     6  by sales

Total charges thus far:      $ 15.00
-> 1

                    * D&B -- DUN'S MARKET IDENTIFIERS *
                            Company Menu

PRESS    TO SELECT
```

Abb. 2.19: Recherchen nach Unternehmen oder Fakten sind menügeführt durchzuführen und erfordern keine großen Vorkenntnisse

Die ersten Gehversuche im System

Der WinCIM verfügt über eine erstklassige Hilfsfunktion, die man nicht durch eine langatmige Buchbeschreibung ergänzen sollte. Da aber der erste Eindruck immer ein bleibender ist, sollen Sie auf Ihrem ersten Weg in das System nicht ganz alleine gelassen werden.

Die kleine Führung durch CompuServe soll Ihnen die wesentliche Arbeit mit den Foren und Ihrer privaten Mailbox zeigen, aus denen Sie dann genügend Informationen erhalten können, um weitere Erkundungsgänge durch CompuServe zu starten. Nachdem Sie anhand von Kapitel 11 die Anmeldung bei CompuServe abgeschlossen haben, soll Sie Ihr erster Weg als deutscher Nutzer in das *Deutsche Computer Forum* (GO GERNET) führen.

Um den Einstieg zu erleichtern, hat man auf dem WinCIM schon einige Foren im *Persönlichen Menü* vorinstalliert. Sie ersparen sich damit das Merken der Sprungadressen unter CompuServe.

Abb. 2.20: Einige wichtige Foren sind auf dem WinCIM schon vorinstalliert.

Die Sprungadressen von CompuServe sind nichts anderes als die Anschriften der einzelnen Foren unter CompuServe. Der Rechner muß schon wissen, in welchen Bereich er Sie führen soll, und da CompuServe mehr als hundert verschiedene Bereiche und Dienste anbietet, bekommt jeder Service seine eigene Anschrift, wie Sie es von einer Firmenanschrift kennen. Das es sich dabei nur um ein paar Buchstaben oder eine Verkürzungsform des Forumnamens handelt, macht es die Bedienung um so einfacher. CompuServe nennt das Ganze einen GO-Befehl, da die Anweisung, zu einem anderen Bereich zu wechseln, mit dem englischen *GEHE* sprich *GO* eingeleitet wird. Soviel zur Theorie, beginnen Sie nun praktisch.

Das Modem haben Sie eingeschaltet? Im persönlichen Menü haben Sie auch das Deutsche Computer Forum gefunden und starten Ihre erste Reise mit dem Anklicken von *GO*. Das Modem wird nun die Verbindung aufbauen, und es wird einen Moment dauern, bis Sie in das Forum gelangen. Nachdem der Information Manager die gesamten Verbindungsprozeduren, wie die Eingabe der Kennung und des Paßwortes, erledigt hat, stehen Sie vor dem Deutschen Computer Forum. Bekommen Sie bitte keinen Schreck! Nutzer, die in einem Forum nicht eingetragen sind, werden vorab gefragt, ob Sie das Forum nutzen oder als Gast einen kurzen Einblick haben wollen. Da Sie als Gast in den meisten Foren nicht sehr viel zu sehen bekommen werden, wählen Sie *JOIN*. Die Nutzung eines Forums unter CompuServe führt zu keinen Neukosten. Es spielt daher auch keine Rolle, in welchen Foren Sie unter CompuServe arbeiten. Außer der Verpflichtung, sich ordentlich verbal zu benehmen, entstehen Ihnen sonst keine Auflagen oder unangenehmen Dinge.

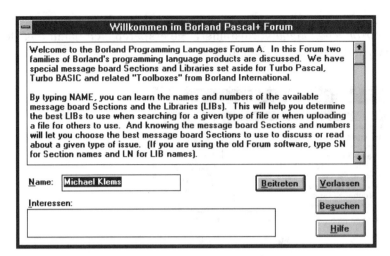

Abb. 2.21: Wählen Sie JOIN, um dem Forum beizutreten

Mit dem Eintritt in das Forum werden Sie bemerkt haben, wie sich die Oberfläche des WinCIM verändert hat. Eine Reihe von Schaltern ist hinzugekommen, die die Arbeit mit den Foren sehr erleichtern, da auf diesen die am häufigsten benutzten Forenbefehle abgelegt sind. Man erspart sich damit das zeitaufwendige Durchstöbern der Pulldown-Menüs.

Abb. 2.22: Die Arbeit in den Foren wird durch die Schalter des WinCIM sehr erleichtert

Klicken Sie mit der Maus den Schalter für Übersicht (Nachrichten) an, und ein Fenster mit den Sektionen des Forums wird geöffnet. Welchen Nachrichtenbereich (Sektion) Sie ansehen wollen, entscheiden Sie mit einem Doppelklick mit der linken Maustaste.

Abb. 2.23: Das Deutsche Computer Forum verfügt über unterschiedliche Sektionen und Themenbereiche

Nach der Entscheidung, das Thema Telekommunikation auszuwählen, öffnet sich ein weiteres Fenster mit den darin befindlichen Nachrichten. Wenn Sie die kurze Einführung in die Foren gelesen haben, wissen Sie, daß sich hinter den aufgelisteten Themen (Threads) eine Vielzahl von Meldungen verbergen.

Titel	Themen	Nachrichten
☐ GerNet Pub	123	410
☐ Politik/Wirtschaft	15	104
☐ Gesundheit/Soziales	9	36
☐ Presse & Medien	8	15
☐ Telekommunikation	48	164
☐ Multimedia & Midi	5	10

Abb. 2.24: In der Sektion Telekommunikation liegen weitere Themen mit einer Vielzahl dahinterstehender Nachrichten auf

Sie sollen und wollen natürlich nun nicht alle Mitteilungen während aufgebauter Verbindung zu CompuServe (Online) lesen. Sicherlich werden Sie sich auch an dieser Stelle fragen, ob man die Nachrichten nicht laden und bequem zu Hause lesen kann? Der Information Manager ermöglicht das Markieren sehr einfach durch den Tastendruck mit der Maus im Markierungskästchen vor jedem Thread. Markierte Meldungen erhalten ein sichtbares X und die Markierung geht auch nicht verloren, wenn Sie in eine andere Sektion des Forums wechseln. Auf diese Weise sind Sie relativ schnell mit Ihrer Auswahl fertig und können die Nachrichten in den eigenen Rechner laden.

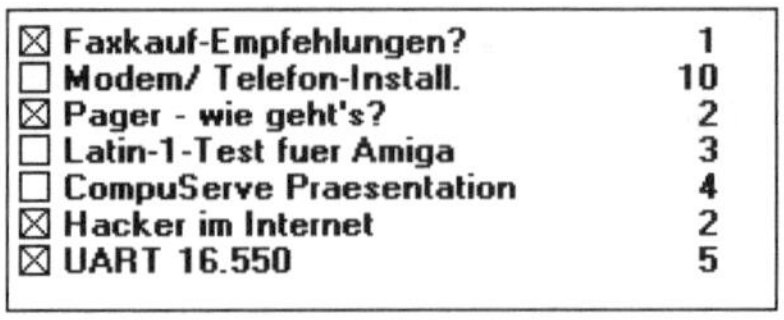

☒ Faxkauf-Empfehlungen?   1
☐ Modem/ Telefon-Install. 10
☒ Pager - wie geht's?   2
☐ Latin-1-Test fuer Amiga   3
☐ CompuServe Praesentation 4
☒ Hacker im Internet   2
☒ UART 16.550   5

Abb. 2.25: Markieren Sie die Meldungen, die Sie in Ruhe ohne Verbindung zu CompuServe lesen wollen

Für diesen Schritt ist leider kein Schalter angelegt worden und Sie müssen aus dem Menü *Nachrichten* die Option *Markierte Nachrichten empfangen* auswählen.

Abb. 2.26: Wählen Sie aus der Befehlsleiste »Nachrichten« die Option »Markierte Nachrichten empfangen«

Es erscheinen nun alle markierten Threads auf dem Bildschirm. Sie können nun die Nachrichten mit dem Schalter *Empfangen* in Ihren Rechner laden. Auch während des Übertragungsvorganges können Sie die Option der direkten Verbindungstrennung zu CompuServe nach vollendetem Ladevorgang schalten.

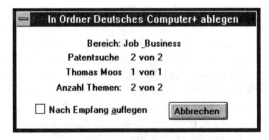

Abb. 2.27: Alle markierten Nachrichten laden Sie mit dem Information Manager in Ihren Rechner

2 • CompuServe Sightseeing

Sind Sie recht ungeduldig und wollen den ersten Login mit einem Programm aus CompuServe krönen, statten Sie der Softwarebibliothek noch einen Besuch ab. Die Bibliothek ist vom Aufbau ähnlich dem Nachrichtenbereich, nur daß dort Programme und Dateien abgelegt sind.

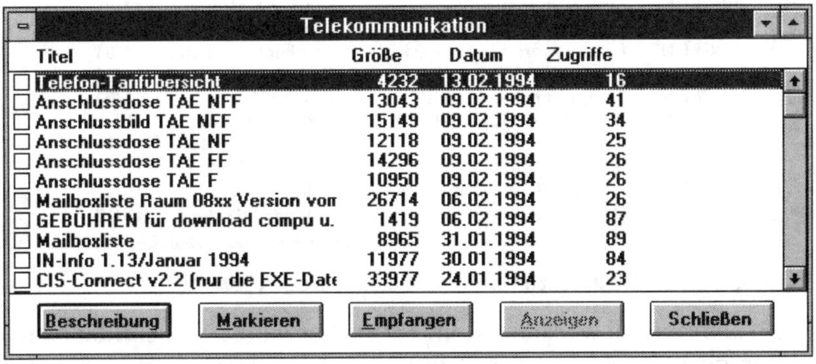

Titel	Größe	Datum	Zugriffe
Telefon-Tarifübersicht	4232	13.02.1994	16
Anschlussdose TAE NFF	13043	09.02.1994	41
Anschlussbild TAE NFF	15149	09.02.1994	34
Anschlussdose TAE NF	12118	09.02.1994	25
Anschlussdose TAE FF	14296	09.02.1994	26
Anschlussdose TAE F	10950	09.02.1994	26
Mailboxliste Raum 08xx Version vorr	26714	06.02.1994	26
GEBÜHREN für download compu u.	1419	06.02.1994	87
Mailboxliste	8965	31.01.1994	89
IN-Info 1.13/Januar 1994	11977	30.01.1994	84
CIS-Connect v2.2 (nur die EXE-Date	33977	24.01.1994	23

Abb. 2.28: CompuServe liefert mit seinen Softwarebibliotheken mehrere hunderttausend Programme

Der Name und Titel einer Datei sagt Ihnen sehr wenig. Sie sind sicherlich nicht daran interessiert, ein Programm zu beziehen, daß Sie gar nicht benötigen oder das auf Ihrem Rechner nicht angewendet werden kann.

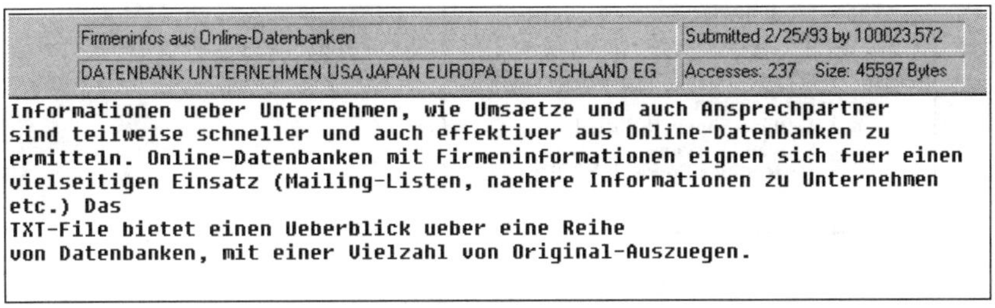

```
Firmeninfos aus Online-Datenbanken                    Submitted 2/25/93 by 100023,572
DATENBANK UNTERNEHMEN USA JAPAN EUROPA DEUTSCHLAND EG  Accesses: 237  Size: 45597 Bytes

Informationen ueber Unternehmen, wie Umsaetze und auch Ansprechpartner
sind teilweise schneller und auch effektiver aus Online-Datenbanken zu
ermitteln. Online-Datenbanken mit Firmeninformationen eignen sich fuer einen
vielseitigen Einsatz (Mailing-Listen, naehere Informationen zu Unternehmen
etc.) Das
TXT-File bietet einen Ueberblick ueber eine Reihe
von Datenbanken, mit einer Vielzahl von Original-Auszuegen.
```

Abb. 2.29: Zusätzliche Informationen stecken hinter jeder abgelegten Datei in der Softwarebibliothek

Nach dem Laden der Software trennen Sie die Verbindung. Nun beginnt das eigentliche Arbeiten mit CompuServe. Zum einen wollen Sie die geladenen Nachrichten lesen und zu guter Letzt das neue Programm aus der Softwarebibliothek ausprobieren. Öffnen Sie nun Ihre Dateiablage, um die geladenen Nachrichten durchzugehen.

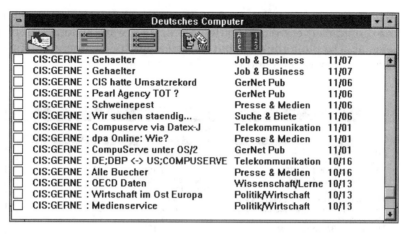

Abb. 2.30: Alle Nachrichten werden in einer Ablage verwaltet

Die Nachrichten werden wie im Forum verwaltet. So befindet sich hinter jeder Überschrift eines Themas eine Vielzahl von Nachrichten. Einen guten Überblick bekommen Sie mit dem Auswählen der Option *Baum*. Der Information Manager listet Ihnen den gesamten Thread in seiner Beantwortungsstruktur auf.

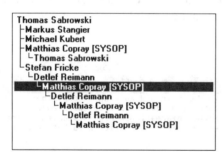

Abb. 2.31: Der Verlauf eines Threads läßt sich mit »Baum« anschaulich darstellen

Hinweis: *Die Bezeichnung Thread ist in den Foren die übliche Bezeichnung für die gesamten Nachrichten zu einem Thema, zu einer Anfrage oder Nachricht.*

Die Linienverbindung ist vergleichbar der eines Familienstammbaums. Die Namen der Nutzer sind mit Linien verbunden, um besser darstellen zu können, wer wem geantwortet hat. Dies wirkt im ersten Moment für manchen etwas aufwendig, doch können bei einem sehr interessanten Thema 50 Antworten

2 • CompuServe Sightseeing

und mehr gegeben werden. Daß die laufende Diskussion sich bald mehr einem in den Antworten aufgetauchten Problem widmet, als der eigentlichen Fragestellung, macht den gesamten Thread zum Dschungel an Nachrichten. Der Quereinsteiger verliert ohne eine Systematik schnell den Überblick.

Hinweis: *Nutzer von öffentlichen Mailboxen kennen sicherlich das Problem, daß alle Nachrichten in einem Mailboxbrett nicht von den Themen getrennt gelistet werden. Bei CompuServe haben Sie die Möglichkeit, sofort und ohne Probleme eine gesamte Diskussion zu beziehen, was in Mailboxen weitaus aufwendiger zu realisieren ist.*

Der einfachste Weg, CompuServe sinnvoll zu nutzen, ist die Teilnahme an den Diskussionen. Dies bringt Sie in Kontakt mit den interessantesten Leuten. Wenn Sie sich auf eine der Meldungen beziehen möchten, klicken Sie diese im Baum an und wählen Sie die Option *Antworten*. Sie öffnen damit den eingebauten Editor im Information Manager und können Ihre Antwort als elektronische Nachricht schreiben. Der Editor verfügt über die nötigsten Fähigkeiten, wie das Kopieren, Ausschneiden und Einfügen externer Dokumente (nur ASCII). Die Optionen zum besseren Verständnis im Überblick:

Postausgang	Die Antwort kommt in die Ablage *Postausgang*
Senden	Die Antwort wird direkt versendet
Ablegen	Die Antwort wird in einer anderen Ablage abgelegt
Abbrechen	Abrechen des Editors ohne zu Sichern

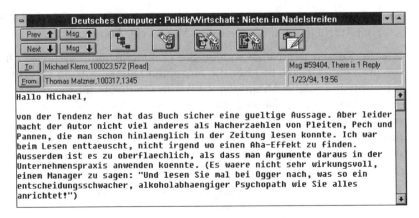

Abb. 2.32: Schreiben Sie Ihre Meinung oder Ansicht auf eine gestellte Frage

Bei der Erstellung einer Mitteilung müssen Sie nicht sehr viel beachten. Seien Sie freundlich und fragen Sie, wenn Sie etwas nicht verstanden haben. CompuServe macht gerade wegen der netten Menschen Spaß, und dabei soll es auch bleiben.

Sind Sie fertig, ist es am sinnvollsten, die Mitteilung in die Ablage *Postausgang* zu kopieren. Dies geht automatisch mit der Wahl der Option *Postausgang*. Wie in einem Bürobetrieb besitzt der WinCIM zwei Ablagekörbe, die eingehende und ausgehende Post beinhalten. Die Ablage über den Postausgang ist für Ihre Arbeit sehr wichtig, da Sie mehrere Mitteilungen gleichzeitig versenden können. Es würde sehr wenig Sinn haben, wenn Sie jede Antwort direkt über die Option *Senden* verschicken würden.

Abb. 2.33: Eine Ablage für den Postein- und den Postausgang

Kosten: Rechnen Sie bitte nach!

Sehr wichtig sind die Kosten unter CompuServe, die Sie laufend im Auge behalten sollten. An Stelle von Kostentabellen, die sich wahrscheinlich in den nächsten Monaten wieder ändern werden, erfahren Sie, wie Sie laufend einen Überblick über die Preise bzw. die Kosten von CompuServe erhalten.

Aktuelle Preisliste

Eine aktuelle Preisliste von CompuServe erhalten Sie mit *GO RATES*. Sie wechseln bei Aufruf in ein umfangreiches Menü (vgl. Abbildung 2.34).

Für die Kosten der Netze wählen Sie *Communications Network Charge* und erhalten eine Übersicht über die einzelnen Länder, für die externe Netze im Angebot sind (siehe Abbildung 2.35). Um die Preise für die deutschen Netze zu erhalten, müssen Sie sich ein wenig durch die Menüs bewegen, das geht aber recht schnell, wenn Sie wissen, was Sie suchen. Auch die Preise der Netze aus dem Ausland könnten für Sie wichtig sein, wenn Sie sehr oft geschäftlich unterwegs sind und sich aus dem Hotel in CompuServe einwählen.

Hinweis: *Eine Übersicht der Knoten für Zugänge zu CompuServe finden Sie im Anhang.*

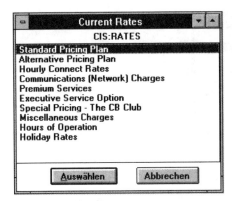

Abb. 2.34: Aus dem Grundmenü (GO RATES) wählen Sie »Hourly Connect Rates«

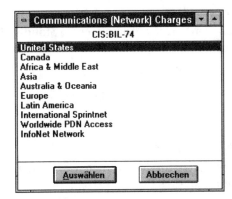

Abb. 2.35: Wählen Sie das entsprechende Land oder die Region aus, über die Sie weitere Informationen benötigen

Um die Informationen über Deutschland abzurufen, wählen Sie *Europe* aus. Sie kommen in eine Liste europäischer Länder, unter der Sie auch Deutschland (Germany) finden werden. Die einzelnen Netze in Deutschland müssen separat abgefragt werden (vgl. Abbildung 2.36).

Ohne Vertrag geht nichts

Sie schließen bei Mitgliedschaft mit CompuServe einen Vertrag ab, der Sie dazu verpflichtet, für die Ihnen entgegengebrachten Dienste zu bezahlen. Um den unterschiedlichen Nutzern mit Ihren vielfältigen Interessen gerecht zu werden, hat man mehrere Vertragsarten bei CompuServe eingeführt.

Abb. 2.36: Für nähere Preisinformationen wählen Sie dann das dementsprechende Netz aus

Standard-Preis-Plan (Standard Pricing Plan)

Als neues CompuServe-Mitglied werden Sie automatisch im StandardPreis-Angebot geführt. Dies bedeutet für Sie:

- Berechnung einer monatlichen Gebühr (z.Zt. US$ 8.95)
- Kostenlosen Zugriff auf alle Basis-Dienste (Basic-Services)
- Keine Mitgliedsgebühr im ersten Monat als Neumitglied

Alternativ-Preis-Plan (Alternative Pricing Plan)

Ob der Alternativ-Preis-Plan wirklich für Sie lohnenswert ist, müssen Sie nachrechnen. Bei Abschluß bedeutet dies für Sie:

- Berechnung einer geringeren Monatsgebühr (z.Zt. US$ 2.50)
- Berechnung einer Verbindungsgebühr für Nutzung der Basisdienste

Rechnen Sie selber nach, welcher Preis-Plan für Sie der günstigste ist. Der Alternativ-Preis-Plan zahlt sich nur bei sehr geringer Nutzung von CompuServe aus. Dies wäre der Fall, wenn Sie CompuServe überwiegend für den Versand von E-Mails nutzen. Ansonsten fahren Sie bei der Nutzung des Standard-Preis-Planes weitaus günstiger.

Hinweis: *Einen kompletten Überblick über die augenblicklichen Preise erhalten Sie Online (GO RATES).*

Preis-Plan ändern

Damit Sie wissen, auf welchem Preisplan Sie unter CompuServe geführt werden, sollten Sie mit *GO CHOICES* einmal nachschauen, ob die Berechnungsgrundlage Ihrer CompuServe-Logins nicht einer dringenden Änderung bedarf.

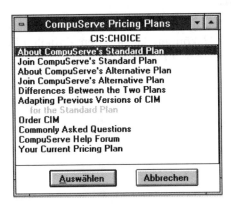

Abb. 2.37: Mit GO CHOICES können Sie sich für einen Preisplan entscheiden

Preise der unterschiedlichen Dienste

Wichtig für Sie ist es, immer zu wissen, wann Sie einen Dienst unter CompuServe nutzen, der weitere Mehrkosten verursacht. CompuServe hat diese Dienste mit drei Symbolen gekennzeichnet, die hinter den Diensten aufgelistet sind. Wenn Sie den Forum-Finder schon eingesetzt haben, werden Ihnen die Symbole aufgefallen sein.

Grundsätzlich zählen alle Dienste ohne ein Symbol zu den *Basic Services* und sind bei Abschluß des *Standard Pricing Plan* ohne eine Zusatzgebühr nutzbar (abgesehen von den Netz- und Telefonkosten).

Abb. 2.38: Die Symbole »+« oder »$« bedeuten, daß Ihnen Zusatzkosten bei der Nutzung dieser Dienste entstehen

```
Bacchus Wine Forum +
Basic Conversion Area
Billing Information(FREE)
Biz*File($)
BlackDragon
Books On Tape(FREE)
Books in Print($)
Borland +
Borland Appl. Forum +
Borland C++/DOS Forum +
```

Dabei haben die Zeichen folgende Bedeutung:

$	Zuschlaggebühr zu den Verbindungsgebühren (GO TRANSACTION)
+	Erhebung einer Verbindungsgebühr (GO RATES)

Kontostand ansehen (GO BILL)

Für viele Nutzer ist es sehr wichtig, sich den derzeitigen Kontostand immer vor Augen zu führen. Mit *GO BILL* können Sie sich den aktuellen Kontostand, sowie die Kontobewegungen der Monate ansehen.

```
    Week Ending      Total
    -----------      -----
 1   05-Feb-94       $33.71
 2   29-Jan-94       $20.71
 3   22-Jan-94       $20.95
 4   15-Jan-94       $19.91
 5   08-Jan-94       $33.21
 6   01-Jan-94       $34.00
 7   25-Dec-93       $18.28
 8   18-Dec-93       $23.76
 9   11-Dec-93       $10.98
10   04-Dec-93       $22.23
11   27-Nov-93       $24.01
```

Abb. 2.39: GO BILL und Sie haben einen Überblick über Ihren aktuellen Kontostand bei CompuServe

Mit der Option *Current Activity* bekommen Sie eine Auflistung mit dem genauen Ablauf der CompuServe-Verbindungen. Die Option *Previous Activity* listet die Kosten in einer Tabelle nach Wochen geordnet auf. Für eine Analyse Ihrer CompuServe-Kosten ist der Aufruf dieser Tabelle sicher sehr sinnvoll.

Paßwort ändern: Chefsache

Nur Sie sollten das Paßwort kennen; denn es kann Ihnen eine Menge Ärger bereiten, wenn Sie es verlieren oder an jemanden weitergeben. Ob dies beabsichtigt oder unabsichtig passiert, spielt dann keine Rolle mehr.

Für das Paßwort unter CompuServe gilt eine Besonderheit, die Sie berücksichtigen sollten, da Sie sonst vergeblich versuchen, ein neues Paßwort einzugeben und der CompuServe-Rechner dieses nicht anerkennt.

Das Paßwort muß aus acht Zeichen bestehen und ein Sonderzeichen beinhalten. Unter Sonderzeichen versteht man: »!#$%&/()=?_<>+*\@

Folgende Regeln sollten Sie zum Thema Paßwort beherzigen:

- Teilen Sie niemanden Ihr Paßwort mit!
- Schreiben Sie Ihr Passwort wenn möglich nicht auf
- Ändern Sie das Paßwort regelmäßig

Wenn das Paßwort verloren geht

Wenn Sie das Paßwort nicht mehr wissen oder es Ihnen verloren gegangen ist, dann rufen Sie bei CompuServe an (Tel 0130/864643) und schildern Sie Ihr Problem. Sie bekommen umgehend per Post ein neues Paßwort mitgeteilt.

CompuServe-Knigge

Ohne gewisse Regeln geht nichts im Leben. Diese den Deutschen immer unterstellte Lebensweisheit gilt auch auf einem amerikanischen Online-Dienst.

Allgemeines Verhalten

Innerhalb der Diskussionen und beim Benutzen eines Forums werden Sie mit anderen Nutzern über Themen der unterschiedlichsten Art diskutieren. Freundschaften, geschäftliche Beziehungen oder Gemeinschaften kommunikationsfreudiger Menschen werden hier entstehen. Wo auch immer mehrere Menschen aufeinandertreffen, werden unterschiedliche Meinungen aufeinanderprallen. Damit alles fair abläuft und keiner unter CompuServe zu leiden hat, gibt es eine Reihe von Verhaltensregeln, die man als CompuServe-Nutzer kennen sollte.

Hinweis: *Mailboxnutzer herhören! Auf CompuServe trennt sich die Spreu vom Weizen. Wer etwas für eine Nutzung zahlt, der verlangt ein gewisses Niveau im Zuge der Diskussionen. Unsinnige Flames werden Sie in den Foren nicht finden.*

Die meisten Besucher eines Forums arbeiten beruflich mit dem Computer, aber auch eine Vielzahl von Hobbyanwendern halten sich in den Foren auf. Gerade die Anfängerfragen stellen auch die Experten vor die größten Probleme, da diese noch nicht so betriebsblind arbeiten. Aus diesem Grund gibt es auf CompuServe keine Frage, die "dumm" genug wäre, um nicht gestellt zu werden. Es gibt immer nur dumme Antworten und die werden Sie auf CompuServe sicherlich nicht bekommen!

Im Wesentlichen wird von Ihnen nichts verlangt, wenn Sie Meldungen schreiben oder beantworten. Sie sollten sich aber vor Augen führen, daß Sie Ihre Mitmenschen so behandeln sollten, wie Sie gerne behandelt werden möchten. Dies bedeutet für die Foren, daß Sie niemanden beleidigen oder sogar verspotten. Jeder soll sich in diesem Bereich wohl fühlen und sich nicht eingeschüchtert zurückziehen, da er mit einer Frage nur Gelächter oder Spott geerntet hat. Der Sysop kann zwar als oberster Leiter des Forums eingreifen, nur sollte es dazu nicht kommen.

Mitteilungen in Foren

Innerhalb eines Forums können mehrere hundert Nachrichten eintreffen, die durch die Themenbezeichnung sortiert werden. Schon beim Absenden sollten Sie darauf achten, daß Ihre Anfrage innerhalb der richtigen Sektion verschickt wird. Sie haben zum einen die Gewähr, daß Sie Antworten erhalten und zum anderen, daß Sie nicht eine Sektion mit unpassenden Mitteilungen blockieren, durch die sich die anderen Nutzer arbeiten müssen. Bei Antworten, die Sie bekommen und nicht verstehen oder die das Problem nicht vollständig lösen, hinterfragen Sie bitte!

Wenn Ihnen erfolgreich geholfen wurde, sollten Sie sich immer bedanken, damit es auch für den anderen Nutzer einen Sinn gemacht hat, Ihnen eine Hilfe gewesen zu sein. Um die Sektionen nicht zu blockieren, reicht ein allgemeines *Dankeschön* an alle, die Ihnen geholfen haben.

Erhalten Sie auf eine Anfrage keine Antwort, so suchen Sie den Fehler zuerst bei sich, bevor Sie das Forum dafür verantwortlich machen. Meist wird eine nicht sehr aussagekräftige Überschrift gewählt, deren Inhalt nicht weiter verfolgt wird. Versetzen Sie sich in Ihre eigene Lage, wenn Sie in einem Forum sind. Überschriften, die Ihnen als nichtssagend erscheinen, beziehen Sie nicht. So kann der Absender lange auf eine Antwort warten. Wie Sie in der Abbildung 2.40 sehen, ist es sinnvoller, ein *S* für *Suchen* oder *B* für *Bieten* einzusetzen. Auch die Verwendung eines Fragezeichens hat schon manchen Nutzer dazu bewegt, eine Mitteilung zu lesen.

Sollten Sie wirklich keine Antwort erhalten, setzen Sie eine erneute Meldung mit einem Vermerk ab, daß Ihnen keiner helfen konnte. Meist fühlen sich nun die Nutzer herausgefordert, da es doch zu schaffen sein müßte, Ihnen zu helfen.

Markt & Technik AG			
CIS:MUTFOR	Arbeitsspeicher/Netz?	Hardware	02/02
CIS:MUTFOR	OzCIS-Registr. deutsch	OzCIS-Treff / OLR's	01/26
CIS:MUTFOR	Erste Schritte mit OzCIS	OzCIS-Treff / OLR's	01/26
CIS:MUTFOR	Was ist OzCis ??	OzCIS-Treff / OLR's	01/26

Abb. 2.40: Verwenden Sie eine aussagekräftige Überschrift für Ihre Anfrage

Versuchen Sie innerhalb der Mitteilungen kurz und sachlich zu bleiben, da CompuServe Ihnen nur eine limitierte Anzahl von Zeichen für eine Forennachricht oder Antwort ermöglicht. Bedenken Sie ebenfalls, daß andere Nutzer diese Mitteilungen laden müssen und dafür bares Geld bezahlen. *Fasse Dich kurz* gilt auch hier!

Ausführlicher können Sie das Ganze in einer Mail an den speziellen Nutzer beschreiben, wenn dieser davon vorher weiß. Denn auch der Versand eines Files oder einer sehr langen Mail sollte man ankündigen, oder Sie wissen, Ihr Gegenüber hat dagegen nichts einzuwenden.

Hinweis: Sogenannte »junk mails« werden sehr oft von Amerikanern an Sie verschickt, wenn Sie eine Anfrage in einem Forum hatten. Sie erhalten dann plötzlich eine Mail, die einer Werbesendung entspricht. Machen Sie dem Absender ggf. deutlich klar, daß Sie dies nicht wünschen.

Setzen Sie diese Ratschläge in Taten um! Bedenken Sie, daß gewisse Verhaltensregeln in einem deutschen Forum recht einfach einzuhalten sind. Wenn Sie jedoch in einem internationalen oder sehr US-orientierten Forum arbeiten, üben Sie etwas mehr Zurückhaltung. Ein *Understatement* bringt Sie sehr oft weiter, als die deutsche Eigenart, alles korrigieren zu müssen.

Die 5 goldenen Regeln von CompuServe

Gerade wenn Sie sich über irgendetwas auf CompuServe maßlos geärgert haben, sollten Sie sich diese Regeln vor Augen führen:

- Nehmen Sie Rücksicht auf andere Nutzer!
- Verhalten Sie sich freundlich!
- Geben Sie eine Antwort, wenn man Sie etwas fragt!
- Verstehen Sie auch einmal einen Spaß!
- Helfen Sie anderen, so hilft man auch Ihnen!

Kapitel 3
Navigatoren

Kleiner Unterschied große Wirkung

Science Fiction-Leser werden jetzt an den »Wüstenplaneten« erinnert, wenn sie den Begriff Navigatoren lesen. Bei CompuServe haben die Navigatoren aber nichts mit den Sandwürmern und dem Haus der Atreides zu tun. Navigatoren ermöglichen dem Nutzer von CompuServe vielmehr:

- Geld zu sparen
- eine Automatisierung der Arbeit mit CompuServe

Fragen Sie sich jetzt, weshalb Sie nach der bisher guten Arbeit mit dem Information Manager auf den Navigator umsteigen sollten? Wenn Sie es noch nicht selbst bemerkt haben, müssen Sie als ersten Schritt die Grenzen des Information Managers erkennen. Viele Arbeitsschritte lassen sich über den Information Manager nicht automatisieren. Böse Zungen unterstellen CompuServe, daß absichtlich gewisse Bremsen in die Information Manager eingebaut wurden, um so die Loginzeiten im System nicht zu kurz werden zu lassen. Sie können es drehen und wenden wie Sie wollen, ein Navigator wird Ihre Arbeit in CompuServe auf der einen Seite erheblich automatisieren und als günstigen Nebeneffekt die Kosten senken. Um Sie richtig auf den Einsatz eines Navigators einzustimmen, noch ein paar der wesentlichen *Bremsen* des Information Managers in einer kurzen Darstellung.

Tätigkeit nicht vorausplanbar

Gewöhnlich gehen Sie in ein CompuServe-Forum mit festen Vorsätzen und Zielen. Der einfachste und auch der am häufigsten auftretende Fall ist das Empfangen und Versenden von E-Mails und Forennachrichten. Der Versand und Empfang der E-Mails läßt sich über den Information Manager noch automatisch abhandeln. Damit ist die selbsttätige Bearbeitung eines Aufenthaltes im System aber auch schon beendet. Eine automatische Bearbeitung der Foren ist nicht vorgesehen. Bei der näheren Betrachtung eines Logins in

CompuServe mit dem Information Manager müßte Ihnen schon selbst aufgefallen sein, daß Sie immer nur reagieren. Diese Tatsache führt dazu, daß die Verbindung zu CompuServe einen längeren Zeitraum in Anspruch nimmt, da die Ereignisse einer Verbindung nicht über den Information Manager vorausplanbar sind. Vorab ist es schlecht möglich zu erkennen, ob schon Forennachrichten für Sie bereit liegen und der Manager einfach alle laden soll, wenn welche da sind.

Es gibt zwar eine Reihe von Tricks, mit denen man auch unter dem DOSCIM oder WinCIM Geld sparen kann, aber die Ersparnis, die man mit einem Navigator erreicht, ist erheblich größer.

Versand von Forennachrichten

Nachrichten, die in die Foren geschickt werden sollen, lassen sich über den WinCIM bequem ohne eine Verbindung erstellen. Für den Versand müssen Sie aber in das jeweilige Forum wechseln. Ein Abschicken über die kurze Anweisung *Alles Versenden und Empfangen* ist nur für die E-Mails möglich.

Abb. 3.1: Der Versand von Nachrichten in ein Forum geht nur vom Forum aus (WinCIM)

Arbeiten in den Foren

Gerade das Arbeiten in den Foren hat sich zwar in den letzten Versionen der Information Manager verbessert, aber es sind immer noch jede Menge manueller Abläufe vorhanden, die nicht automatisiert wurden. Der einfachste Fall ist das Beziehen von Nachrichten im Forum, die direkt an den Nutzer gerichtet sind. Über den Schalter *Wartende Nachrichten* bekommen Sie zwar die Meldungen aufgelistet, müssen aber dann noch jede einzeln markieren und über ein weiteres Menü einlesen. Insgesamt haben Sie sich dann mit 3 Arbeitsschritten befaßt, bevor Sie eine Nachricht aus dem Forum beziehen konnten.

3 • Navigatoren

```
☒ Faxkauf-Empfehlungen?         1
☐ Modem/ Telefon-Install.       10
☒ Pager - wie geht's?           2
```

Abb. 3.2: Nachrichten müssen unter dem WinCIM manuell markiert werden

Die Arbeit in den Foren erfordert weiterhin Ihre höchste Aufmerksamkeit, da Sie neben den wartenden Nachrichten auch aktuelle Themen nicht übersehen möchten. So geht es meist im Schnellverfahren durch die Sektionen, um alle Themen anhand der Überschriften gesichtet zu haben. Im gleichen Atemzug wird die Entscheidung getroffen, die Meldung zu beziehen. Eine Markierung wird gesetzt und nachfolgend geladen, wenn man in das Menü für *Markierte Nachrichten Empfangen* gewechselt hat. Auch mit den gängigen Tricks, nur Nachrichten zu selektieren und zu markieren, die an *Alle* gerichtet sind, sparen Sie kein Geld. Sie belasten sich mit einer Unmenge von Daten, von denen Sie ca. 50-70% mit Sicherheit nicht interessieren werden.

Noch mehr Online-Zeit müssen Sie bei der Arbeit mit den Softwarebibliotheken investieren. Der Information Manager sieht derzeit keine Möglichkeit vor, die Kurzbeschreibungen der abgelegten Programme zu laden und zu verwalten. Die Suche nach Software beschränkt sich immer auf den Online-Zustand, und der beiliegende Stift zum Notieren der Dateinamen gehört zum notwendigen Utensil.

```
PostSearch KI for Windows beta v 0.1                    Submitted 10/26/93 by 71477,352
KNOWLEDGE INDEX POST PROCESSOR PROCESS CLEAN UP CLEAN-UP  Accesses: 26  Size: 537047 Bytes
Beta test v 0.1 of PostSearch KI for Windows cleans up Knowledge Index
searches filtering out menus, prompts, etc., making files of just records,
labeled and numbered in S, M, L, K and F formats. Lets you capture
everything, focus on your search, then quickly clean up offline.  "Sift"
filtered records, writing ones you choose to new files with single key or
menu commands. More features. Requires 80386 or higher, 4mg RAM or more,
Windows 3.1 or later.  Free for the downloading to Section 4 members.
```

Abb. 3.3: Die Beschreibung von Dateien in der Bibliothek kann nur online gelesen werden

Wie Sie selbst bemerkt haben, hat der Information Manager, was im übrigen für jede Software gilt, seine Grenzen. Phantastisch, sagen die einen beim Umstieg auf eine neue Software wie den Navigator. Verärgert sind die anderen, da sie wieder eine neue Software erlernen müssen. In diesem Fall werden Sie auf den Information Manager nicht verzichten können, da der Navigator den WinCIM nicht ersetzt. Er ist vielmehr der schnelle Partner des WinCIM.

Tu dies, tu das. Das Prinzip eines Navigators

Um einen Navigator ohne größere Probleme verstehen zu können und direkt von Anfang an das Maximum damit zu erreichen, haben Sie mit dem Information Manager eine gute Schule hinter sich. Sie kennen den Aufbau der Foren. Auch die Suchlogik innerhalb eines Forums und der Softwarebibliothek ist Ihnen nicht mehr fremd. Mit diesem Grundwissen über CompuServe fällt es Ihnen nicht schwer, innerhalb kürzester Zeit den Navigator effektiv in Ihrer Arbeit einzusetzen.

Navigatoren machen für Sie das, was Sie Ihnen vorgeben. Wie in einem Film erstellen Sie ein Drehbuch, in dem alle Stationen einer Verbindung zu CompuServe festgehalten und jeweilige Tätigkeiten automatisch abgearbeitet werden. So verschickt ein Navigator für Sie alle E-Mails, schaut mal eben im Deutschen Computerforum nach neuen Themen und prüft, ob vielleicht interessante Programme in die Softwarebibliothek hinzugekommen sind.

Der Windows Navigator von CompuServe

CompuServe hat viel Zeit benötigt, bis man einen Navigator für IBM-kompatible PCs den Nutzern anbot. Die erste Version ist zudem eine Betaversion und hat noch Mängel aufzuweisen. CompuServe wollte aber dem Interesse der Nutzer in kürzester Zeit gerecht werden. Im Buch wird der CSNav (Kurzform) von CompuServe Inc. einfacherweise Navigator genannt.

Installation des Navigators

Der Navigator arbeitet unter MS-Windows ab Version 3.0 und benötigt mindestens 2 MB Arbeitsspeicher und belegt ca. 2,5 MB Festplatte. Die Installation ist wie bei jeder Windowssoftware recht problemlos und erfolgt durch den Aufruf der Datei SETUP.EXE.

Bringen Sie den Navigator auf jeden Fall im gleichen Verzeichnis wie Ihren Information Manager unter. Welchen Sinn dies hat, wird noch genauer erklärt. Soviel sei vorab gesagt, WinCIM und Navigator ergänzen sich durch eine einheitliche Verzeichnisstruktur sehr gut.

Sie beziehen den CompuServe Navigator durch einen Download von CompuServe (GO CISNAV). Zwar dauert der Download bei 9600 bps volle 40 Minuten, aber die Verbindungszeit von CompuServe wird nicht berechnet. Selbst die

3 • Navigatoren   47

anfallenden Kosten für die Netzwerkgebühren (Datex-P etc.) oder Telefongebühren zum CompuServe-Knoten sollten Sie investieren. Diese holt der Navigator durch die kürzeren Online-Zeiten schnell wieder herein.

Hinweis: *Der Navigator ist zur Zeit der Bucherstellung nur als englische Version erhältlich gewesen.*

Abb. 3.4: Menügesteuert können Sie den Navigator aus CompuServe laden (GO CISNAV)

Der Installationsvorgang in Einzelschritten:

- GO CISNAV (Bereich, aus dem Sie den Navigator laden)
- Laden Sie DISK1.EXE und DISK2.EXE
- Entpacken Sie beide Dateien auf Ihrer Festplatte
- Mit der Datei SETUP.EXE installieren Sie den Navigator
- Legen Sie den Navigator unter dem gleichen Verzeichnis wie den WinCIM an

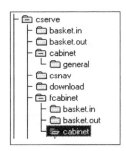

Abb. 3.5: Binden Sie die Navigator unter die gleiche Verzeichnisstruktur ein wie den Information Manager

CompuServe-Programme unter ein Verzeichnis stellen

Wenn Sie den Navigator in das gleiche Verzeichnis kopiert haben, brauchen Sie die Schritte aus diesem Absatz nicht durchzuführen.

Viele Zeitgenossen können mit einer Bedienungsanleitung nicht sehr viel anfangen und legen gerne direkt los. Tage später hören Sie dann, daß man dieses und jenes noch machen kann, wenn man von Beginn an nach der Anleitung vorgegangen wäre. Den gleichen *Holzweg* werden viele bei der Installation des Navigators gehen.

Hinweis: *Auch dem Autor ist dies passiert. Die Befürchtung, man könne den Information Manager löschen, war einfach zu groß.*

Während des Installationsvorganges gibt der Navigator das Verzeichnis \CSERVE zum Anlegen der Dateien vor. Sehr schnell werden Sie ein anderes Verzeichnis wählen, da auf \CSERVE der Information Manager untergebracht ist und man diesen dann löschen würde. Gerade dies macht der Navigator *nicht*! Er legt unterhalb des Verzeichnisses \CSERVE das Verzeichnis \CSERVE\CSNAV an. Hinterher ist man immer schlauer, und CompuServe gibt Ihnen mit dem MOVECIM eine Möglichkeit alles so herzustellen, wie Sie es haben möchten. Vielleicht kennen Sie den MOVECIM im Zusammenspiel mit DOSCIM und WinCIM. Damit Sie den Navigator und WinCIM doch noch gemeinsam einbinden können, muß die Syntax des Hilfsprogrammes MOVECIM richtig angewendet werden.

MOVECIM-Beispiel

Im konkreten Beispiel wollen Sie den auf C:\CSNAV installierten Navigator in das Verzeichnis C:\CSERVE übertragen. Die Syntax für die Anwendung des MOVECIM lautet:

```
MOVECIM \CSNAV \CSERVE
```

Dabei ist das erste Verzeichnis das alte und das nachfolgende das neue Verzeichnis, in das kopiert werden soll. Sie finden das Programm MOVECIM.EXE im Verzeichnis, in dem sich die EXE-Dateien des WinCIM befinden.

Wo sind die Mails?

Nach der Installation ist der Navigator in der gleichen Programmgruppe untergebracht wie Ihr WinCIM. Beim ersten Aufruf und Eindruck vom Naviga-

3 • Navigatoren 49

tor werden Sie feststellen, daß die Ablage für die E-Mails keine Meldungen enthält. Dies ist vollkommen richtig, da der Navigator noch die Verwaltung für die Datei- und Mailablagen aufbauen bzw. modifizieren muß. Unter der Option *Special* wählen Sie *Rebuild Indexes* und müssen je nach Rechnerart und Anzahl der abgelegten E-Mails mehrere Minuten warten, bis es weitergeht.

Abb. 3.6: Damit die E-Mails auch im Navigator abrufbar sind, müssen Sie die Indizes wiederherstellen lassen

Nach diesem Indexdurchlauf beenden Sie den Navigator bitte. Anschließend rufen Sie den Navigator wieder auf, und Ihre Mails befinden sich im Postfach.

Grundeinstellungen für den Navigator

Bevor Sie nun loslegen können, sagen Sie dem Programm noch, mit wem es zu tun hat und in welcher Form die Verbindung zu CompuServe aufgenommen werden soll. Im Klartext müssen Sie noch die Parameter für den Login festlegen (Kennung, Paßwort usw.).

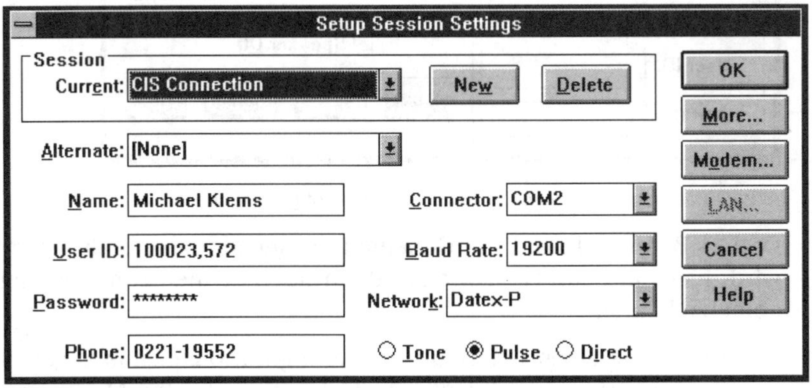

Abb. 3.7: Die Grundeinstellungen müssen Sie gesondert eingeben

Vom Prinzip unterscheiden sich die Menüs zum Einstellen der Grundparameter wie Kennung, Netzart und COM-Port der CompuServe-Produkte nicht. Man hat sich bei CompuServe bemüht, ein einheitliches Bild zu bewahren. Tragen Sie einfach die gleichen Daten wie im WinCIM ein, da diese nicht vom WinCIM automatisch in den Navigator übertragen werden.

Hilfe, Modem läuft nicht!

Nun haben Sie alles genauso initialisiert, wie bei der WinCIM Einstellung und das Modem reagiert nicht. Zuerst einmal keine Panik; denn Sie haben immer noch den WinCIM, um sich Hilfe über CompuServe zu holen. Mit einem eigenen Forum bietet man allen Navigator-Nutzern eine umfassende Unterstützung an (GO WCSNAVSUP).

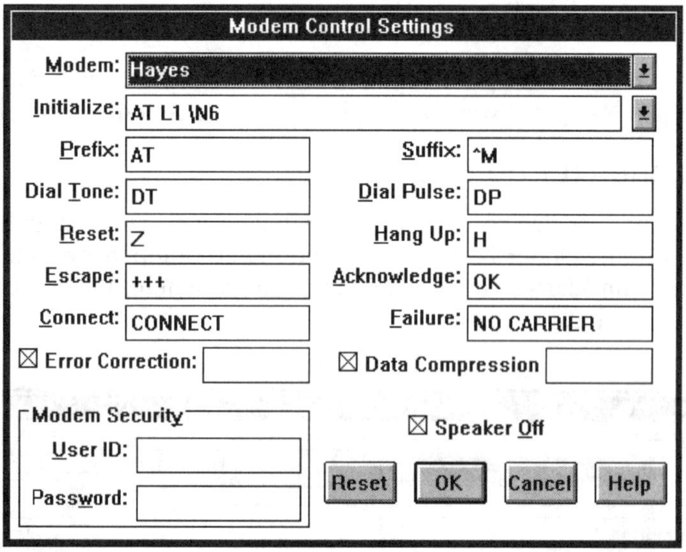

Abb. 3.8: Auch das Modem muß gesondert konfiguriert werden

Da das Buch nicht auf die Geheimnisse der Modeminitialisierung eingehen wird, hier ein paar Tips, wie Sie doch noch schnell zum Installationserfolg kommen können.

1. Wählen Sie einen innerhalb des Konfigurationsmenüs abgelegten Initialisierungsstring aus. Eventuelle Parameter, die Ihr Modem nicht kennt, können Sie daraus entfernen.

2. Stellen Sie die *Error-Correction* und die *Data-Compression* einmal außer Betrieb. Lassen Sie den Lautsprecher eingeschaltet, damit Sie hören, was das Modem unternimmt.

3. Vor jedem Anwählen initialisiert der Navigator das Modem. Schalten Sie das Modem trotzdem einmal aus und an, da die BZT-geprüften Modems eine Wahlsperre haben.

Die Oberfläche des CompuServe Navigators

Der erste Eindruck und der Aufbau der Schalter erinnert ein wenig an den WinCIM, aber das ist dann auch schon alles. Schalter, die Sie schon vom Information Manager kennen, haben die gleiche Funktion im Navigator. Doch der Rest Ihrer Arbeitsoberfläche dürfte für Sie völlig neu sein.

Prinzipiell besteht der Navigator aus drei wesentlichen Fenstern, mit denen Sie bei der Erstellung der Abläufe und dem Erfassen von Daten zu tun haben werden.

Abb. 3.9: Die Schalter des Navigators von CompuServe erinnern an den WinCIM

Der Skript-Editor: Drehbuch für den Navigator

Da Sie dem Navigator vorab genau das sagen, was er alles innerhalb von CompuServe erledigen soll, benötigt dieser eine Art Arbeitsplan. Diesen Plan bezeichnet man als Skript, ähnlich dem Manuskript beim Film (siehe Abbildung 3.10).

Service-Menü: Die Datenbasis für die Skripterstellung

Damit Sie die Foren unter CompuServe sehr einfach in den Editor übernehmen können und sich die Erstellung einer umfangreichen Skriptsprache ersparen, hat man alle Foren in einem Service-Menü untergebracht. Die Foren sind darin thematisch geordnet, und der Navigator liefert die meisten Foren schon fertig aus dem Menü. Wie man Änderungen oder neue Foren in das Menü einsetzt, erfahren Sie später.

52 CompuServe

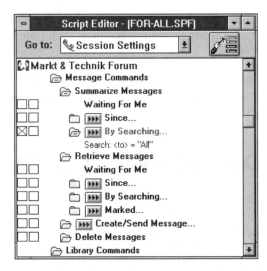

Abb. 3.10: Der Skript-Editor dient zum Erstellen des genauen Ablaufes eines Logins in CompuServe

Protokolldatei: Damit Sie wissen, was lief

Damit Sie einen genauen Bericht über den Verlauf einer Verbindung zu CompuServe bekommen, werden alle Mitteilungen des CompuServe-Systems in einer Protokolldatei mitgeschnitten. Besonders beim Einbinden des Navigators in automatische Abläufe, wie den Verbindungsaufbau ohne eine persönliche Anwesenheit, sind die Verbindungsprotokolle ein wichtiges Dokument.

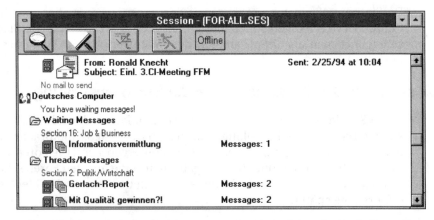

Abb. 3.11: Die Protokolldatei dokumentiert den Verlauf eines Logins in CompuServe

Erstellen eines Skripts mit dem CISNAV

Die Skriptsprache des Navigators ist leicht zu erlernen, und Sie sollen direkt mit einem praktischen Beispiel beginnen. Sie wollen, daß der Navigator sich automatisch in Ihr Postfach einloggt, dort alle E-Mails empfängt und anschließend im Deutschen Computer Forum nach wartenden Nachrichten sucht. Der grobe Ablauf innerhalb von CompuServe sieht dann wie folgt aus und muß genau im Skript wiederzufinden sein:

1. Login in CompuServe

2. E-Mails aus dem Postfach empfangen

3. Wechsel in das Deutsche Computerforum

4. Wartende Nachrichten empfangen

5. Verbindung zu CompuServe beenden

Für Ihre Skripterstellung benötigen Sie den Skript-Editor und das Service-Menü. Für die Erstellung eines neuen Skripts öffnen Sie mit dem Schalter ganz links auf der Schalterleiste ein neues Dokument. Positionieren Sie beide Fenster nebeneinander, da Sie die Daten aus dem Service-Menü in den Skript-Editor ziehen werden. Haben Sie das Fenster für das Service-Menü geschlossen, können Sie es unter der Option *Services Window* wieder öffnen.

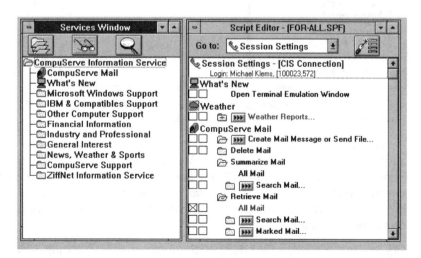

Abb. 3.12: Ordnen Sie das Fenster des Skript-Editors neben das vom Service-Menü an

Der Navigator hat in das Fenster des Skript-Editors automatisch etwas eingetragen. Die erste Spalte mit dem Symbol des Telefonhörers beinhaltet Ihre Systemdaten, wie Kennung, Paßwort und Wahlzugang.

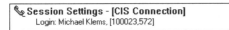

Abb. 3.13: Die Session Settings mit den notwendigen Daten, wie Kennung und Paßwort, werden automatisch gesetzt

Nach den Session Settings beginnen Sie nun und wählen aus dem Service-Menü den Eintrag *CompuServe Mail* aus. Damit Sie diesen in den Editor kopiert bekommen, haben Sie zwei Möglichkeiten. Die schnelle und elegante ist das Halten der linken Maustaste und das Herüberziehen in den Editor. Die zweite Möglichkeit ist das Öffnen eines Fensters mit der rechten Maustaste. Nutzen Sie den Weg, der Ihnen am leichtesten erscheint.

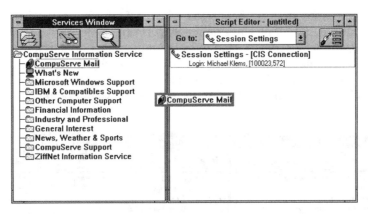

Abb. 3.14: Durch Halten der linken Maustaste kopieren Sie den Eintrag aus dem Service-Menü in den Skript-Editor

Beim Einfügen des Deutschen Computer Forums wird es schon etwas komplizierter, da es nicht auf Anhieb im Menü zu sehen ist. Wählen Sie auf dem Service-Menü den Schalter mit der Lupe aus. Die Lupe bedeutet verständlicherweise, daß Sie etwas suchen. Das nachfolgende Menü wird noch ausführlich erklärt. Tragen Sie jetzt einfach wie auf dem folgenden Bild *Deutsches Computer Forum* ein.

Die Suche kann ein wenig dauern, Sie müssen das Menü mit *Cancel* wieder verlassen, wenn die Suche abgeschlossen ist.

3 • Navigatoren 55

Abb. 3.15: Die Foreneinträge im Service-Menü lassen sich gezielt suchen

Kopieren Sie den Eintrag nun auf die gleiche Weise in den Editor, wie bei der *CompuServe Mail*. Die anzusteuernden Dienste haben Sie nun in Ihr Skript eingebunden. Einen Abschlußbefehl für den Logoff vom System gibt es nicht. Das Skript trennt die Verbindung immer am Ende des letzten Dienstes. Beginnen Sie jetzt mit dem Eingeben der zu erledigenden Aufgaben, die der Navigator für Sie in CompuServe durchführen soll.

Beim Betrachten der Einträge innerhalb des Skript-Editors werden Sie einige bekannte Befehle erkennen. Befassen Sie sich als erstes mit dem Ablauf der *CompuServe Mail*, das sind alle Arbeitsschritte innerhalb Ihres Postfaches von CompuServe. Hier sind mehrere Ordner angeordnet, die Sie durch einfaches Anklicken mit der Maus öffnen können.

Abb. 3.16: Die Einträge der Dienste lassen sich durch Anklicken der Ordner weiterbearbeiten

Die Bedeutung des grauen Schalters für den Arbeitsvorgang *Create Mail Message or Send File* dürfte Ihnen bekannt sein. Mit dem Anklicken öffnen Sie den eingebauten Editor für die Erstellung von E-Mails. Dieser ist in seiner Funktion genauso aufgebaut wie im WinCIM. Nutzen Sie direkt die Gelegenheit, und schreiben Sie eine Mail! (vgl. Abbildung 3.17)

Nach dem Erstellen Ihrer Mail geben Sie diese einfach in die Ablage für den Postausgang. Innerhalb des Skripts hat der Navigator eine Markierung in die vorstehenden Kästchen gesetzt. Dies bedeutet, daß die nachstehende Aufgabe ausgeführt wird. Damit Sie sehen, was dieser verschickt, ist der Titel Ihrer E-Mail aufgeführt.

56 CompuServe

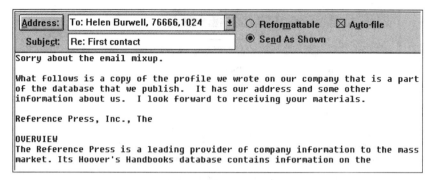

Abb. 3.17: Der Editor ist in seiner Funktion genauso anzuwenden wie im DOS- oder WinCIM

Klicken Sie bitte einmal das Kästchen an, in dem die Markierung steht. Auf diese Weise setzen Sie die Aufgabe wieder außer Funktion. Da die Aufgabe nun nicht durchgeführt wird, setzt der Navigator diesen Schritt in roter Schrift um. Klicken Sie die Markierung wieder an, um die Mail nachher zu verschicken.

Abb. 3.18: Zur Ausführung werden die jeweiligen Aufgaben innerhalb des Skripts markiert

Summarize: Mit diesem Schritt sparen Sie Geld!

Die optimale Anwendung eines Navigators erfolgt in zwei Phasen. Ähnlichkeiten mit einer bekannten Werbung für die Reinigung von dritten Zähnen erklären das Prinzip im Wesentlichen. Wie bei den Zähnen im Glas macht der Navigator erst die groben Arbeiten in Phase eins und geht dann bei der Phase zwei in die Feinheiten über. Übertragen auf CompuServe bedeutet dies, daß der Navigator sich die Informationen laden kann, die Sie sonst immer nur online im Schnellentscheidungsverfahren bewerten konnten.

Für das Skript müssen Sie den Ordner für *Summarize Messages* anklicken. Mit dem Öffnen erscheinen nun weitere Ordner, hinter denen graue Schalter positioniert sind, die Sie auch bei der Erstellung einer E-Mail angewendet haben.

3 • Navigatoren   57

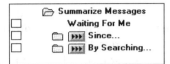

Abb. 3.19: Hinter der Funktion »Summarize« verbergen sich zahlreiche Auswahlmöglichkeiten

Wenn Sie sich in den Auswahlmöglichkeiten innerhalb eines CompuServe-Forums auskennen, dürften die nächsten Schritte nicht sehr problematisch für Sie sein. Summarize bedeutet, wie schon vorab erläutert, daß der Navigator in der ersten Phase nur die Überschriften der Thread bezieht und Sie eine bequeme und vor allem preisgünstige Auswahl treffen können. Damit der Navigator genau weiß, nach welchen Suchkriterien er die Zusammenstellung durchführen soll, haben Sie die nachfolgenden Suchoptionen zur Verfügung.

Waiting for me
Eindeutig, daß der Navigator nun alle Mitteilungen auswählt, die im Forum an Sie adressiert sind.

Since
Mit *Since* haben Sie die Möglichkeit, bestimmte Sektionen dauerhaft zu überwachen. Der Navigator lokalisiert für Sie die Meldungen, die ab einem bestimmten Zeitpunkt im Forum eingegangen sind oder bezieht nur Meldungen, die seit Ihrem letzten Login hinzukamen.

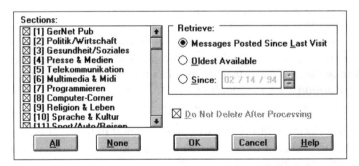

Abb. 3.20: Mit der Auswahl von »Since« können Sie Threads ab einem bestimmten Zeitpunkt suchen lassen

Hinweis: *Denken Sie bitte daran, daß die Datenangaben innerhalb des Navigators im US-Format angegeben sind (Monat/Tag/Jahr).*

By Searching

Das Menü, welches sich beim Anklicken des Schalters *By Searching* öffnet, dürfte Ihnen bekannt vorkommen. Es ist genau das Menü, welches Sie bisher immer nur Online mit dem WinCIM bearbeiten konnten. Der Navigator bietet Ihnen dies nun alles im Offline-Zustand an.

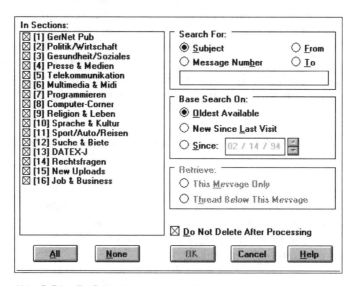

Abb. 3.21: »By Searching« ermöglicht die komplexe Suche, wie Sie bisher nur online mit dem WinCIM möglich war

Hinweis: Die Suchmenüs werden zu Beginn nur mit den Sektionsnummern versehen sein, da der Navigator zuerst Daten über das Forum laden muß. Eine Auswahl ist aber in diesem Zustand schon möglich.

Zur direkten Übung sollten Sie probeweise eine Suchformulierung eingeben. Der Navigator bestätigt die Aufgabe mit einer Markierung im Skript und dem Auflisten der Suchanweisung im Skript.

Retrieve Message: Arbeiten wie früher

Wenn Sie auf das vorherige Sichten von Meldungen verzichten können, steht Ihnen der Ordner *Retrieve Message* zur Verfügung. Die einzelnen Schalter haben die gleiche Funktion wie die Summarize-Option, nur mit dem Unterschied, daß Sie die Meldungen direkt beziehen werden.

Abb. 3.22: Nachrichten können direkt mit der Retrieve-Option aus den Foren bezogen werden

Zur Übung geben Sie auch hier eine Suchformulierung ein. Im dargestellten Fall wird nach Meldungen von einem bestimmten Nutzer gesucht.

Abb. 3.23: Die Suche nach Nachrichten eines bestimmten Nutzers werden in das Menü eingetragen

Der Navigator muß lernen

Der Navigator hat über die Foren noch keine Zusatzinformationen abgelegt, auch wenn Sie mit dem WinCIM dieses Forum schon vorab genutzt haben. Besonders augenfällig wird dies, wenn Sie direkt in einem neuen Forum mit einer bestimmten Suche innerhalb des Forums beginnen wollen. Wählen Sie beispielsweise die Funktion *By Searching*, so wird der Navigator das Suchmenü aufbauen, doch fehlen darin noch die individuellen Daten des jeweiligen Forums. An Stelle der Sektionsbezeichnungen wird einfach das Menü im Blankoformat aufgebaut.

Sections:
Section 0
Section 1
Section 2
Section 3
Section 4
Section 5
Section 6
Section 7
Section 8
Section 9
Retrieve:
Messages Posted Since Last Visit
Oldest Available
Since: 02 / 14 / 94
Do Not Delete After Processing

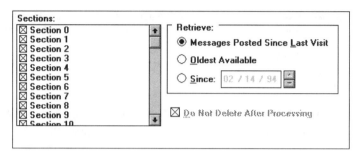

Abb. 3.24: Der Navigator hat noch keine näheren Informationen über das Forum abgelegt und liefert diesen Aufbau

Dies sollte Sie aber nicht davon abhalten, eine Suche trotz allem durchzuführen, solange diese nicht auf eine spezielle Library oder Sektion begrenzt ist. Damit der Navigator zu seinen Daten über das Forum gelangt, müssen Sie die Option *Update the message section names* markieren. Sie finden diese unter dem Ordner *Forum Option*.

Get Notices
Update the message section names

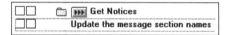

Abb. 3.25: Mit der Option »Update Message Section Names« erhält der Navigator Informationen für die Forenbearbeitung

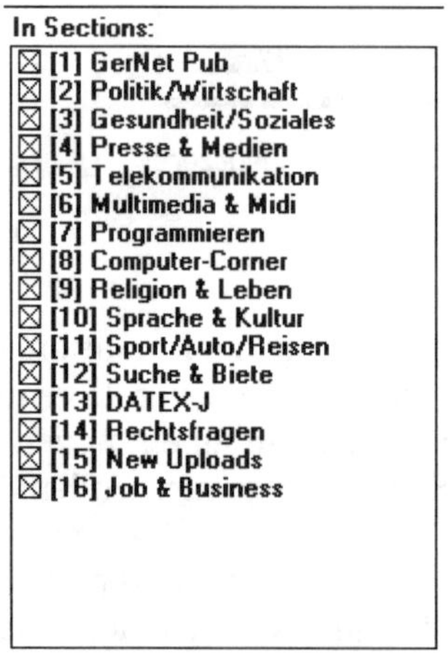

In Sections:
[1] GerNet Pub
[2] Politik/Wirtschaft
[3] Gesundheit/Soziales
[4] Presse & Medien
[5] Telekommunikation
[6] Multimedia & Midi
[7] Programmieren
[8] Computer-Corner
[9] Religion & Leben
[10] Sprache & Kultur
[11] Sport/Auto/Reisen
[12] Suche & Biete
[13] DATEX-J
[14] Rechtsfragen
[15] New Uploads
[16] Job & Business

Abb. 3.26: Das Suchmenü verfügt nun über die Namen der einzelnen Sektionen

Später, nach dem Trennen der ersten Verbindung, schauen Sie sich nun das Suchmenü nochmals an, das nun mit den internen Bezeichnungen ausgestattet ist. Da sich von Zeit zu Zeit die Daten innerhalb der Foren ändern, sollten Sie eine Aktualisierung in regelmäßigen Abständen vornehmen. Eine andauernde Durchführung der Funktion empfiehlt sich nicht.

Navigator und die Softwarebibliothek

Bevor Sie den ersten Login mit dem Navigator unternehmen, statten Sie der Softwarebibliothek einen kleinen Besuch ab. Klicken Sie den Ordner *Library* an. Wie in den vorangegangen Schritten zu den Foren werden wieder mehrere Funktionen für Ihre Arbeit geöffnet.

Abb. 3.27: Die Arbeit in der Softwarebibliothek läßt sich ebenfalls vor dem Login genau festlegen

Die Option *Summarize* ermöglicht Ihnen das Beziehen der Grundinformation über ein in der Softwarebibliothek abgelegtes Programm, die Sie bisher immer nur online abrufen konnten. Der direkte Unterschied zur Option *Search Library* liegt nur im verschieden aufgebauten Suchmenü. Bei *Summarize* suchen Sie nach neu geladenen Dateien innerhalb der Softwarebibliothek nur mit der Einschränkung des Versendedatums.

Abb. 3.28: Mit der Option »Summarize« erhalten Sie die zusätzlichen Dateiinformationen aus der Softwarebibliothek

Die Option *Search Library* ist dagegen viel leistungsfähiger, da Sie im gewohnten Menübild nach mehreren Kriterien die Suche gestalten können. Trotz dieser Leistungsfähigkeit hat die Summarize-Option ihre Daseinsberechtigung. Wenn Sie in den folgenden Seiten die *Offline-Library* des Navigators kennenlernen, können Sie mit dem Navigator die Softwarebibliotheken vieler Foren effizienter überwachen, als dies mit der Search-Option möglich wäre.

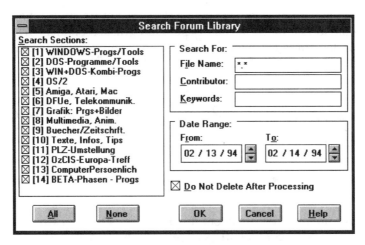

Abb. 3.29: Die Option »Search Library« ermöglicht eine genauere Suche nach Dateien in den Softwarebibliotheken

Neben den Suchoptionen simuliert der Navigator alle anderen Funktionen der Softwarebibliotheken im Offline-Zustand.

Versand einer Datei in eine Softwarebibliothek

Das Versenden einer Datei in die Softwarebibliothek spielte sich bisher überwiegend im direkten Online-Zustand ab. Während der Verbindung mußten Sie die Kurzbeschreibung der Datei online eingeben, was in vielen Fällen zu sehr kurzen und dürftigen Dateibeschreibungen führte. Das hatte für die nachfolgenden Nutzer wiederum den Nachteil, daß man nicht sehr viel über die Datei wußte und nach dem *Überraschungsei-Effekt* Programme in den Rechner übertrug.

Der Versand von Dateien in die Softwarebibliotheken ist mit dem Navigator vollständig offline vorbereitbar. Klicken Sie den Schalter *Contribute Files* mit der linken Maustaste einmal an. Das nachfolgende Menü ist Ihnen sicherlich auch nur im Online-Zustand bekannt. Ohne Zeitdruck können Sie eine aussagekräftige Beschreibung erstellen und die Datei mit den entsprechenden Schlagwörtern versehen. Mit den weiteren Angaben über Dateiart, Sektion und Verzeichnis, aus dem die Datei kopiert werden soll, hat der Navigator alle wichtigen Informationen zum Versand der Datei in die Softwarebibliothek.

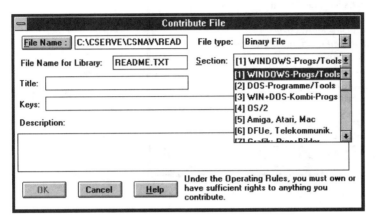

Abb. 3.30: Der Versand einer Datei in die Softwarebibliothek läßt sich offline im Navigator vorbereiten

Die wichtigsten Schritte sind abgeschlossen.

Login mit dem Navigator

Ihr Drehbuch ist fertig geschrieben. Für eine letzte Kontrolle empfiehlt sich, mit dem *Script-Preview* zu arbeiten. Diese Funktion listet Ihnen alle Arbeitsschritte in einer verständlichen Reihenfolge auf (vgl. Abbildung 3.31).

Nun geht es an den Start! Entsprechend ist auch die Symbolik des Startschalters aufgebaut. Der Schalter mit dem *Sprinter* aktiviert Ihr Skript und der Navigator baut die Verbindung zu CompuServe auf. Weiter haben Sie die Möglichkeit, das Skript über die Vorschau mit der Auswahl *RUN* zu starten (siehe Abbildung 3.32).

Der Navigator baut nach dem Start automatisch ein neues Fenster auf, in dem Sie den Login mitverfolgen können. Alle Schritte und deren Ausführung, sowie die Reaktion des CompuServe-Rechners, werden in dieser Datei erfaßt. Eine gute Lösung stellen die nachempfundenen Leuchtdioden dar, die das Modem simulieren sollen. Das ist gerade für Besitzer einer Modemkarte eine Möglichkeit, die Tätigkeiten des Modems zu überwachen (vgl. Abbildung 3.33).

64 CompuServe

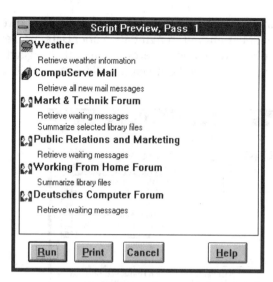

Abb. 3.31: Mit der Vorschau über den Ablauf eines Skripts verschaffen Sie sich vor dem Start einen Überblick

Abb. 3.32: Das Skript wird über diesen Schalter gestartet.

Abb. 3.33: Die Protokolldatei notiert alle Arbeitsschritte und die Reaktionen von CompuServe in eine Datei

Innerhalb eines laufenden Skripts können Sie nur noch sehr eingeschränkt eingreifen. Mittels des roten Schalters, der den *Runner* abbremst, wird das gesamte Skript und auch die Verbindung zu CompuServe unterbrochen. Diese Notbremse sollten Sie nur dann ziehen, wenn nichts mehr geht und Sie das Gefühl haben, der Rechner von CompuServe reagiert nicht mehr.

Weitaus eleganter ist das Abbrechen einer Aufgabe innerhalb des Skripts. Mit dem blauen *Runner* wird die laufende Aufgabe abgebrochen und der Navigator geht zum nächsten Schritt über. Dies macht bei weitem mehr Sinn, als sofort eine Verbindung abzubrechen. Ein Beispiel für den Einsatz des Schalters wäre die zu hohe Trefferzahl in einer Softwarebibliothek. Sie können so das Empfangen der Dateiinformationen abbrechen und die anderen Arbeitsschritte noch weiter durchführen lassen. Die entsprechende Suchformulierung für die Softwarebibliothek formulieren Sie dann offline entsprechend neu.

Abb. 3.34: Brechen Sie lieber einen Arbeitsschritt ab, bevor Sie die gesamte Verbindung trennen

Nachdem der Navigator die vorgegebenen Arbeitsschritte aus dem Skript erledigt hat, trennt er die Verbindung und Sie bekommen zum Abschluß noch die Verbindungszeit mitgeteilt.

Hinweis: *Auch, wenn die eingebaute Uhr des Navigators nicht sehr genau arbeitet, können Sie leicht mit dem Protokoll Ihre Zugänge zu CompuServe erfassen. Generell empfiehlt es sich, für ein bewußtes Kostenmanagement einen Überblick über die Aufenthaltsdauer im System zu haben.*

Die Protokolldatei mit allen Informationen

Die Protokolldateien hat alle wichtigen Informationen mitgeschnitten und erleichtert Ihnen zusätzlich die Arbeit im Navigator, wenn Sie ohne großen Aufwand an die neue E-Mail oder die Forennachricht gelangen wollen.

Der Navigator hat selbstverständlich alle geladenen Meldungen in der richtigen Ablage hinterlegt, wie Sie das vom WinCIM gewohnt sind. Damit Sie direkt den Zugriff auf die neuen Daten haben, können Sie mit der linken Maustaste eine Mail oder Forennachricht aus dem Protokoll abrufen.

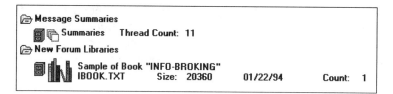

Abb. 3.35: Über die Protokolldatei können Sie direkt die Meldungen ohne weiteren Aufwand abrufen

Wenn Sie das Protokoll abspeichern möchten, können Sie das mit Hilfe des Schalters mit der Abbildung der Diskette. Der Name der Protokolldatei ist automatisch immer gleich dem Skriptnamen. Wollen Sie der Datei einen anderen Namen geben, wechseln Sie in das Menü *File* und gehen Sie auf die Option *Save As*.. Da Sie sehr wahrscheinlich bisher noch nichts an den zusätzlichen Systemeinstellungen geändert haben, wird die Protokolldatei automatisch bei Schließen oder Beenden mit den letzten Informationen abgespeichert.

Thread Summaries

Ihr Skript hat unter anderem die Aufgabe, im Deutschen Computer Forum die aktuellen Meldungen einer bestimmten Sektion zusammenzufassen. Diese Zusammenfassungen werden in der Dateiablage zum Forum abgelegt und können dort oder über das Protokoll aufgerufen werden.

☐	CIS:GERNE : Wirtschaft und BTX	Politik/Wirtschaft	02/07
☐	CIS:GERNE : User-GIFS f.Buch!	Computer-Corner	02/07
☐	: CSNav: Thread Summary		02/06
☐ +	: CSNav: Thread Summary		02/05
☐ +	: CSNav: Thread Summary		02/04
☐	: CSNav: Thread Summary		02/04
☐ + CIS:GERNE	: Wirtschaftsjunioren	Politik/Wirtschaft	02/04

Abb. 3.36: In der Dateiablage zum entsprechenden Forum werden die Zusammenfassungen als »Thread Summaries« abgelegt

Mit den Zusammenfassungen aus den Foren erhalten Sie alle Überschriften in einem Eintrag abgelegt. Sie erhalten Zusatzinformationen, in welcher Sektion der Thread zu finden ist und wieviele Nachrichten sich dahinter verbergen (siehe Abbildung 3.37). Nun geben Sie sich natürlich nicht mit den Überschriften allein zufrieden und wollen doch einige der Nachrichten beziehen. Hierfür markieren Sie den jeweiligen Eintrag mit der Maus, indem Sie den Überschriften eine Markierung vergeben.

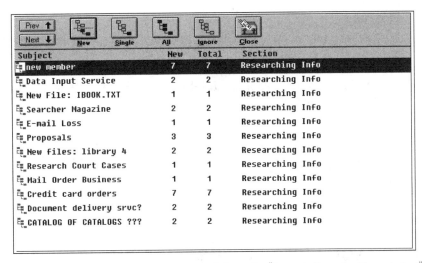

Abb. 3.37: Die Forenzusammenfassung liefert alle Überschriften der Threads im Überblick

Ihnen stehen für eine Markierung verschiedene Optionen zur Verfügung, die eine bestimmte Auswahl von Nachrichten ermöglichen.

Abb. 3.38: Für den Empfang einer Diskussion stehen Ihnen mehrere Optionen zur Verfügung

New

Bei Auswahl dieser Option werden alle neuen Meldungen bezogen. CompuServe orientiert sich dabei am Systemdatum der Thread-Liste. Nutzen Sie diese Option, wenn Sie laufend eine Aktualisierung der Diskussion benötigen.

Single

Bei Auswahl dieser Option empfangen Sie nur die aktuellste Meldung in der Diskussion. Sie erhalten die zuletzt in die Diskussion geladene Nachricht.

All

Haben Sie noch keine einzige Meldung zu diesem Thema bezogen, dann erhalten Sie mit *All* die gesamten Meldungen, die im Forum erhältlich sind.

Ignore

Mit dieser Option machen Sie die jeweilige Anweisung rückgängig. Dies ist auch die Grundeinstellung innerhalb einer Liste. Haben Sie jedoch die Systemmeldung in die Ablage *Postausgang* verschickt, müssen Sie dort den jeweiligen Eintrag löschen. Dies kann dazu führen, daß Sie die Festlegungen nochmals wiederholen müssen.

Abb. 3.39: Die Markierung der ausgewählten Nachrichten wird in das Skript als Aufgabe übertragen

Beziehen von Dateien über den Navigator

Bevor Sie die Offline-Library benutzen, sollen Sie direkt erfahren, wie Sie Dateien aus den Foren über den Navigator beziehen können. Die jeweiligen Such- und Auswahlverfahren innerhalb des Skripts sind die gleichen wie Online bisher in Verbindung mit dem Information Manager.

Für den Bezug einer Datei aus der Softwarebibliothek steht Ihnen der direkte Weg über das Skript zur Verfügung. Wählen Sie unter den Aufgaben *Retrieve Files* aus.

Abb. 3.40: Mit »Retrieve Files« können Sie direkt Dateien aus den Softwarebibliotheken beziehen

Das erscheinende Menü sieht ein wenig anders aus, als Sie es von der Dateisuche kennen. Hier müssen Sie die Sektion genau festlegen und können die Suche noch durch den Dateinamen oder den jeweiligen Nutzer, der die Datei gesendet hat, entsprechend fixieren. Das eingeschränkte Menü hat den Sinn, Sie vor Fehlern zu schützen. Gerade dann, wenn Sie den Navigator im automatischen Betrieb ohne eine persönliche Anwesenheit benutzen, wollen Sie sicherlich nicht, daß aus Versehen 30 oder mehr Programme geladen werden. Dies alles nur, weil Sie die Anforderungsanweisung zu allgemein gestellt hatten.

3 • Navigatoren 69

Hinweis: *Beim Bezug von Dateien sollten Sie möglichst anwesend sein! Da auch innerhalb des Suchmenüs Wildcards (*.ZIP) möglich sind, können Sie auf diese Weise schnell die eine oder andere falsche Datei beziehen. Besorgen Sie sich vorsichtshalber den genauen Dateinamen.*

Einen besseren Weg gehen Sie, wenn Sie aus der Dateiinformation die direkte Anforderung an CompuServe über den Navigator verschicken. Wie schon erwähnt, erhalten Sie noch nähere Informationen über die eingebaute Offline-Library innerhalb des Navigators. Für die näheren Informationen über eine Datei klicken Sie das Buchsymbol in der Protokolldatei mit der linken Maustaste an.

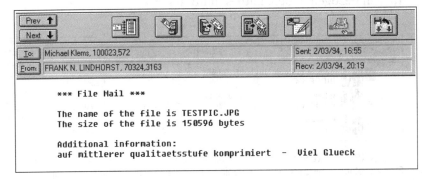

Abb. 3.41: Durch Anklicken mit der linken Maustaste erhalten Sie nähere Informationen über die Datei

Alle Informationen über die Datei sind im erscheinenden Menü zu entnehmen (Dateigröße, Zugriffszahl, Absender). Mit dem Schalter für *Retrieve* erstellen Sie eine Anforderung, die als Systemhinweis in die Ablage *Postausgang* kopiert wird. Automatisch hat sich im Skript diese Anweisung ebenfalls eingesetzt, und Sie können die Datei über den Navigator laden lassen.

Abb. 3.42: Die Anweisung, eine Datei zu laden, wird in das Skript übernommen

Die Anweisung *Delete* löscht den gesamten Eintrag aus der Navigator-Verwaltung. Wenn Sie eine Datei innerhalb eines Forums löschen wollen, müssen Sie auch der Absender sein. Sie können dann die Datei mit der Anweisung *Host Delete* aus CompuServe entfernen.

Das eigene Datenarchiv: Offline Library

Es wäre auf Dauer reichlich unsinnig, die Protokolle des Navigators abgespeichert zu lassen, nur weil auf diesen die Informationen über Dateien aus den Softwarebibliotheken aufliegen. Mit dem Navigator können Sie Ihr eigenes CompuServe-Datenarchiv aufbauen. Der Navigator verfügt über eine sogenannte Offline-Library, die alle Informationen, die Sie aus den Softwarebibliotheken bezogen haben, mitgeschnitten hat.

Abb. 3.43: Eine Verwaltung der Dateiinformationen aus aus den Softwarebibliotheken über die einzelnen Protokolle wäre sehr aufwendig

Da es sich um ein Datenarchiv handelt, können Sie auch darin nach den unterschiedlichsten Kriterien suchen. Das Suchmenü der Offline-Library ermöglicht die Auswahl nach den folgenden Kriterien:

- Dateiname bzw. Dateiendung
- Forenname
- Direkte Suche im Abstract
- Schlagwortsuche

Gerade die Suche innerhalb des Abstracts ist online zur Zeit noch nicht möglich. Sie können sich mit dem dauernden Bezug von Softwareinformationen aus den Bibliotheken eine eigene Datenbank erstellen, die weitaus besser zu recherchieren ist, als die Softwarebibliotheken selber.

LIB4.EXE	22766	138	12/1/93
LIB4.DIR	56536	60	12/1/93
PSKI10.EXE	208528	555	11/30/93
PSKIW.EXE	537047	26	10/26/93
IB.TXT	7475	436	10/4/93
PSPC10.EXE	165186	21	9/14/93
KI.TXT	18522	220	9/13/93
BIBL84.EXE	299290	41	9/8/93
AIIP.TXT	4235	690	8/19/93
PIISSU.TXT	15013	162	7/19/93

Abb. 3.44: In der Offline-Library werden alle Dateien verwaltet, mit denen Sie bisher unter dem Navigator zu tun hatten

Markieren von Dateien

Dateien, die Sie empfangen möchten, markieren Sie mit dem Schalter der Symbolik *Empfangen vom Host*. Die gekennzeichnete Datei erhält ein *R* für *Retrieve*. Verlassen Sie die Dateiliste, wird die Anweisung für den Empfang der Dateien in den Postausgang kopiert. Um eine Empfangsanweisung rückgängig zu machen, können Sie dies mit dem Schalter für *Unmark* oder Sie löschen die Anweisung aus dem Postausgang.

Die Offline-Verwaltung der Bibliothek kann aber noch viel mehr. Das Häkchen vor einigen Dateien gibt Ihnen den Hinweis, daß Sie diese Datei schon bezogen haben. Gerade dann, wenn CompuServe sehr viel benutzt wird, kann es vorkommen, daß die entsprechenden Programme schon längst aus dem Download-Verzeichnis entfernt worden sind und man Geld für den doppelten Transfer bezahlt.

File Name	Size	Accesses	Upload Date	Total Items: 356
IBOOK.TXT	20360	1	1/22/94	
IBINFO.KIT	1857	233	1/4/94	
LIB4.ZIP	19832	198	12/1/93	
LIB4.EXE	22766	138	12/1/93	
LIB4.DIR	56536	60	12/1/93	
PSKI10.EXE	208528	555	11/30/93	
PSKIW.EXE	537047	26	10/26/93	
IB.TXT	7475	436	10/4/93	
PSPC10.EXE	165186	21	9/14/93	

Abb. 3.45: Sie können an den aufgelisteten Dateien auswählen, welche Programme Sie beziehen möchten

Die Pass-Funktion

Nach einiger Zeit der Arbeit mit dem Navigator werden Sie feststellen, daß sich Arbeitsschritte wiederholen. Hier ein Beispiel: Sie loggen sich in ein Forum ein und beziehen die Zusammenfassungen einer Sektion. Anschließend wählen Sie die interessantesten Meldungen aus, die Sie gerne komplett lesen möchten. Sie starten den Navigator erneut, wollen aber in diesem Schritt nur die Meldungen beziehen und nicht die Zusammenfassung erneut erhalten. Um dies zu vermeiden, werden Sie die Funktion *Summarize* im Skript deaktivieren. Das ist auf Dauer reichlich umständlich und führt dazu, daß Sie nur innerhalb des Skripts arbeiten.

Beim Durchstöbern der eingebauten Hilfe des Navigators sind Sie sicherlich auf den Begriff *Pass* gestoßen. Das englische Wort für den Bergpfad beschreibt die Möglichkeit, daß man einen Berg auf verschiedenen Wegen erklimmen kann. Der Navigator kann dies auch und kann innerhalb eines Skripts verschiedene Wege gehen, die Sie mit der Auswahl und Festlegung eines Pass bestimmen.

Haben Sie schon versucht, wie Sie einen zweiten Pass in das Skript einfügen? Die Definition ist im Navigator etwas versteckt untergebracht. Sie finden das entsprechende Menü unter dem Befehl *Settings*. Dort wählen Sie *General* und hinter dem Schalter *Advanced* ist dann dieses Menü verborgen.

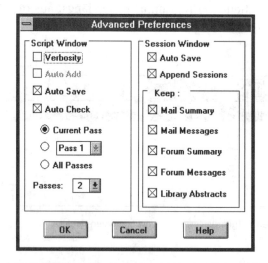

Abb. 3.46: Im Menü »Advanced« in den General Settings finden Sie die Festlegung der Passes für die Skripterstellung

3 • Navigatoren 73

Stellen Sie die Anzahl der Passes ein, die Sie für Ihre Arbeit benötigen. Maximal vier Passes lassen sich einstellen, doch reichen in der Regel zwei. Sie können ohne Probleme immer wieder Änderungen an dieser Einstellung vornehmen, da die Skripte automatisch aktualisiert werden.

Zurück zum konkreten Fall Ihrer täglichen Arbeit. Nachdem Sie in den Forenzusammenfassungen ausgewählt haben, soll der Navigator die vollen Einträge laden. Diese Zwei-Weg-Taktik ist bei weitem preiswerter, als das direkte Empfangen der Nachrichten. Die Verbindung zu CompuServe ist so immer möglichst kurz. Auch bei einer Anwahl des Knotens aus der Nahzone sind die zwei Telefoneinheiten bei weitem preiswerter, als ein verlängerter Aufenthalt bei CompuServe. Für die Programmierung innerhalb des Skripts ist die Markierung an die jeweiligen Kästchen zu setzen. Die Philosophie, die hinter dem Aufbau steckt, ist leicht zu erlernen. Bei einer Zwei-Pass-Einstellung ist das linke Kästchen Pass eins und das rechte Pass zwei.

Abb. 3.47: Aus eins mach zwei, innerhalb der Skripts wird der zweite Pass eingefügt

Welcher Pass nun jeweils gerade durchgeführt werden soll, legen Sie in der Befehlsleiste fest, in der bisher immer nur die *Eins* zu sehen war.

Abb. 3.48: Wählen Sie, welchen Pass der Navigator durchführen soll

Spätestens jetzt werden Ihnen die blauen Schriftzüge innerhalb des Skripts auffallen. Ist eine Aufgabe in blauer Schrift dargestellt, so bedeutet dies, daß die Aufgabe nicht aktiviert ist. Stellen Sie den Pass jedoch um, wird die Anweisung in grüner Schrift dargestellt.

Hinweis: *Es ist davon auszugehen, daß die irgendwann erscheinende deutsche Version des Navigators den Begriff Pass in »Pfad« umwandeln wird. Zum besseren Verständnis werden im Buch die englischen Ausdrücke verwendet.*

Praktische Hinweise

Viele Möglichkeiten einer neuen Software erfährt man durch den praktischen Gebrauch. Damit Sie auf bereits gesammelte Erfahrungen zurückgreifen können, sind die wichtigsten Tips hier zusammengefaßt.

Menügeführte Arbeit im Skript-Editor

Gerade bei der Bearbeitung längerer Skripte, auf denen mehrere Dienste aufgeführt sind, ist das Scrollen des Bildschirmes sehr lästig und zeitaufwendig. Innerhalb des Skript-Editors haben Sie die Möglichkeit, über ein kleines Menü den zu bearbeitenden Dienst direkt anzusteuern.

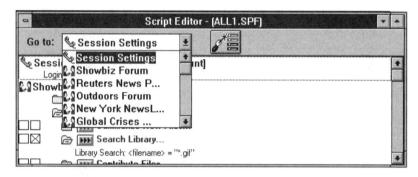

Abb. 3.49: Sie finden einen bestimmten Dienst im Skript schneller über das Menü im Skript-Editor

Dienste und Foren vorübergehend deaktivieren

Für jeden Login mit dem Navigator wollen Sie natürlich nicht ein individuelles Skript erstellen. Sie können sehr schnell Dienste innerhalb eines Skripts deaktivieren, wenn Sie diese vorübergehend nicht nutzen wollen (vgl. Abbildung 3.50).

Auf Dauer ist das Deaktivieren ein sehr aufwendiges Verfahren. Sie sollten nicht dazu übergehen, ein ganzes Forenpaket in einem Skript unterzubringen, um dann vor jedem Login die Hälfte der Foren *kalt* zu stellen. Denn das Skript legt alle darauf befindlichen Foren als *aktiv* ab, und Sie müssen die Arbeit jedes mal neu erledigen (siehe Abbildung 3.51).

Sie können das Menü weiterhin für die Bearbeitung der Aufgabenfestlegung nutzen, wenn Sie nicht mit den Symbolen innerhalb des Editors arbeiten wollen.

3 • Navigatoren 75

```
Create Forum Message...
Summarize Messages Since...
Summarize Messages by Searching...
Retrieve Messages Since...
Retrieve Message by Searching...
Mark Thread Summaries...
Summarize New Files...
Search Library...
Upload File...
Download File...
Disable
Delete
Help
```

Abb. 3.50: Mit der rechten Maustaste öffnen Sie das Bearbeitungsmenü für das entsprechende Forum

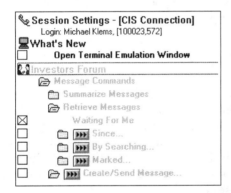

Abb. 3.51: Mit der rechten Maustaste öffnen Sie das Menü zur Bearbeitung eines Forums innerhalb des Skript-Editors

Oh Schreck, das File ist weg!

Über den WinCIM sind Sie es sicherlich gewohnt, auch Dateien oder Programme als E-Mail an andere Nutzer zu versenden. Beim Empfang einer Datei wartet der Navigator mit einer Besonderheit auf. Zwar empfangen Sie die Datei und können die Informationen dazu aufrufen, nur finden Sie diese in keinem Verzeichnis. In einem Anfall von Panik werden Sie den Navigator nicht mehr benutzen und in einem solchen Fall auf den guten Information Manager zurückgreifen. Damit es dazu nicht kommt, ist es empfehlenswert, das Fenster mit den Informationen über die empfangene Datei ein wenig mehr zu vergrößern. Neben dem Schalter *Forward* hat sich nämlich der Schalter *Extract* versteckt! Dieser bewirkt nichts anderes, als daß die Datei in einem Verzeichnis Ihrer Wahl entpackt wird. Ergebnis: Dateien gehen auf dem Navigator nicht verloren!

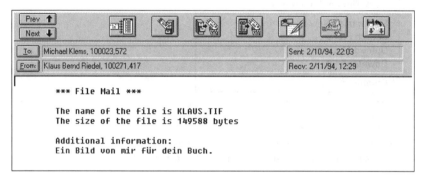

Abb. 3.52: Vergrößern Sie das Fenster mit den Informationen über die empfangene Datei, damit Sie den Schalter »Extract« nicht übersehen

Setup für Fortgeschrittene

Eine Reihe von Systemeinstellungen ermöglichen das individuelle Einstellen des Navigators für den persönlichen Gebrauch. Normalerweise kommt man mit den Grundeinstellungen, die bei der Installation festgelegt werden, sehr gut aus. Da aber jeder von Ihnen unterschiedlich mit dem Programm umgehen wird, ist es sinnvoll, die optimale Einstellung des Systems zu wählen. Sie finden die meisten Installationsmenüs unter der Option *Settings* auf der oberen Befehlsleiste des Navigator-Fensters.

Session-Settings

Die *Session-Settings* haben eine prägnante Ähnlichkeit mit den Grundeinstellungen, die Sie von Ihrem Information Manager gewohnt waren. Bis auf das unterschiedliche Aussehen, unterscheidet sich das Menü vom Navigator auch nicht von dem des Information Managers. Gerade bei den Verbindungsprotokollen ist auch der Navigator ein international taugliches Werkzeug. CompuServe hat dort Login-Routinen für alle Datennetze abgelegt, über die Sie CompuServe erreichen können.

Das Modem stellen Sie beim Navigator separat über den Schalter *Modem* ein. Sie erhalten dann ein Menü, wie Sie es auch vom WinCIM kennen.

Haben Sie den Navigator in einem Netzwerk installiert, können Sie die Parameter für den COM-Port, über den das Netzwerk läuft, einstellen.

Abb. 3.53: In den Session Settings tragen Sie Angaben über Ihr Modem und Verbindung zu CompuServe ein

General Settings

In diesem Menü stellen Sie die Arbeitsoberfläche des Navigators ein. Das Menü besteht wiederum aus drei Einzelfenstern, dem *Initial Desktop*, *General* und *Window Position*.

Initial Desktop

Wenn Sie bei jedem Login die Anzeige über das Programm und die Seriennummer stört, entfernen Sie die Markierung vor der *About Box*. Sie können in diesem Teil des Menüs festlegen, ob Sie nach dem Aufruf automatisch den Skript-Editor, das Service-Menü und die letzte Protokolldatei auf der Desktopoberfläche haben wollen. Über den Schalter *Default Script* können Sie eine Skriptdatei (Endung .SPF) automatisch nach Programmstart aufrufen lassen. Gerade wenn Sie sehr oft nur mit einem einzigen Skript arbeiten, macht dies einen Sinn.

Der Bereich mit der Bezeichnung *General* ermöglicht Ihnen, beim Löschen von Nachrichten eine Sicherheitskopie anzulegen. Diese Kopie wird in dem Verzeichnis angelegt, das Sie mit dem Schalter *Folder* festlegen.

Die Optionen unter *Window* ermöglichen es Ihnen, die Darstellung der Fenster beim Start zu beeinflussen. So können Sie die momentane Position mitspeichern, wenn Sie das Programm verlassen. Der Navigator baut dann die Oberfläche genauso auf, wie er diese verlassen hat.

Advanced Settings

Wenn Sie den Schalter *Advanced* betätigen, gelangen Sie in ein weiteres Menü. Damit haben Sie bei der Festlegung des Passes innerhalb des Skript-Editors schon gearbeitet. In diesem Menü können Sie die gesamten Einstellungen für die Arbeit mit den Skripts verändern.

Bei der Aktivierung von *Verbosity* schreibt der Navigator alle Aufgaben im Skript in Verbindung mit dem Forennamen. Ist die Option nicht markiert, setzt der Navigator die jeweilige Sektionsnummer ein.

Die Festlegung eines Passes haben Sie schon erprobt. Mit *Auto Add* wird automatisch eine Skriptanweisung erzeugt, wenn über das Protokoll oder Ablage eine neue Aufgabe erzeugt wird (Nachricht verschicken, Datei empfangen usw.). Mit der Einstellung *Auto Save we*rden alle Skripte beim Schließen automatisch gespeichert. Die Option *Auto Check* setzt, wenn aktiviert, die entsprechende Aufgabe in dem jeweiligen Pass fest, den Sie mit *Current* oder *All Passes* festgelegt haben.

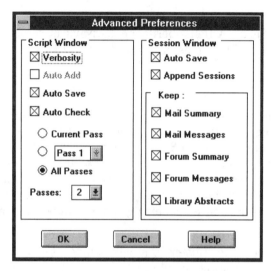

Abb. 3.54: In den »Advanced Settings« legen Sie neben der Anzahl der Passes weitere Funktionen fest

Mail Settings

Genauere Einstellungen rund um die E-Mails stellen Sie in diesem Menü ein. Wie Sie es beim Information Manager gewohnt sind, legt der Navigator alle verschickten Meldungen als Sicherheitskopie in einer Ablage Ihrer Wahl ab. Mit dem Schalter und der Markierung *Auto-File Sent Messages* legen Sie dies fest. Wer viel über CompuServe schreibt, sollte dies tun, da man sonst sehr schnell den Überblick verliert, welche Dinge man in einer bestimmten E-Mail besprochen hat.

Mit einer Markierung bei *Auto-Answer-Incurred* wird für jede E-Mail eine Rückantwort des Empfängers verlangt. Da Sie pro E-Mail eine Zusatzgebühr bezahlen müssen, sollten Sie überlegen, ob Sie für jede E-Mail eine Empfangsquittung erhalten wollen.

3 • Navigatoren 79

In der kleinen Box *Read Mail Disposition* bestimmen Sie, ob E-Mails noch in Ihrer Mailbox verbleiben sollen (Keep). Wollen Sie diese immer direkt löschen, wählen Sie *Immediate Delete*. Mit der Angabe der Anzahl von Tagen können Sie unter *Delayed Delete* alle E-Mails nach einer Vorgabezeit in Tagen löschen lassen.

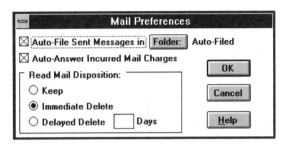

Abb. 3.55: Für den Versand und Empfang von E-Mails sind zusätzliche Funktionen definierbar

Forum Settings

Durch eine richtige Einstellung dieser Einstellungen gewährleisten Sie ein problemloses Arbeiten mit den Foren. Damit Sie der Navigator bei der Nutzung neuer Foren direkt als Mitglied eintragen kann, lassen Sie die Option *Auto-Join-Forum* markiert. Der Navigator übernimmt den Eintrag Ihres Namens aus den Grundeinstellungen.

Wollen Sie die Sektionsnummern innerhalb der Suchmenüs im Skript-Editor angezeigt bekommen, markieren Sie die Optionen *Show Library Section Numbers* und *Show Message Section Numbers*. Sehr oft wird in den Foren die Sektionsnummer als Hinweis verwendet. Lassen Sie diese Option daher aktiv geschaltet.

Der Navigator kann neben den E-Mails auch von jeder versendeten Forennachricht eine Sicherheitskopie ablegen. Die Ablage bestimmen Sie mit dem Schalter *Folder* dem Aktivieren der Option *Auto-File Sent Messages in*.

Wesentlich für die Arbeit innerhalb der Foren ist die Einstellung Ihres Systemdatums. Mit den Optionen in der Box *Forum Messaging* merkt sich der Navigator, wann Sie das letzte Mal in diesem Forum gewesen sind, oder ob er das letzte Besuchsdatum nicht setzen soll. Sinnvoll erscheint, daß Sie immer einen Zugriff auf die neu hinzugekommenen Meldungen haben. Damit der Navigator sich an Ihren letzten Besuch in einem Forum *erinnert*, wählen Sie *On entering set Forum to remember last session*.

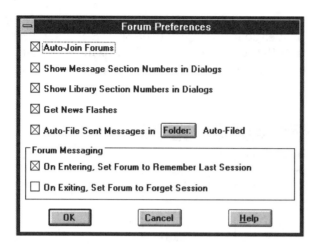

Abb. 3.56: Wichtig für ein problemloses Arbeiten sind die Foreneinstellungen im Navigator

Terminal Emulation

Für Dienste innerhalb von CompuServe, die noch mit der direkten Terminaleingabe bedient werden (IQUEST usw.) definieren Sie Daten, wie den Zeichenspeicher, Wartezeit, Funktionstasten und Zeichenkorrektur in diesem Menü.

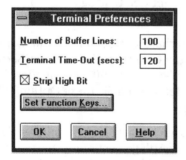

Abb. 3.57: Für die Arbeit innerhalb der direkten Terminaleingabe legen Sie in diesem Parameter, wie Zeilenspeicher, Wartezeit und Zeichenkorrektur fest

Script Template

Dieses Menü ist zwar im ersten Moment in seinem Sinn nicht so einfach zu verstehen, aber verfolgt einen einfachen Hintergrund. Für den Fall, daß Sie einige Aufgaben in einem Skript nicht benötigen, können Sie über dieses Menü eine grundsätzliche Festlegung treffen.

3 • Navigatoren 81

Abb. 3.58: Das Script Template dient zum grundsätzlichen Einstellungen der definierbaren Aufgaben im Skript

Directories

Für das Abspeichern der unterschiedlichsten Informationen können Sie die Verzeichnisse selber auswählen und definieren. Die Auswahl für jede Option ist nach dem gleichen Schema durchzuführen. Wenn Sie den Navigator mit dem Information Manager betreiben, sollten Sie an diesen Einstellungen keine Änderungen vornehmen, da diese ebenfalls im Information Manager festgelegt werden müssen. Sie würden sonst zum Beispiel GIF-Dateien unterhalb des WinCIM in einem anderen Verzeichnis ablegen, als es der Navigator definiert hat (vgl. Abbildung 3.59).

Praktisches Arbeiten mit dem Navigator

Einbinden von weiteren Diensten

Nun werden Sie nicht immer in den Foren und in Ihrem Postfach unter CompuServe arbeiten, sondern auch die zusätzlichen Dienste des Systems nutzen wollen. Leider bietet der Navigator derzeit sehr beschränkte Möglichkeiten an, die einen Zugriff auf die externen Dienste gestatten.

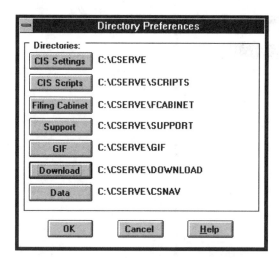

Abb. 3.59: In den Forum Preferences legen Sie die Voreinstellung für die Foren fest

Terminalmodus in das Skript einbinden

Über die Einbindung der Funktion *Terminalemulation* haben Sie zum einen die Möglichkeit, aus dem Skript auszusteigen und dann aktiv innerhalb des Terminalmodus weiter zu arbeiten. Beenden Sie den Terminalmodus, wird das Skript fortgesetzt. Dies hat natürlich reichlich wenig mit einem automatisierten Arbeiten gemeinsam. Sinnvoller ist bei solchen Arbeiten der Wechsel auf den Information Manager.

Abb. 3.60: Der Navigator ermöglicht Ihnen derzeit nur das Einbinden weniger Zusatzdienste

Börsennotierungen über den Navigator

Mit dem automatischen Beziehen von Börsennotierungen über eine festgelegte Funktion hat der Navigator einen der vielen Dienste abgelegt. Sie finden diesen Dienst innerhalb des Service-Menüs unter dem Hauptthema *Financial Information*.

Die Bedienung ist gleich der Anwendung der Foren. Sie kopieren den Dienst in Ihren Skript-Editor und öffnen mit dem Schalter ein Menü zur weiteren Eingabe der Ticker.

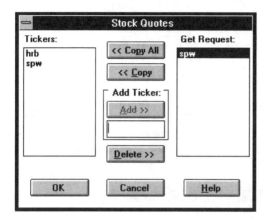

Abb. 3.61: Vorab können Sie die Ticker der einzelnen Unternehmen eingeben, die Sie interessieren

Vorteil ist das Auflisten zahlreicher Ticker, die Sie über das Menü aufrufen können und Ihnen die Ausgabe eigens definierter Listen ermöglichen.

Hinweis: *Die Tickermeldungen werden von der New York Stock Exchange in CompuServe übertragen. Derzeit werden die Daten mit einer Verzögerung von 15 Minuten eingespielt.*

Portfolio-Analysen über den Navigator

Eine weitere eingebaute Funktion ist die Erstellung von Portfolio-Analysen einzelner Werte. Der Navigator bezieht in einem Schritt die relevanten Daten und stellt diese in einer Tabelle dar (vgl. Abbildung 3.62).

Aktualisieren von Foren

Die Zeit bei CompuServe bleibt nicht stehen, und beinahe wöchentlich werden neue Foren und Dienste angeboten. Damit Ihr Navigator immer auf dem neuesten Stand bleibt, können Sie Foren und Dienste innerhalb des Service-Menüs ändern oder hinzufügen.

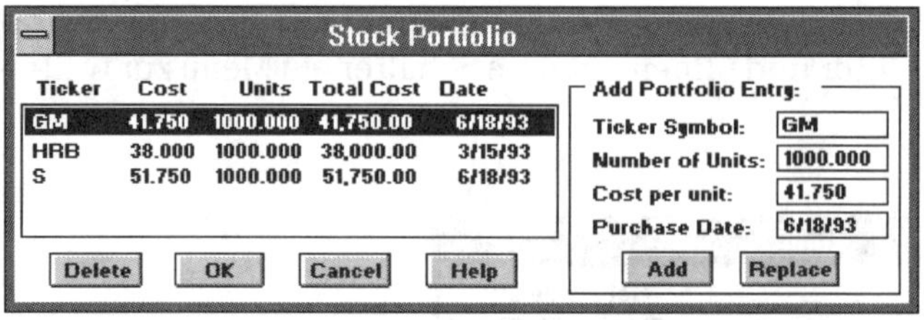

Abb. 3.62: Ebenfalls als feste Funktion eingebaut: Die Erstellungvon Portfolio-Analysen aus CompuServe

Öffnen Sie bitte das Fenster mit dem Service-Menü und klicken Sie einen Dienst im Service-Menü mit der rechten Maustaste an. Die geöffnete Box mit den Befehlen ermöglicht Ihnen die Bearbeitung des derzeit angewählten Dienstes im Service-Menü oder das Hinzufügen eines neuen Dienstes.

Abb. 3.63: Mit der rechten Maustaste können Sie die Befehle zum Aktualisieren eines Foreneintrages aufrufen

Für eine Aktualisierung wählen Sie *View Update Item*. Das geöffnete Menü können Sie mit dem Schalter *Update* aktualisieren. Wenn Sie nicht genau wissen, wie die Sprungadresse korrekt eingegeben wird, schauen Sie innerhalb eines bestehen Eintrages nach der korrekten Schreibweise.

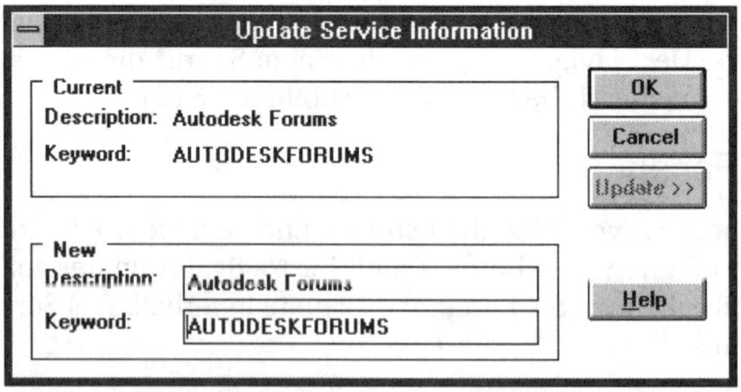

Abb. 3.64: Geben Sie die Änderung der Sprungadresse ein

Einbinden von Skripts mit mehreren Kennungen

Im Fall von mehreren Kennungen läßt sich der Navigator problemlos einsetzen. Vor jeder Skripterstellung wechseln Sie mit einem Doppelklick auf den Settingeintrag im Skript-Editor automatisch in das Menü zur Einstellung der Grundparameter (Kennung, Paßwort usw.).

Abb. 3.65: Klicken Sie den Settingeintrag im Skript-Editor mit der linken Maustaste doppelt an

Sie haben innerhalb der Grundeinstellung im Setting die Möglichkeit, verschiedene Kennungen und Zugänge einzutragen.

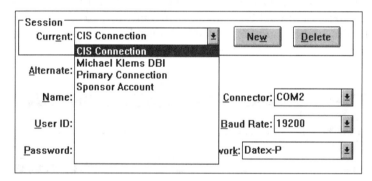

Abb. 3.66: In den Session Settings lassen sich mehrere Einstellungen ablegen, die bei Bedarf aufgerufen werden können

Navigator als Mailer im Netz

Der Navigator ist ohne Probleme in die bekannten Netzwerke einzubinden. Sie können den Navigator als automatischen Mailer einsetzen, der zu einem festgesetzten Zeitpunkt aufliegende E-Mails verschickt. Damit die Nutzer innerhalb des Netzes auch ohne große Vorkenntnisse mit CompuServe umgehen können, binden Sie den WinCIM einfach in das Netz mit ein. Die gesamte Nachrichtenbearbeitung, einschließlich der Erstellung von E-Mails, kann über den Information Manager durchgeführt werden.

Parallel dazu wird der Navigator vom Netzwerkadministrator betreut, der bestimmte Skripte zu festgelegten Uhrzeiten über den Timer durchführen läßt.

Alle Transferzeiten sollten in einem Tagesplan festgehalten werden, damit die Nutzer wissen, zu welchen Zeiten das System einen Transfer zu CompuServe durchführt.

Timing ist alles!

Mit dem zum Navigator dazugehörigen Timer erschließen Sie sich ganz neue Arbeitsmöglichkeiten. Die Funktion eines Timers läßt sich einfach beschreiben. Zu einer bestimmten Uhrzeit startet dieser die Kaffeemaschine oder den Videorecorder. Der Timer des Navigators verfügt aber über weitaus mehr Funktionen, als das bloße Ein- und Ausschalten eines Programmes.

Der Timer ist in Ihrer Programmgruppe mit der Bezeichnung *Scheduler* abgelegt. Nach dem Aufrufen können Sie unter einem einfach zu bedienenden Menü die Programmierung für den Timer vornehmen. Die Oberfläche ist im wesentlichen nichts anderes als der Timer eines Haushaltsgerätes im PC-Format. Der Timer ermöglicht Ihnen Einstellungen, wie den Start zu einer bestimmten Zeit oder die Programmierung festgelegter Intervalle, im Wesentlichen, an denen der Navigator aufgerufen werden soll.

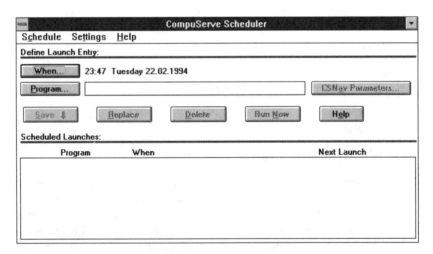

Abb. 0.07: Der Timer für den Navigator nach dem ersten Aufrufen

Die Arbeitsoberfläche besteht aus mehreren Untermenüs, die mit den grauen Schaltern aufgerufen werden können. Beginnen sollten Sie mit der Programmierung der Zeiten, indem Sie den Schalter *When* anklicken.

3 • Navigatoren

 Abb. 3.68: Mit dem Schalter »When« gelangen Sie in das Menü für die Zeitprogrammierung

Das erscheinende Menü ermöglicht die Festlegung der Zeiten, zu denen der Timer den Navigator aufrufen soll. Der Aufbau des Menüs unterteilt die verschiedenen Programmieroptionen in verschiedene Bereiche. Sie können auf diese Weise den Timer sehr schnell auf bestimmte Zeiten einstellen oder komplexe Aufgaben sehr einfach bestimmen.

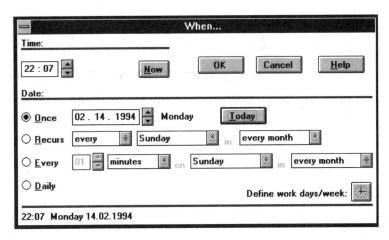

Abb. 3.69: Die zeitliche Programmierung des Timers erfolgt in diesem Menü

Once

Mit der Auswahl dieser Option wird der Timer für ein einmaliges Ereignis programmiert. Sie können den Tag, Monat und das Jahr festlegen. Zur Kontrolle erscheint am unteren Rahmen des Fensters eine Zeile mit der genauen Umschreibung Ihrer Programmierung.

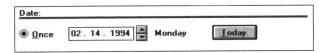

Abb. 3.70: Mit der Option »Once« wird der Timer auf einen festen Termin programmiert

Recurs

Wiederkehrenden Ereignisse lassen sich mit *Recurs* einstellen. Dies bedeutet zum Beispiel, daß der Timer jeden ersten Sonntag im Monat den Navigator starten soll. Als genaue Zeit für den Start übernimmt der Timer immer die eingestellte Zeit im oberen Teil des Fensters. Kontrollieren Sie die Einstellung immer noch nachträglich mit dem zusammengefaßten Timer-Auftrag am unteren Rand des Menüs.

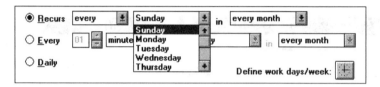

Abb. 3.71: Über »Recurs« kann der Timer in bestimmten Intervallen den Navigator aufrufen

Every

Die Option *Every* geht noch einen Schritt weiter. Hier wird nicht jeden ersten bis vierten im Monat festgelegt, sondern je nach Einstellung, in Minuten- und Stundenintervalle, auf ganz bestimmte Tage.

Daily

Der Timer aktiviert bei Auswahl täglich den Navigator zu einer festgesetzten Uhrzeit.

Definition der Arbeitstage

Nun ist der Begriff Arbeitstage ein sehr weitgefaßter und unterschiedlicher Begriff für manches Unternehmen. Hier zeigt sich die praktische Konzeption des Timers, da man eine sehr individuelle Einstellung vornehmen kann (siehe Abbildung 3.72).

Mehr als nur Ein- und Ausschalten

Sicherlich haben Sie sich schon gefragt, was genau passiert, wenn der Timer zu einer bestimmten Uhrzeit den Navigator aktiviert. Wenn Sie den Timer in Ihrem Videorekorder nehmen, nimmt dieser eine Sendung zu einer bestimmten Uhrzeit auf einem bestimmten Kanal auf. Der Timer für Ihren Navigator macht nichts anderes. Er ruft ein bestimmtes Skript auf und spielt dieses ab. Damit Sie wissen, was gelaufen ist, haben Sie die Möglichkeit, die jeweilige Protokolldatei festzulegen.

3 • Navigatoren 89

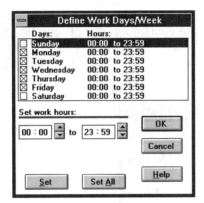

Abb. 3.72: Mit diesem Schalter definieren Sie Ihre Arbeitstage

Für die Festlegung des genauen Programmablaufes treten die Schalter *Programm* und *CSNav Parameters* in Aktion. Als erstes muß der Timer überhaupt wissen, welches Programm er starten soll. Sie können den Timer so auch für andere Programme anwenden. Für den Aufruf des Navigators müssen Sie aus dem erscheinenden Menü die CSNAV.EXE Datei wählen. Nach der Bestätigung erkennen Sie, daß der bisher nicht aktive Schalter *CSNav Parameters* benutzt werden kann. In der Programmzeile erscheint zur Kontrolle das auszuführende Programm mit Pfadangabe.

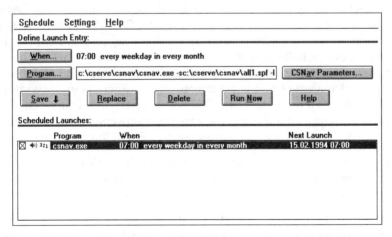

Abb. 3.73: Nach Auswahl der CSNAV.EXE können Sie weitere Festlegungen vornehmen

In den *CSNav Parameters* stellen Sie das genaue Skript und die Protokolldatei ein. Der Navigator wird den Login in dem von Ihnen festgelegten Protokoll ablegen. Legen Sie kein Protokoll fest, wird der Navigator den Mitschnitt in eine neu erstellte Datei einlesen. Die Festlegung der Skripte ist gleich dem Aufruf innerhalb des Navigators. Wählen Sie die entsprechende Datei mit der Endung *.SPF* aus.

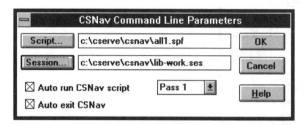

Abb. 3.74: Legen Sie das Skript und das Protokoll für den Timer fest

Weitere Systemeinstellungen

Der Timer bietet zusätzliche Funktionen über seine Systemeinstellungen, die Sie an Ihre individuellen Bedürfnisse anpassen sollten.

Grundvoraussetzung ist, daß zum einen Ihr Modem eingeschaltet ist. Desweiteren muß der Rechner im Windows-Betrieb sein, damit der Timer tätig werden kann.

Nun liegt es nahe, den Rechner und das Modem an eine externe Zeitschaltuhr anzuschließen, die Sie für mittlerweile wenig Geld in jedem Kaufhaus bekommen. Preiswerte Zeitschaltuhren haben den Nachteil, daß ein mechanisches Getriebe den Schaltvorgang einleitet. Die Zeiten lassen sich nicht sehr exakt einstellen, da diese Uhren in Takten zwischen 15 oder 30 Minuten schalten. Ebenfalls kann es sehr oft vorkommen, daß Ihr Rechner in der vorgesehen Zeit nicht unter Windows läuft und Sie die eingestellte Timer-Zeit versäumen. Damit der Timer doch noch die Programmanweisungen durchführen kann, können Sie in den *Generell Settings* weitere Einstellungen vornehmen.

Mit dem Markieren von *Notify of expired launches* bekommen Sie eine Systemmitteilung, daß eine Durchführung der eingestellten Programmierung zu einer bestimmten Zeit nicht möglich gewesen ist.

Die Option *Auto run of expired launches* sollten Sie wenn möglich markieren. Der Timer wird dann die Anweisungen, die bisher nicht erledigt werden konnten, sofort automatisch durchführen. Genau für Fälle, wie ungenaue externe Zeitschaltuhren oder zeitweises Verlassen der Windowsoberfläche, ist diese Anweisung gedacht.

Mit *Confirm launch deletes* müssen Sie eine Löschung einer Timer-Aufgabe mit einem O.K. bestätigen. Wollen Sie dies umgehen, lassen Sie die Markierung frei.

Haben Sie keine Protokolldatei festgelegt, so wird der Timer automatisch den Login in der Datei *SCHED.LOG* mitschneiden. Über die Option *Log activity to SCHED.LOG* können Sie dies veranlassen.

Wollen Sie, daß ein Login über den Timer doch jedesmal bestätigt werden soll, so wählen Sie das *?* im linken Teil des Menüs. Der Timer wird Sie vor jeder Ausführung einer Anweisung um ein O.K. in Form der Eingabe *RUN* bitten.

Die anderen Einstellungen, wie der Countdown oder das Verzichten auf jegliche Bestätigung, erklären sich von selbst.

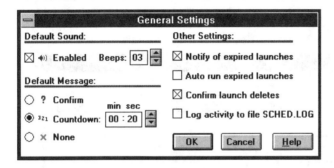

Abb. 3.75: In den »General Settings« können Sie weitere Einstellungen vornehmen

Beispiele

Wenn Sie kein Freund langer Erklärungen und Erläuterungen sind, nehmen Sie die Beispiele als Vorlage und experimentieren Sie selbst mit der Timer-Programmierung herum. Die drei Beispiele sollen Ihnen als Vorlage dienen.

1. Der Timer soll jeden Freitag um 16.00 Uhr den Navigator starten (siehe Abbildung 3.76)

2. Der Navigator soll sich an allen Arbeitstagen um 10.00 Uhr, 12.00 Uhr, 14.00 Uhr und 16.00 Uhr in CompuServe einloggen (vgl. Abbildung 3.77).

3. Der Navigator soll vor 8.00 Uhr in der preiswerten Zeit einen Login in das System starten. Ein weiterer Login soll gegen 10.00 Uhr und wieder nach 20.00 Uhr zum Billigtarif erfolgen. Die Programmierung soll von Montag bis Freitag gültig sein.

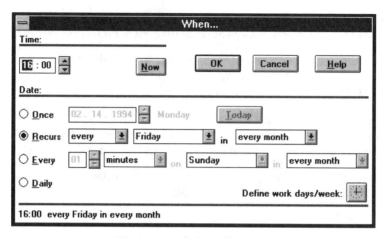

Abb. 3.76: Start des Navigators jeden Freitag um 16.00 Uhr

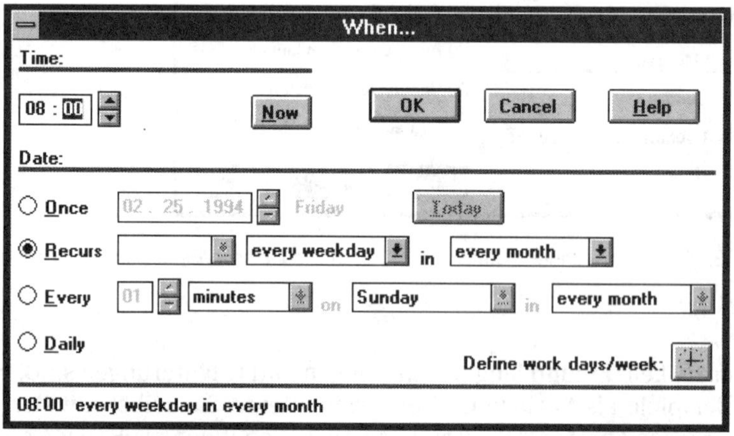

Abb. 3.77 Einschaltungen zu mehreren festen Uhrzeiten des Navigators in der laufenden Woche

Die Programmierung dieser Anweisung sollten Sie in drei verschiedene Programme unterbringen. Für die Anweisung vor 8.00 Uhr, gegen 10.00 Uhr und nach 20.00 Uhr ist die Syntax gleich. Sie müssen nur die Startzeit entsprechend ändern (vgl. Abbildung 3.78).

Die Arbeitstage von Montag bis Freitag legen Sie in der Einstellung für die Wochenend- und Wochentagsdefinition fest (siehe Abbildung 3.79).

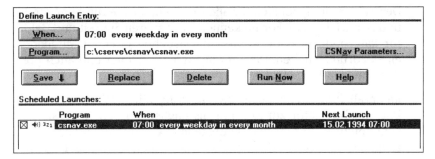

Abb. 3.78: So legen Sie die Uhrzeiten innerhalb der Billigtarife von CompuServe fest

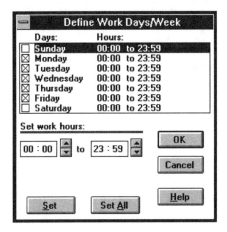

Abb. 3.79: Definieren Sie die Wochentage und das Wochenende

Wann Navigator? Wann WinCIM?

Ein wesentlicher Vorteil der CompuServe-Produkte ist die einheitliche Verzeichnisstruktur und die damit verbundene Möglichkeit, WinCIM und Navigator gleichzeitig, oder noch besser, im Verbund zu nutzen.

Jedoch sind eine Reihe von speziellen Aufgaben über den Information Manager einfacher zu bearbeiten. Einer der Gründe dafür ist die Erfahrung, die Sie mit dem Information Manager gesammelt haben. Es macht wenig Sinn, Sie im Terminalmodus einen File-Finder benutzen zu lassen, wenn Sie diesen mit der Maus weitaus bequemer nutzen können.

Der Navigator eignet sich für alle Arbeiten, die Sie rund um das Thema E-Mail und Nachrichten im Forum kennen. Hier sparen Sie Zeit und Geld. Der Navigator kann jedoch keine Konferenz besuchen oder im Mitgliederverzeichnis eines Forums suchen. Dies erledigen Sie schneller und auch preiswerter mit dem Information Manager.

Im Parallelbetrieb haben Sie zwei leistungsfähige Werkzeuge für CompuServe. Daß der Navigator zur Zeit nur als englischsprachige Version erhältlich ist, sollte nicht weiter stören. Spätestens in einigen Monaten, so lehrt die Erfahrung der Information Manager, wird eine deutsche Version zu erhalten sein.

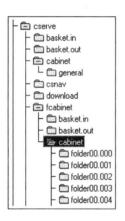

Abb. 3.80: Die einheitliche Verzeichnisstruktur ermöglicht ein paralleles Arbeiten des Navigators mit dem WinCIM

Kapitel 4
OzCIS?

Was ist OzCIS?

Diese Frage gehört neben den Fragen zum Internet zu den meist gestellten innerhalb der deutschsprachigen Foren. Nachdem Sie in Kapitel 3 mit dem CompuServe Navigator gearbeitet haben, werden Sie mit dem Prinzip dieses Navigators schon weit besser zurechtkommen. OzCIS ist einer der Navigatoren bzw. Kommunikationsprogramme für CompuServe, das nicht von der CompuServe Inc. hergestellt wurde.

Um es in einem Satz vorweg zu sagen: OzCIS kann mehr, mit OzCIS sparen Sie noch mehr Geld und OzCIS ist ein wenig komplizierter. Auch wenn Sie sich nicht für OzCIS entscheiden, sollten Sie trotzdem die Arbeitsweise dieses Navigators kennenlernen.

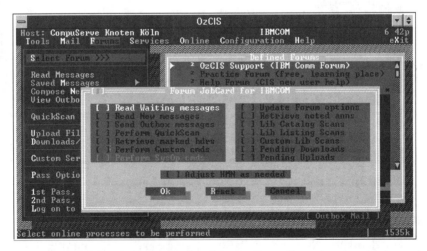

Abb. 4.1: OzCIS ist ein Navigator, der nicht von CompuServe Inc. entwickelt wurde

Wie bekommt man OzCIS?

OzCIS können Sie mittlerweile von unterschiedlichen Quellen beziehen. Der direkte Weg führt über das OzCIS Support Forum. Dort finden Sie OzCIS in der Softwarebibliothek. Für die unterschiedlichen Versionen (Version 1 und 2) wurden eigene Sektionen eingerichtet. Lesen Sie sich unbedingt vorab eine der Hilfsdateien zu OzCIS durch, bevor Sie es blindlings aus dem Forum laden.

Der Download von 20 Minuten bei 9600 bps soll nicht damit enden, daß Sie die Software aus Hardwaregründen nicht installiert bekommen. Damit Sie sich direkt über OzCIS informieren können, sind auf der dem Buch beiliegenden Diskette drei Informationsdateien zu OzCIS abgelegt (s.Kapitel 11).

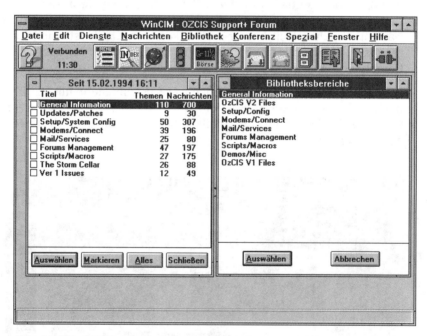

Abb. 4.2: Für OzCIS gibt es ein eigenes Support Forum (GO OZCIS)

Deutscher OzCIS-Support (GO MUTFOR)

Für deutsche Nutzer von OzCIS ist eine Sektion im Markt & Technik Forum eingerichtet worden. Dort finden Sie schnelle Hilfe bei Problemen mit OzCIS.

4 • OzCIS?

Wieso ist OzCIS nicht auf der Diskette zum Buch dabei?

OzCIS ist offiziell mal eine Shareware, dann ist es wieder keine. Laut der offiziellen Verlautbarung von Steve Sneed ist OzCIS ein Programm für den sehr erfahrenen Nutzer von CompuServe. OzCIS setzt, wie bei vielen Navigatoren, ein gewisses Vorwissen zu CompuServe und dessen Aufbau voraus. Aus diesem Grund, und um sich vor tausenden von Fragen innerhalb von CompuServe zu schützen, darf das Programm nicht als Shareware vertrieben werden.

Systemvoraussetzungen für OzCIS

Sie finden die Angaben zu den Systemvoraussetzungen von OzCIS Version 2 in der Datei OZ2REQ.COM. Die wichtigsten Systemdaten hier auf einem Blick:

Hardware

Sie benötigen einen IBM AT-kompatiblen Rechner (80286 Prozessor oder besser). Sie benötigen einen freien Arbeitsspeicher von 2 MB. Es werden jedoch 4 MB und mehr empfohlen, wenn Sie größere Dateien bearbeiten wollen. Auf der Festplatte müssen Sie Minimum 2 MB Platz haben. Da Sie temporär noch zusätzliche 2 MB Platz auf der Festplatte benötigen, sind 4 MB insgesamter freier Platz zu kalkulieren.

Betriebssystem

Ab DOS 3.3 und höher. OzCIS kann auf Windows als Anwendung installiert werden.

Installation von OzCIS

Wenn Sie die beiden Dateien aus dem OzCIS Support Forum geladen haben, ist die Installation recht einfach. Wenn Sie die Systembedingungen erfüllen, dürften keine Probleme auftreten.

1.Schritt

Kopieren Sie die Dateien OZ2D1.EXE und OZ2D2.EXE in ein Verzeichnis Ihrer Wahl.

2.Schritt

Rufen Sie beide Dateien auf. Diese werden sich auf dem Verzeichnis entpacken.

98 CompuServe

3.Schritt

Starten Sie mit INSTALL.EXE.

4.Schritt

OzCIS startet die Installation und legt das Programm an. Starten können Sie OzCIS dann mit der Eingabe *OZCIS*.

Einführung in die Arbeit mit OzCIS

OzCIS wurde mit Turbo Pascal programmiert. Die Oberfläche dürfte dem einen oder anderen Nutzer von den unterschiedlichsten Anwendungen bekannt sein. Bevor Sie richtig mit OzCIS arbeiten können, müssen Sie OzCIS genauestens konfigurieren. Dies ist sehr wichtig, wenn Sie nicht wollen, daß Ihnen E-Mails verloren gehen oder ungewollte Schritte innerhalb von CompuServe vorgenommen werden.

Die Befehlsleiste von OzCIS

Beim Start ist das Hauptmenü leer, und Sie können mit der Maus oder über die Tastatur die obere Befehlsleiste bedienen.

Tools

Das Menü *Tools* liefert einige Utitlities und Einstellungen, die nicht mit dem direkten Gebrauch von CompuServe zusammenhängen. Sie finden dort u.a. ein Programm zum Betrachten von GIF-Bildern und einen Editor.

Abb. 4.3: Das Menü »Tools« von OzCIS

4 • OzCIS?   99

Mail

OzCIS hat im Gegensatz zu anderen Navigatoren kein imaginäres Forum, um dort die E-Mails abzulegen. In diesem Menü können Sie zahlreiche Funktionen für das Bearbeiten oder das Versenden für E-Mails unter CompuServe aufrufen.

Abb. 4.4: Das Menü »Mail« von OzCIS

Forums

Alle Arbeiten, die mit den Foren zu tun haben, finden Sie unter diesem Menüpunkt. Sie finden hier die Verwaltung der Nachrichten aus den Foren und sämtliche Menüpunkte, welche die Softwarebibliotheken betreffen.

Abb. 4.5: Das Menü »Forums« von OzCIS

Services

Im Menü *Services* steuern Sie die einzelnen Funktionen für die Arbeit mit den weiteren Diensten von CompuServe an. Sie können unter diesem Menü auch eigene Definitionen und Abläufe anderer Dienste unter CompuServe anlegen.

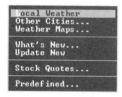

Abb. 4.6: Das Menü »Services« von OzCIS

Online

Das Menü beinhaltet die Funktionen für den Verbindungsaufbau zu CompuServe.

Abb. 4.7: Das Menü »Online« von OzCIS

Configuration

Für den Einsteiger in OzCIS eines der wesentlichsten Menüs. In den einzelnen Untermenüs werden die Grundeinstellungen für den Verbindungsaufbau, die Foren und die internen OzCIS-Einstellungen vorgenommen.

Abb. 4.8: Das Menü »Configuration« von OzCIS

4 • OzCIS? 101

Help

OzCIS verfügt über eine Online-Hilfe, die Sie mit F1 aufrufen können.

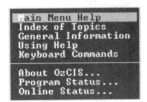

Abb. 4.9: Mit F1 erhalten Sie an jeder Stelle eines Menüs einen Hilfstext eingeblendet

Host einrichten

Wesentlicher Bestandteil für den richtigen Einstieg mit OzCIS ist die korrekte Installation und Einrichtung der wesentlichsten Systemdaten in OzCIS. Führen Sie die nächsten Schritte sehr gewissenhaft aus, damit Sie nicht stundenlang rätseln, weshalb OzCIS nicht läuft.

OzCIS muß wissen, wo es sich einloggen soll und wer sich in CompuServe einloggen möchte. An dieser Stelle beginnt schon die Leistungsfähigkeit von OzCIS, dessen Möglichkeiten recht vielfältig sind. Unter der Option *Configuration* wählen Sie *Host Config* aus.

Sie befinden sich dann im Verwaltungsmenü, in dem die Hosts verwaltet werden. Unter Hosts versteht OzCIS die Zugänge zu CompuServe, die Sie festgelegt haben. Das Menü verfügt über eine Reihe von Möglichkeiten, die das Erstellen neuer Zugänge erleichtern. Mit *Copy* können Sie die Daten einer bestehenden Konfiguration in eine neue kopieren.

Abb. 4.10: Sie können unter OzCIS mehrere Hosts verwalten

Wählen Sie *Add*, um einen neuen Eintrag einzugeben. Die Funktion der weiteren Optionen sollte Ihnen klar sein. Wichtig ist die Bestätigung mit F10, damit die Änderungen, die Sie vorgenommen haben, auch dauerhaft abgespeichert werden.

Abb. 4.11: Mit »Add« erstellen Sie einen neuen Hosteintrag

Sie haben das Menü geöffnet, in dem Sie die neuen Daten für die Verbindung zu CompuServe eingeben werden. Die einzelnen Felder müssen Sie gewissenhaft mit Daten versehen, damit der Verbindungsaufbau ohne Probleme möglich ist. Im vorliegenden Beispiel wollen Sie sich über den Kölner Datex-P-Knoten mit 9600 bps in CompuServe einloggen.

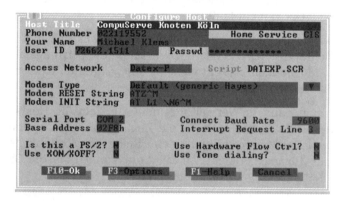

Abb. 4.12: In das Menü »Configure Host« tragen Sie die Daten für den neuen Host ein

Host Title

In dieses Feld geben Sie den Namen des Zuganges ein. Diese Eingabe erscheint später in der Hostverwaltung.

Phone Number

Tragen Sie die Telefonnummer des Knotenpunktes ein, den Sie anwählen wollen. In Beispiel wäre das der Kölner Datex-P-Knoten für 9600 bps mit der Nummer 0221-19552. Die Verwendung der Sonderzeichen »/« oder »-« hat keinen Einfluß auf den Wahlvorgang.

Home Service
Eine Reihe von Mitgliedern in den USA und England haben über andere Netzwerke Zugriff auf CompuServe. Ändern Sie die Eingabe CIS nicht, denn dies ist Ihr Homeservice, wenn Sie einen normalen Vertrag mit CompuServe haben. Andere Home Services wären das Ziffnet oder EET (Electronic Engineering Times).

User ID
Tragen Sie in dieses Feld Ihre Nutzerkennung (User-ID) ein.

Password
Geben Sie in dieses Feld Ihr Paßwort ein. Das Paßwort wird direkt bei der Eingabe verdeckt dargestellt.

Access Network
Es öffnet sich ein Fenster, wie Sie es von CIM kennen sollten. Geben Sie hier das Netzwerk an, über das Sie sich in CompuServe einloggen. In diesem Beispiel wäre die Eingabe Datex-P.

Script
Durch die Eingabe von Datex-P im vorherigen Menü hat sich in dieses Feld automatisch als Dateiname Datex-P einkopiert. Das Feld *Script* dient zur Festlegung externer Skripts, die dann notwendig werden, wenn das gewünschte Netzwerk im Menü von OzCIS nicht vorhanden ist. Sie müssen dann die Datei mit dem vollständigen Namen angeben. Skriptdateien für Netze, die nicht in OzCIS implementiert wurden, finden Sie im OzCIS Support Forum.

Modem Type
In diesem Feld legen Sie Ihren Modemtypen fest. OzCIS verfügt über 50 Modemtypen, die Sie mit F2 aufrufen können. Wählen Sie einen Modemtypen entsprechend Ihres Modems aus. Dementsprechend wird der Init-String automatisch gesetzt.

Modem Reset String
In diesem Feld wird der Reset-String des Modems definiert. Standard für Hayes, kompatible Modems ist ATZ. Die Eingabe ^M bedeutet Return.

Modem Init String
Geben Sie hier einen Init-String ein, unter dem Ihr Modem bereits ohne Schwierigkeiten gearbeitet hat. Übernehmen Sie beispielsweise den Init-String aus dem WinCIM.

Serial Port

In diesem Feld legen Sie die serielle Schnittstelle fest, an der sich Ihr Modem befindet.

Connect Baud Rate

Stellen Sie hier die Übertragungsgeschwindigkeit ein.

Base Address

In diesem Feld wird die Hardwareadresse für den COM-Port definiert. Sie können die bereits vorhanden Einstellung übernehmen.

Interrupt Request Line

Sie können die in der Regel vorhandene Konfigurierung übernehmen. Haben Sie eventuell Probleme mit der Einstellung, schauen Sie beispielsweise innerhalb von Windows nach, wie Sie diesen Port definiert haben.

Is this a PS/2?

In diesem YES/NO Feld geben Sie bitte an, ob Sie einen IBM PS/2 Rechner benutzen. Die Einstellung dient zur Ansteuerung Ihrer seriellen Schnittstelle.

Use Hardware Flow Ctrl?

Haben Sie ein Modem mit der MNP-Fehlerkorrektur, setzen Sie die Angabe auf YES. Haben Sie kein solches Modem, belassen Sie die Grundeinstellung NO.

Use XON/XOFF

Haben Sie ein Modem mit der MNP-Fehlerkorrektur, setzen Sie die Angabe auf NO. Haben Sie kein solches Modem, belassen Sie die Grundeinstellung YES. Grundsätzlich sollten Sie das Hardware- und das Softwareprotokoll nicht auf YES stellen!

Use Tone dialing?

Geben Sie hier das Tonwählverfahren ein, mit dem Sie in Ihrem Telefonnetz arbeiten. Haben Sie eine Telefonanlage, so arbeiten viele moderne Telefonanlagen mit dem Tonwählverfahren.

Nach der Eingabe der gesamten Parameter geben Sie F3 ein und wechseln in das Menü für die Host-Optionen.

Einstellen der Host-Optionen

Die Parameter in diesem Menü regeln die jeweilige Pfadbelegung und die Bearbeitung des Hosts.

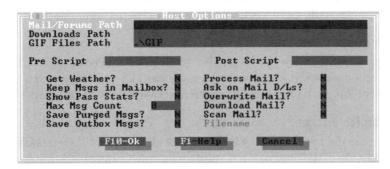

Abb. 4.13: Geben Sie die Host-Optionen in diesem Menü ein

Mail/Forums Path

Geben Sie hier ein Verzeichnis an, in dem die Forumsverwaltung und die Mails abgelegt werden. Lassen Sie den Eintrag frei, werden alle Einträge im Programmverzeichnis abgelegt.

Downloads Path

Legen Sie, wie Sie es vom CIM gewohnt sind, die Verzeichnisse für die einzelnen Dateitypen fest, die Sie aus CompuServe beziehen werden. Alle Binärdateien, die Sie aus CompuServe donwloaden, werden in dem Verzeichnis abgelegt, das Sie in diesem Feld angeben.

GIF Files Path

Legen Sie den Pfad für die Ablage von GIF-Dateien fest, die Sie aus CompuServe laden.

Pre Script

Tragen Sie ein spezielles Login-Skript in dieses Feld ein, wenn Sie noch vor dem eigentlichen Login in CompuServe weitere Parameter eingeben müssen (Datex-P mit NUI). Ansonsten lassen Sie den Eintrag leer.

Post Script

Legen Sie ein Skript fest, das noch vor dem Logoff abgearbeitet werden muß.

Get Weather

Legen Sie fest, ob Sie die Wettermeldungen bei jedem Login in CompuServe erhalten wollen. Bestätigen Sie entweder mit YES oder NO.

Process Mail

Setzen Sie die Eingabe auf YES. Haben Sie N für NO eingegeben, werden aufliegende Mails nicht geladen und verbleiben in Ihrem Postfach.

Keep Msgs in Mailbox

Legen Sie mit YES oder NO fest, ob E-Mails in Ihrem Postfach auf CompuServe verbleiben sollen. Haben Sie die Eingabe auf YES gestellt, werden alle E-Mails in Ihrem Postfach erst nach 30 Tagen automatisch von CompuServe gelöscht.

Ask on Mail D/Ls?

Haben Sie die Funktion auf YES gesetzt, so fragt Sie OzCIS jedesmal, ob es die vorliegende E-Mail im Postfach empfangen soll. Gerade wenn Sie sich mit einer geringen Übertragungsrate in CompuServe einloggen, können Sie den automatischen Download größerer Dateien verhindern. Sie können sich dann mit einer höheren Geschwindigkeit erneut einloggen und die Datei beziehen.

Show Pass Stats?

Haben Sie die Funktion auf YES gesetzt, bekommen Sie eine Login-Statistik des letzten Logins angezeigt.

Overwrite Mail?

Diese Option ist nicht zu empfehlen. Beim Empfang neuer E-Mails werden die alten Mails gelöscht und durch die neuen ersetzt. Lassen Sie die Option auf NO stehen.

Max Msg Count

Legen Sie die höchste Anzahl von E-Mails in Ihrem Postablage fest. Wird die festgelegte Anzahl überschritten, werden die ältesten E-Mails automatisch aus Ihrer Ablage entfernt. Die Eingabe »0« bewirkt, daß alle E-Mails in Ihrer Ablage verbleiben. Die Limitierung ist dann aufgehoben.

Download Mail?

Setzen Sie die Option auf YES. Es werden alle E-Mails über das B+ Protokoll übertragen.

Save Purged Msgs?

Gelöschte Mails werden beim Setzen von YES (dieser Option) in einer Datei zwischengespeichert (CISMAIL.PRG). Haben Sie die Option auf NO gestellt, sind alle gelöschten Mails nicht mehr herzustellen.

Scan Mail?

Haben Sie die Option auf YES gesetzt, werden alle Mails im ersten Durchgang (Pass 1) nur mit den Überschriften erfaßt. Sie kennen diese Möglichkeit vom CompuServe Navigator, der mit der Summarize-Funktion zuerst die Überschriften der Forennachrichten oder E-Mails bezog. Mit YES bekommen Sie sofort die komplette E-Mail in Ihre Ablage.

Save Outbox Msgs?

Diese Funktion kennen Sie auch vom CIM. Alle Mitteilungen die Sie versenden, werden nochmals abgespeichert. Wenn Sie dies wollen, geben Sie YES ein.

Filename

Legen Sie hier den Dateinamen fest, in dem die Meldungen abgespeichert werden, die Sie verschickt haben.

Sie haben nun die wesentlichen Einstellungen für Ihre Arbeit mit CompuServe in OzCIS vorgenommen.

Erstellen einer E-Mail mit OzCIS

Damit Sie überhaupt noch Hilfe anfordern können, wenn Sie mit OzCIS nicht klar kommen, erstellen Sie als erstes zur Übung eine E-Mail mit OzCIS. Sie können sich auf diese Weise recht schnell an die Menüs des Navigators gewöhnen.

Schauen Sie sich als erstes das Pulldown-Menü von *Mail* genauer an.

Abb. 4.14: Das Pulldown-Menü der Option Mail

Read Messages

Bei Auswahl lesen Sie Ihre E-Mail und können direkt eine Antwort auf eine E-Mail erstellen.

Save Messages
Haben Sie die E-Mails in anderen Dateien abgelegt, so können Sie diese über das Menü öffnen.

Compose New
Sie gelangen in den Editor und können eine neue E-Mail erstellen.

View Outbox
Sie gelangen in die Ablage der E-Mails, die verschickt werden sollen. Sie können die dort abgelegten Mails nochmals öffnen und bearbeiten.

Upload To Mail
Über dieses Menü versenden Sie Dateien an andere Nutzer. Sie werden in diesem Menü nach Angaben zum Pfad und Dateinamen gefragt.

Send/Recv Online
Diese Funktion kennen Sie auch von den CompuServe Information Managern. OzCIS loggt sich bei diesem Aufruf in das System ein, verschickt und empfängt alle E-Mails und loggt sich dann umgehend aus dem System wieder aus.

Outbox send only
E-Mails werden nur zu CompuServe verschickt, aber nicht empfangen.

Qscan New Mail
Sie erhalten nur die Überschriften der eingegangenen E-Mails und können dann auswählen, welche Mitteilungen Sie erhalten wollen.

View Qscan List
Zeigt die aktuelle Liste mit den empfangenen Überschriften aus dem Postfach an.

Process Marked
Nach dem Markieren der für Sie interessanten E-Mails loggt sich OzCIS in CompuServe ein und bezieht die ausgewählten Mitteilungen.

Undelete Messages
OzCIS teilt dem CompuServe-Rechner mit, alle E-Mails, die in den letzten 48 Stunden gelöscht wurden, wieder zu reaktivieren.

Address Books

Sie gelangen in das Adreßbuch, in dem Sie die Empfänger Ihrer E-Mails eintragen können.

Arbeiten im Editor von OzCIS

Mit *Compose New* öffnen Sie den Editor und können Ihre E-Mail erstellen. Alle Befehle des Editors finden Sie in einer Befehlsleiste über dem Editor. Wollen Sie die Mitteilung verschicken, wählen Sie *Send*. OzCIS legt die E-Mail dann in der Outbox ab. Da Sie bisher noch keinen Empfänger für die E-Mail eingegeben haben, kommen Sie automatisch in ein Menü, in dem Sie den Empfänger der E-Mail eingeben. Mit der » können Sie einen Empfänger aus dem Adreßbuch eintragen. Haben Sie weitere Fragen zum Erstellen einer E-Mail mit OzCIS? Mit F1 erhalten Sie umfangreiche Hilfstexte, die Ihnen die Arbeit mit OzCIS erleichtern.

Nachdem Sie den Empfänger eingegeben haben, vergessen Sie nicht einen Eintrag in das 2. Feld (Subject) einzugeben. OzCIS meldet sich sonst mit einer Fehlermeldung, daß die Adresse nicht richtig angegeben ist. Mit F10 bestätigen Sie Ihre Eingabe und die Mitteilung wird in die Outbox kopiert.

Abb. 4.15: Die erstellten Mitteilungen werden in der Outbox abgelegt

Abb. 4.16: Richten Sie mit »Add« ein neues Forum ein

Sie öffnen ein weiteres Menü, in dem Sie das neue Forum enrichten.

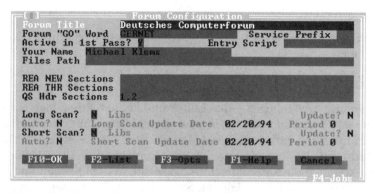

Abb. 4.17: Richten Sie das neue Forum auf OzCIS ein

Forum Title

Geben Sie hier den Namen des Forums ein.

Forum »Go« Word

In dieses Feld müssen Sie die genaue Sprungadresse des Forums einsetzen.

Service Prefix

Setzen Sie hier den Service Prefix für das Forum ein (CIS, ZNT, EET).

Active in 1st Pass?

Mit YES setzen Sie das Forum im ersten Pass aktiv.

Entry Script

Dieses Feld ist für Sysops eines Forums eine Hilfe. Die eingegebene Skript-Datei wird bei Eintreten in das Forum abgearbeitet.

Your Name

Tragen Sie hier Ihren Namen ein, unter dem Sie im Forum auftreten wollen. Sind Sie schon Mitglied in diesem Forum, wird der bestehende Name durch diese Feldeingabe nicht verändert. Der in diesem Feld vergebene Name wird beim Beitreten in ein neues Forum automatisch eingesetzt.

Files Path

Geben Sie den Pfad an, unter dem die Dateien aus diesem Forum abgelegt werden sollen.

REA NEW Sections

Geben Sie ein, auf welche Sektionen das Kommando READ NEW angewendet werden sollen. Das Format der Eingabe muß die Sektionen mit den jeweiligen Sektionsnummern beinhalten (1,2,3 usw.). Wollen Sie alle Sektionen erfassen, reicht die Eingabe *ALL*.

REA THR Sections

Die Eingabe erfolgt im gleichen Format wie im oberen Feld. Die angegebenen Sektionen werden in der Reihenfolge der Threads übertragen.

QS Hdr Sections

Anwendung wie bei READ NEW. Der Einsatz erfolgt bei der Überwachung der Überschriften der einzelnen Sektionseinträge.

Long Scan Fields

Dieses Feld legt fest, wie die automatische Überwachung der Softwarebibliotheken durchgeführt wird. Haben Sie die Option auf NO gesetzt, sind die anderen Felder nicht bearbeitbar.

Libs

Geben Sie hier die Nummern der einzelnen Bibliotheken an, die Sie überwachen wollen.

Update

Haben Sie die Option auf YES gesetzt, werden nur neue Dateiinformationen bezogen. Bei jedem Durchlauf setzt OzCIS ein neues Systemdatum, an dem sich der Durchlauf orientiert.

Auto

Haben Sie die Option auf NO gesetzt, wird die Überwachung nur auf manuelle Anweisung durchgeführt. Haben Sie YES gesetzt, wird die Überwachung gemäß dem Update-Feld und Period-Feld durchgeführt.

Update Date

Geben Sie hier das Datum ein, ab wann die Überwachung beginnen soll.

Period

Tragen Sie hier die Anzahl der Tage ein, an denen eine neue Überwachung durchgeführt werden soll.

Short Scan Fields

Tragen Sie hier die Angaben für die Überwachungen wie bei den Long Scan Fields ein.

Mit F3 geben Sie weitere Daten für das Forum ein. Sie öffnen das folgende Menü.

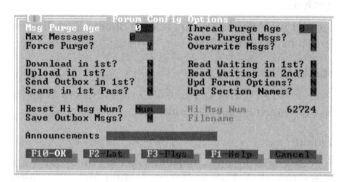

Abb. 4.18: Das Menü mit dem Forum Configurations Optionen

Message Purge Age

Legen Sie hier die Anzahl der Tage fest, nach deren Ablauf die jeweiligen Mitteilungen aus der Mitteilungsdatei des Forums entfernt werden. Sie können von 0 bis 255 Tage eintragen. Tragen Sie eine »0« ein, wenn Sie kein automatisches Löschen vorsehen möchten.

Thread Purge Age

Hier erfolgt die gleiche Eingabe wie im Feld *Message Purge Age*. Die Eingabe bezieht sich in dieser Option auf die bezogenen Threads eines Forums.

Max Messages Field

Legen Sie hier eine maximale Anzahl von Meldungen fest, die abgespeichert werden sollen.

Save Purge

Haben Sie diese Option auf YES gesetzt, werden alle gelöschten Mitteilungen oder Threads in eine Sicherungsdatei übertragen. Bei der Eingabe von NO werden alle Mitteilungen und Threads gelöscht.

Force Purge

Haben Sie die Option auf YES gesetzt, so werden die zu löschenden Einträge erst beim Lesen der Nachrichten entfernt. Sie übergehen damit den Vorgang des automatischen Löschens von Meldungen, den Sie in anderen Optionen festgelegt hatten.

Overwrite Messages

Legen Sie hier fest, ob bei Pass 1 die alten Nachrichten durch die neuen ersetzt werden sollen. Beachten Sie bitte, daß der 2. Pass die Nachrichten anhängt und die Meldungen aus dem 1. Pass nicht überschreibt.

Downloads in 1st Pass

Legen Sie hier fest, ob Anforderungen für zu empfangene Meldungen aus dem Forum im ersten Pass ausgeführt werden sollen. Normalerweise ist es bei OzCIS üblich, im 2. Pass die kompletten Nachrichten zu empfangen.

Uploads in 1st Pass

Für den Upload von Mitteilungen in die Foren können Sie die gleichen Optionen vergeben, wie im Menü für *Download in 1st Pass*. Üblicherweise werden Nachrichten in die Foren mit dem 2. Pass übertragen.

Read Waiting in 1st Pass

Setzen Sie diese Option auf *YES*, wenn Sie Meldungen aus den Foren, die an Sie adressiert sind, mit dem 1.Pass empfangen wollen.

Read Waiting in 2nd Pass

Sie können im 2.Pass auch Mitteilungen an Sie aus den Foren laden. Wenn zwischen dem 1. und 2. Pass ein längerer Zeitraum liegt, ist die Eingabe von *YES* zu empfehlen.

Send Outbox in 2nd Pass

Setzen Sie die Option auf *YES*, wenn Sie wollen, daß OzCIS alle Meldungen in der Outbox während des 2. Pass verschickt.

Scans in 1st Pass

Mit dieser Option stellen Sie ein, wann Sie die Überwachung des Forums durchführen wollen. Haben Sie die Option auf *N* gesetzt, wird die Überwachung mit dem 2. Pass durchgeführt.

Update Forum Options

Setzen Sie die Option auf *YES*, wenn Sie die aktuellen Daten zu den Forum-Optionen in OzCIS laden wollen.

Update Section Names List

Setzen Sie die Option auf *YES*, wenn Sie die Sektionen und Bezeichnungen innerhalb von OzCIS an die aktuellen Werte des Forum angleichen wollen. Sehr oft wechseln die Foren einzelne Sektionen. Sie sollten diese Option öfters durchführen. Ansonsten lassen Sie die Option auf *NO*. Nutzen Sie ein Forum zum ersten Mal mit OzCIS, stellen Sie *YES* ein.

Reset Hi Msg Num

OzCIS setzt für die Aktualisierung der Forumnachrichten, sogenannte »High Message Number'(HMN). Diese Nummer legt fest, welches die letzte Meldung war, die Sie in diesem Forum bzw. Thread gelesen haben. Diese Nummer wird OzCIS von CompuServe beim Login in das Forum mitgeteilt. Mit der Option *YES* setzen Sie Ihre HMN zurück. Mit *NO* belassen Sie den alten Stand. Als dritte Option können Sie *NUM* einsetzen. Diese Option bewirkt, daß die HMN von CompuServe beim nächsten Login wieder übernommen wird. Dies ist auch die Standardeinstellung.

Hi Msg Num

Das Feld gibt Ihre HMN an. Sie können diesen Wert manuell ändern.

Save Outbox Messages

Sie können die verschickten Nachrichten in ein Forum in einer Datei mitspeichern. Mit *YES* aktivieren Sie diese Funktion.

Announcement Field

Sie können entscheiden, welche Forumsmitteilungen Sie bei einem Login empfangen wollen. Einen kompletten Überblick erhalten Sie mit F2. Sie können aber auch die Nummern direkt im Format *1,2,3* usw. eingeben.

Foren mit OzCIS bearbeiten

Wenn Sie schon etwas Erfahrung mit dem CompuServe Navigator gesammelt haben, dürfte das Arbeiten mit OzCIS für Sie keine Schwierigkeit sein. Begriffe wie *Pass* sind im Kapitel zum CompuServe Navigator beschrieben und sollen hier nicht nochmals erläutert werden.

4 • OzCIS? 115

Im Gegensatz zum Navigator legen Sie die Arbeit bei OzCIS über Menüs fest und nicht auf einem Editor. Im Beispiel wollen Sie vorab Meldungen aus den Foren beziehen und diese beantworten. Parallel sollen auch nur Überschriften bezogen werden, von denen Sie wiederum bestimmte für einen Empfang auswählen werden.

Nachdem Sie ein Forum Ihrer Wahl eingerichtet haben, wechseln Sie in den Menüpunkt *Forum*.

Abb. 4.19: Wechseln Sie in die Bedienung der Foren

Wählen Sie das Forum bzw. die Foren aus, die Sie bearbeiten wollen. Dies geht mit der Option *Actice*..

Mit dem Menüpunkt *Pass-Options* können Sie die einzelnen Aktivitäten in den Foren festlegen. Das Menü müßten Sie schon kennen. Es ist das gleiche welches Sie mit F3 in der Forumkonfiguration bearbeiten konnten.

Alle Möglichkeiten nochmals aufzuführen, würde wenig Sinn machen. Nutzen Sie die Hilfsfunktion von OzCIS aus und lesen Sie sich nochmals die einzelnen Funktionen der Felder aufmerksam durch. In der Abbildung ist dargestellt, wie Sie nur die Überschriften eines Forums ermitteln. Hier enstehen die meisten Fehler, wenn Neuanwender im anderen Feld direkt die Nachrichten beziehen wollen.

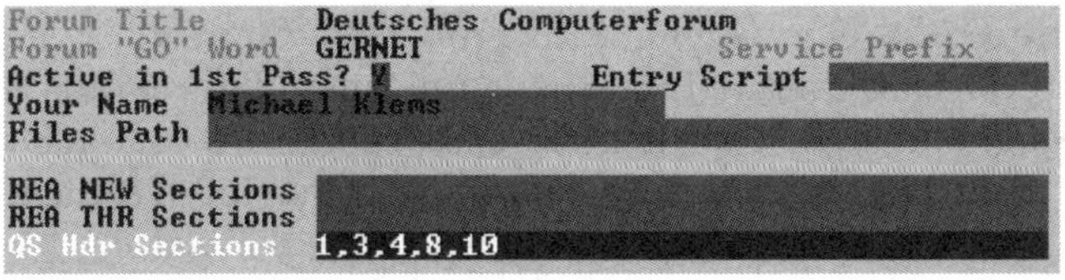

Abb. 4.20: So stellen Sie ein, welche Überschriften Sie aus einem Forum beziehen wollen

116   CompuServe

Wenn Sie direkt im Menü *Forums* auf *1st Pas, Forum* wechseln, wird Ihre Anweisung direkt ausgeführt. OzCIS loggt sich in CompuServe ein und bezieht die angeforderten Überschriften der einzelnen Threads. Wenn Sie den Navigator von CompuServe kennen, werden Sie sich wundern, wie schnell OzCIS diesen Schritt durchführt!

Die komplette Liste der Überschriften können Sie unter dem Menü *QuickScan List* einsehen. Innerhalb der Liste markieren Sie die Nachrichten, die Sie komplett erhalten wollen mit Return. Dem jeweiligen Eintrag wird dann ein *R* für *Retrieve* vorangestellt.

Mit *Send* geben Sie die Anweisung an OzCIS ab, den Eintrag zu beziehen. Je nach Einstellung Ihrer Foren-Konfiguration können Sie die komplette Meldung über den Menüpunkt *2nd Pass, Forum* beziehen. In diesem zweiten Schritt werden alle aufliegenden Meldungen verschickt und die Anweisungen für den Empfang der Nachrichten in den festgelegten Foren durchgeführt.

```
Host: CompuServe Knoten Köln                    GERNET              8 34p
Mark   Preferences  View  List  Send  Close  eXit
═══════════════════════ Captured Thread Headers for GERNET ═══════════════
   Cnt Mrk Subject                    InFile    First     Last  Section
                                     READ CURRENT
     1  R  CEBit Anreise ab Koln       ☺ 1                64896  1 GerNet Pub
                                       BYPASSED
     1     $15 in 15 min                                         1 GerNet Pub
     1     Frohe W. & happy new y.                               1 GerNet Pub
     2     Internetadresse?                                      1 GerNet Pub
     1     Lebensdauer                                           1 GerNet Pub
     1     Mailboxen Raum Heidelber                              1 GerNet Pub
     1     Nachnahme-Sendung                                     1 GerNet Pub
     2     Neues INTERNET-Forum!                                 1 GerNet Pub
     1     Pearl Agency, Diskussion                              1 GerNet Pub
     1     Verirrte Message                                      1 GerNet Pub
     2     VIVA-Media: Nepp?                                     1 GerNet Pub
     1     Vorstellung                                           1 GerNet Pub
     1     Brennpunkt: Suedafrika                                2 Politik/Wirtschaft
     3     Negativsteuer/Burgergeld                              2 Politik/Wirtschaft

  Marked: 1, Approx. Time: 00:00
Exit this area and return to main menu (no file updates)              1638k
```

Abb. 4.21: Die erhaltenen Überschriften können Sie sichten und die Gesamtnachrichten durch Markieren anfordern

Als Profi werden Sie keine großen Probleme haben, sich in OzCIS einzuarbeiten. Für Neulinge, die noch keine Erfahrungen mit CompuServe gesammelt haben, dürfte OzCIS eine Nummer zu groß sein. Sinnvoll ist es, wie beim CompuServe Navigator, erste Erfahrungen mit dem Information Manager zu sammeln. Nach kurzer Zeit werden Sie das Prinzip von CompuServe erlernt haben. Der Umstieg auf einen Navigator ist dann für Sie nicht mehr die Einarbeitung in CompuServe, sondern in eine neue Software.

Auf diese Weise können Sie die umfangreichen Möglichkeiten des Navigators komplett ausnutzen. Die Arbeit mit CompuServe wird dann zu dem, was Sie immer wollten. Optimale und preisgünstige Nutzung eines der größten Informationssysteme auf der Welt.

OzCIS kontra CompuServe Navigator

Jedes der beiden Programme hat seine Vorzüge. Noch flexibler in der Forenbearbeitung ist OzCIS. Man darf dabei aber nicht vergessen, das OzCIS schon seit längerer Zeit auf dem Markt ist. Der Navigator von CompuServe ist vorerst nur als Beta-Testversion in der Erprobung und wird sehr wahrscheinlich manch neue Funktion in der Vollversion erhalten.

Besonders sinnvoll bei OzCIS ist die Kostenkontrolle, die der Navigator von CompuServe nicht anbietet. Wollen Sie Ihre Arbeit automatisieren, spricht vieles für die Anwendung des Navigators von CompuServe. Zum einen fällt der WinCIM nicht weg, und Sie können mit dem eingebauten Timer Ihre Arbeit besser und kontinuierlicher durchführen. Die Umstellung auf den Navigator von CompuServe wird vielen leichter fallen.

Wer mit Windows arbeitet, der sollte sich für einen Navigator unter Windows entscheiden. Für eine komplette Übersicht empfiehlt es sich dann, Programme wie Wigwam zu prüfen, ob diese nicht eher Ihren Ansprüchen entgegenkommen.

Hinweis: Eine komplette Übersicht der Navigatoren finden Sie im Anhang.

Fazit: Wenn Sie Geld sparen wollen, dann kommen Sie an einem Navigator nicht vorbei. OzCIS ist schneller als der Navigator von CompuServe. Die Entscheidung liegt letztendlich bei Ihnen, denn Sie müssen die nächste Zeit mit der von Ihnen ausgewählten Software arbeiten. Kapitel 3 und 4 hatten die Aufgabe, Ihnen den Einstieg so leicht wie möglich zu machen. Alles weitere lernen Sie im Alltag mit CompuServe. Haben Sie Fragen, so wenden Sie sich an die Nutzer in den Foren und Sektionen.

Kapitel 5
Compifachsimpeleien

Patient: Computer

Priorität auf CompuServe hat das Thema Computer. Die Anzahl der auf dieses Thema abzielenden Foren macht es alleine deutlich. Jeder der einen Computer, sei es auf der Arbeit oder zu Hause benutzt, stand schon einmal vor einem Problem, das Ihm eine lange Nacht oder einen mittleren Nervenzusammenbruch zugefügt hat. CompuServe ist für viele Nutzer die Anlaufstelle, wenn es um Probleme mit der Hard- oder Software geht. Die Foren mit den großen Datenbeständen an Treibern und Utilities sind schon für viele Nutzer die Rettung in letzter Not gewesen. Im Gegensatz zu einer Hotline ist auf CompuServe immer jemand erreichbar. Durch den Zeitunterschied zu den USA hat man tief in der Nacht noch weniger Probleme, jemanden zu erreichen.

Wie man sich selber unter Ausnutzung des CompuServe-Potentials helfen kann, werden Sie auf den nächsten Seiten erfahren.

Hilfe: Drucker druckt nicht!

Geht es um die Hilfe und die Versorgung bei Problemen mit dem Drucker, gibt es derzeit keine bessere Quelle als die Softwarebibliotheken unter CompuServe. Eine Reihe von Foren bieten direkten Support vom Hersteller. Hier ein Überblick über Firmen, die zum Thema *Drucker* in folgenden Foren erreichbar sind:

Hersteller	Forum
Adobe Systems	GO ADOBE
Aldus Corp.	GO SBSALD
Apple Computer	GO MACSYS
Atari	GO ATARIPRO

Hersteller	Forum
Canon	GO CAN-10
Commodore	GO AMIGAUSER
Corel Corp.	GO COREL
Epson	GO EPSON
GCC Technologies	GO MACBVEN
Hewlett Packard	GO HPPER
Hyphen	GO DTPVENDOR
Infinite Technologies	GO PCVENF
Lotus Development	GO LOTUSWP
Microsoft Corp.	GO MSKDB
	GO MSL
	GO MSWORD
NeXT Computer	GO NEXT
Novell	GO NOVB
	GO NOVLIB
Pacific Data Products	GO PCVEND
Practical Peripherals	GO PPIFORUM
QMS Inc.	GO QMSPRINT
Ventura	GO VENTURA
Word Perfect Corp.	GO WPCS
WordStar International Corp.	GO WORDSTAR

Fallbeispiel HP Laserjet 4L

Der Fall ist noch nicht sehr lange her. Ihr gerade neu gekaufter Drucker macht Ihnen erheblichen Ärger und druckt unter Word für Windows 6.0 nicht, da Ihnen ein Druckertreiber unter Windows fehlt.

Teurer Weg: WinCIM

Sind Sie noch nicht Besitzer des in Kapitel 3 beschriebenen Navigators, so werden Sie sehen, wie aufwendig und bei weitem teurer die Suche mit dem WinCIM werden kann.

Nachdem Sie in einigen Mailboxen nach Druckertreibern erfolglos gesucht haben, wollen Sie Ihr Glück mit CompuServe versuchen. Als erstes sollten Sie

5 • Compifachsimpeleien 121

sich überlegen, wo Sie suchen wollen. Eine Nachricht in einem Forum zu hinterlassen, schließen Sie aufgrund des Zeitmangels aus. Jedoch wäre es ratsam, mehrere Anfragen in Foren zu hinterlassen, da Ihre Suche eventuell ohne Erfolg ablaufen könnte. Da Ihr WinCIM aber noch keine Informationen über die Foren hat, oder noch besser, Sie gar nicht wissen, in welchem Forum Sie eigentlich suchen müssen, ist das Erstellen einer Nachricht zu diesem Zeitpunkt unmöglich. Lediglich in einem der von Ihnen bisher besuchten Foren könnten Sie dies tun. Für die Suche nach einem passenden Forum stehen Ihnen mittels des WinCIM drei Möglichkeiten zur Verfügung, die Sie miteinander ergänzend durchführen sollten.

Suche im IBM File Finder

Über den IBM File Finder ermitteln Sie die entsprechenden Dateien, ohne die einzelnen Foren direkt aufsuchen zu müssen. Anhand der Angabe der Foren in den Dateihinweisen können Sie ermitteln, welche Foren die meisten Informationen zum Suchthema liefern. Mit ein wenig Glück erhalten Sie direkt auf diese Weise die gesuchte Datei. Das Forum sollten Sie trotzdem aufsuchen, um weitere Informationen über eine Anfrage zu erhalten.

Für das Fallbeispiel suchen Sie im IBM File Finder über die Schlagwortsuche. Da der Drucker nicht älter als 1 Jahr ist, können Sie eine Einschränkung über das *Submission Date* vornehmen (siehe Abbildung 5.1 und 5.2).

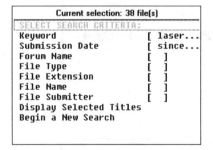

Abb. 5.1: Mit dem IBM File Finder ersparen Sie sich die einzelnen Suchschritte in den Foren

Auffinden von Foren

Mit dem WinCIM wurde das CompuServe-Verzeichnis (Directory) mitgeliefert. Das Verzeichnis enthält zusätzliche Informationen zu den Compuserve-Diensten und -Foren. Die elektronische Version der CompuServe-Broschüre *Alle Dienste im Überblick* verfügt über ein übliches Suchmenü, wie Sie es von Windows-Hilfen kennen.

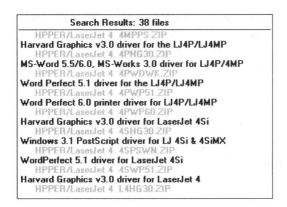

Abb. 5.2: Eine Reihe von Dateien haben Sie über den File Finder lokalisiert

Sie können dort auf einfache Weise Foren mit dem Schalter *Suchen* auffinden. Die direkten Sprungadressen (GO-Befehle) können direkt mit dem WinCIM ausgeführt werden. Nachteil des Verzeichnisses ist die recht geringe Verschlagwortung der Dienste. Mit allgemeinen Ausdrücken wie *Drucker* oder *Modem* erhalten Sie keinen Hinweis auf ein Forum.

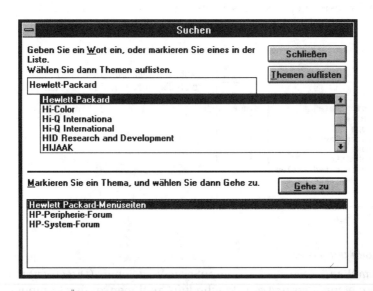

Abb. 5.3: Über das CompuServe-Verzeichnis ermitteln Sie relevante Foren

Durch die eingeschränkten Suchmöglichkeiten und da das Verzeichnis auf dem Stand der WinCIM-Installation ist, gehen Sie besser noch den Weg über das Auffinden von Foren in CompuServe. Mit dem Schalter *FIND* auf Ihrem WinCIM ermitteln Sie anhand von Schlagwörtern die relevanten Foren zu Ihrem Thema. Für das Fallbeispiel wären Suchbegriffe wie *PRINTER* oder *HEWLETT PACKARD* zutreffend.

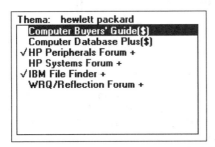

Abb. 5.4: CompuServe listet Ihnen alle Foren auf, die etwas mit Hewlett Packard zu tun haben

Das *Hewlett Packard Peripherals Forum* erscheint Ihnen als eine gute Wahl. Bevor Sie nun mit dem GO-Befehl direkt in das Forum wechseln, notieren Sie sich vorab noch mehrere Suchbegriffe für die Suche in der Softwarebibliothek. Loggen Sie sich jetzt in CompuServe ein.

Nach dem Eintrag als neuer Nutzer wechseln Sie über den Schalter direkt in die Softwarebibliothek. Dort führen Sie die Suche im Suchmenü der Softwarebibliothek mit den vorab notierten Suchbegriffen durch.

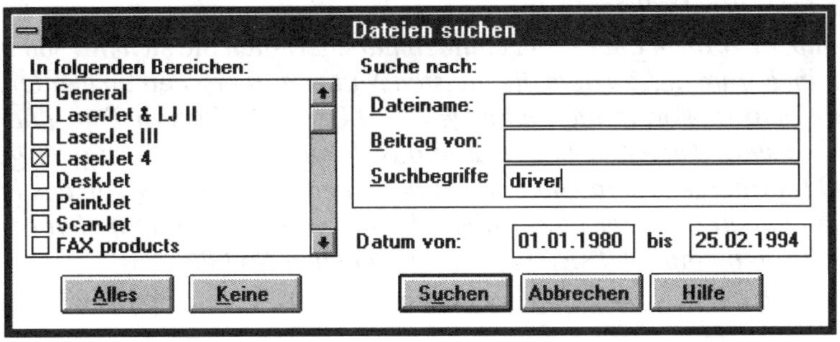

Abb. 5.5: Die Eingabe der Suche erfolgt online und Sie müssen die Dateien online suchen

Sie erhalten eine Reihe von Dateien mit Kurzinformationen angezeigt. Relativ aufwendig müssen Sie die Dateien über die Kuzinformationen innerhalb des

Forums sichten. Relevante Dateien werden für das Empfangen markiert und können dann gemeinsam geladen werden.

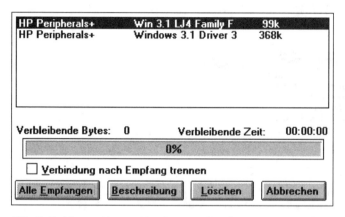

Abb. 5.6: Alle markierten Dateien, werden dann gemeinsam geladen

Allgemeine Frage in einem Forum

Die zeitlich aufwendigste Möglichkeit ist das Stellen einer allgemeinen Anfrage zu Ihrem Problem bzw. Fragestellung. Sie können dies in dem Forum machen, in dem man Sie kennt. Mit GO FEEDBACK können Sie beim CompuServe-Kundendienst eine Anfrage hinterlassen. Binnen 24 Stunden wird diese in der Regel beantwortet.

Hinweis: *Die teuerste Möglichkeit ist das Schalten einer Konferenz, wenn Sie zwar das Forum, aber nicht die Datei gefunden haben. Halten Sie sich mit 300 bps zu einer Zeit im Forum auf, zu dem die meisten Nutzer dort erscheinen werden. Dies wäre bei einem US-Forum die Zeit gegen 9.00 Uhr (AM Eastern Time) oder 9.00 Uhr (PM Eastern Time). Für Sie würde das der frühe Nachmittag oder gegen 2.00 – 3.00 Uhr morgens sein. Sie können dann versuchen, den Sysop des Forums oder einen anderen Nutzer einzuladen, der Ihnen direkt online helfen könnte. Diese Möglichkeit empfiehlt sich aber nur wirklichen Notfällen!*

Alternative: Navigator

Mit dem Navigator von CompuServe (CISNav) können Sie die Suche in den Foren und Softwarebibliotheken schneller und einfacher durchführen.

Schon der erste Schritt, die Suche nach einem relevanten Forum, ist ohne eine Verbindung zu CompuServe möglich. Über den Schalter mit der abgebildeten Lupe suchen Sie innerhalb des Service-Menüs nach einem Forum von Hewlett Packard.

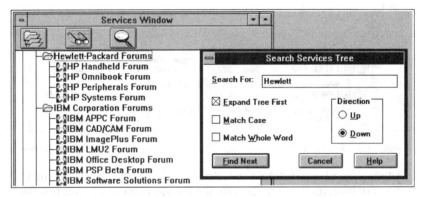

Abb. 5.7: Im Navigator können die gespeicherten Foren innerhalb des Service-Menüs offline gesucht werden

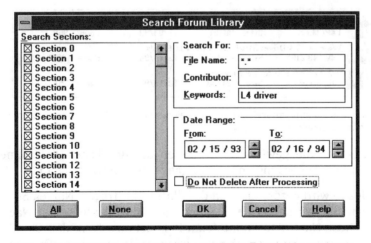

Abb. 5.8: Auch wenn der Navigator noch keine Zusatzinformationen über das Forum hat, können Sie die Suche schon durchführen lassen

Binden Sie das *Peripherals Forum* in den Skript-Editor mit ein. Auch wenn der Navigator noch keine Informationen über das Forum hat, ist die Suche innerhalb der Softwarebibliotheken möglich. Formulieren Sie Ihre Suchanfrage in der Aufgabe *Search Library*. Zusätzlich fordern Sie über *Update the message section names* die genauen Daten des Forums für weitere Suchschritte an (vgl. Abbildung 5.8).

Der Navigator durchläuft die Aufgaben und lädt Informationen zu mehreren Dateien, die im Forum ermittelt wurden. Die Kurzbeschreibungen der Dateien beziehen Sie mit einem Doppelklick der linken Maustaste auf das Büchersymbol.

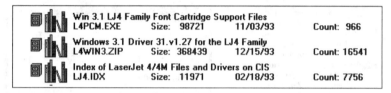

Abb. 5.9: Die Suche war erfolgreich und mehrere Dateiinformationen wurden geladen

Übersichtlicher ist die Arbeit in der Offline-Library des Navigators. Mit Hilfe des Suchmenüs stellen Sie sich alle Dateien eines bestimmten Forums zusammen. In diesem Fall die Dateien aus dem *Hewlett Packard Peripherals Forum*.

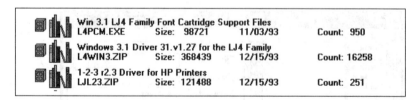

Abb. 5.10: Die Zusammenstellung aller Dateien aus einem bestimmten Forum wird über das Suchmenü ermöglicht

Markieren Sie die gewünschten Dateien auf der Liste. Die Offline-Library vermerkt Ihre Anweisung im Postausgang (siehe Abbildung 5.11).

Die Aufgabe wird automatisch in das Skript übertragen. Nutzen Sie den zweiten Login für das Laden der Dateien zum Hinterlassen einer Nachricht im Forum. Diese Nachricht könnte zum Beispiel aussagen, daß Sie die Dateien bezogen haben. Gerne würden Sie wissen, ob es weitere Dateien gibt, die empfehlenswert sind.

5 • Compifachsimpeleien 127

File Name	Size	Accesses	Upload Date	Total Items:	9
4MPPS.ZIP	152725	670	11/5/93		
4PHG30.ZIP	92449	99	10/25/93		
4PWDWK.ZIP	12899	218	10/25/93		
4PWP51.ZIP	77675	491	10/25/93		
4PWP60.ZIP	75715	377	10/25/93		
L4PCM.EXE	98721	950	11/3/93		
L4WIN3.ZIP	368439	16258	12/15/93		
LJL23.ZIP	121488	251	12/15/93		
LJL24.ZIP	121481	399	12/15/93		

Abb. 5.11: Innerhalb der Offline-Library lassen sich alle Dateien bequem zusammenstellen

Mit dem ersten Login hat der Navigator die Daten des Forums empfangen. Sie haben nun innerhalb des Editors die einzelnen Sektionen zur Verfügung.

Abb. 5.12: Im nächsten Schritt laden Sie die Datei aus der Softwarebibliothek und können sicherheitshalber noch eine Nachricht absetzen

Für eine Suche nach neuen Druckertreibern in den nächsten Monaten übernehmen Sie die wichtigsten Begriffe aus den Schlagwörtern einer der Dateibeschreibungen. Sie erhalten einen dauernden Überblick und beziehen auf diese Weise immer die aktuellsten Treiber für Ihren Drucker.

Softwareentwickler unter sich

Gerade für Softwareentwickler und Programmierer ist CompuServe ein absolutes Muß. Die Vielzahl der Entwicklungen beginnen in den USA und werden dort auch zuerst auf den Markt gebracht. Erfahrungswerte und direkte Problemlösungen werden in den Foren angeboten. Zumindest einen kompetenten Ansprechpartner wird man auf CompuServe finden. Viele Entwickler beklagen teilweise die Unterstützung durch die Softwarehäuser. Vielfach kann dann nur unter Seinesgleichen eine Lösung gefunden werden. Wenn Sie in Programmiersprachen, wie C, Pascal, BASIC, APL oder Forth programmieren und damit auch Ihr Geld verdienen müssen, sparen Sie mit CompuServe Zeit, Nerven und auch Geld. Eine Vielzahl von Foren stehen dem Entwickler von Software unter CompuServe zur Verfügung.

Borland dBase Forum (GO DBASE) Unterstützung für dBase

Borland Programming Forum A (GO BPROGA) Das Forum bietet die Diskussion und Unterstützung zu Turbo Pascal, objektorientiertes Programmieren und Paradox.

Borland Deutschland (GO BORGER) Das Forum für den deutschen Borland Kunden.

Weitere Foren von Borland im Kurzüberblick:

Borland-Applikations-Forum	GO BORAPP
Borland-Applikations-Forum B	GO BORAPPB
Borland C++/DOS Forum	GO BCPPDOS
Borland C++/Windows Forum	GO BCPPWIN
Borland Datenbankprodukt-Forum	GO BORDB
Borland Entwicklungswerkzeug Forum	GOBDEVTOOLS

Computer Consultants Forum (GO CONSULT) In diesem Forum treffen sich vornehmlich Computer-Berater, die Praxisprobleme diskutieren.

IBM Programming Forum (GO IBMPRO) Hier finden Sie Unterstützung zu Fragen der Programmierung in Assembler und weiteren Programmiersprachen. Die Softwarebibliothek liefert eine große Anzahl Source-Codes.

Microsoft Entwickler Support Foren (GO MSDEV) Sie kommen in ein Menü, das Ihnen sieben Foren für die Unterstützung der verschiedensten Produkte anbietet (vgl. Abbildung 5.13).

Novell DTSG Forum (GO NDSG) Das Desktop-System-Gruppen-Forum ist der Treffpunkt für Entwickler und Profis.

Novell-Foren (GO NOVFORUM) Mit diesem GO-Befehl erhalten Sie ein Auswahlmenü zum Ansteuern der einzelnen Novell-Foren (vgl. Abbildung 5.14).

Oracle Forum (GO ORACLE) Unterstützung für Oracle-Anwender und Bindeglied zur Internation Oracle User Group (OIUG).

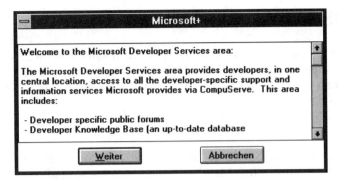

Abb. 5.13: Mit GO MSDEV kommen Sie in das Menü der Microsoft Entwickler SupportForen

```
              CIS:NOVFORUM
 NOVELL NETWIRE MESSAGE FORUMS
 Description of Novell NetWire Message Forums
 Novell NetWare 2.x Forum      (GO NETW2X)
 Novell NetWare 3.x Forum      (GO NETW3X)
 Novell NetWare 4.x Forum      (GO NETW4X)
 Novell Client Forum           (GO NOVCLIENT)
 Novell Connectivity Forum     (GO NCONNECT)
 Novell Desktop Forum          (GO NOVDESKTOP)
 Novell Developer Product Info (GO NDEVINFO)
 Novell Developer Support      (GO NDEVSUPP)
 Novell General Information Forum (GO NGENERAL)
 Novell NetWorking Hardware    (GO NOVHW)
 Novell NetWork Management Forum (GO NOVMAN)
 Novell OS/2 Forum             (GO NOVOS2)
 Novell UnixWare Forum         (GO UNIXWARE)
 Novell Users Forum            (GO NOVUSER)
 Novell Vendors A Forum        (GO NVENA)
 Novell Vendors B Forum        (GO NVENB)
```

Abb. 5.14: Mit GO NOVFORUM erhalten Sie einen Überblick über die Foren zum Thema Novell

Portierbare Programmiersprachen Forum (GO CODEPORT) Das Forum behandelt Programmiersprachen wie Modula-2, C, UCSD-Pascal und P-System.

Symantec Forum (GO SYMANTEC) Das Forum liefert Unterstützung zu den Symantec-Produkten.

Die ersten US-Publikationen zum Thema

Lange bevor in Deutschland Bücher auf den Markt kamen, konnte man bereits US-Publikationen zu Visual Basic kaufen. Mit CompuServe haben Sie mit dem elektronischen Einkauf (GO MALL) die Möglichkeit, bereits erschienene Bücher zu kaufen.

McGraw-Hill

Empfehlenswert ist die Suche bei McGraw-Hill, einem führenden Verlag aus den USA, der auch in Deutschland recht bekannt ist. Zudem verschickt der Verlag seine Bücher weltweit, was nicht jeder Anbieter in der Mall offeriert.

Mehrere Wege führen Sie zu McGraw-Hill, und der schnellste und preiswerteste ist sicherlich der über den Direktcode der Firma (GO MH). Die Codes der einzelnen Anbieter in der Mall entnehmen Sie dem CompuServe Magazine. Dort sind die Anbieter regelmäßig sehr publikumsträchtig in der Heftmitte aufgeführt.

Im Beispiel sollen Sie nach einem Buch zu *Visual Basic* suchen. Gehen Sie aber ruhig noch einmal den Weg über die Mall (GO MALL), damit Sie den Aufbau der *Electronic Mall* verstehen.

Hinweis: *Der elektronische Einkauf in CompuServe wird nur mit den Kommunikationskosten berechnet. Es fallen keine Zusatzkosten an.*

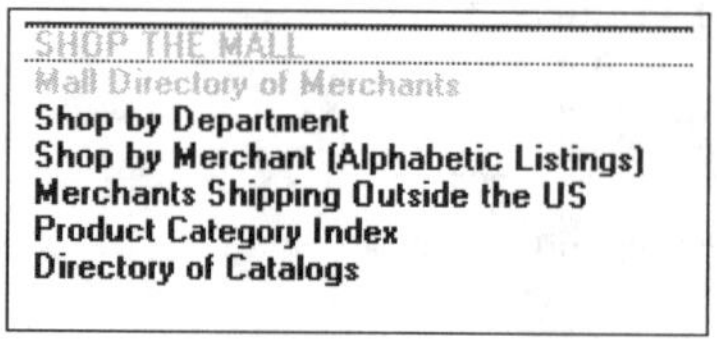

Abb. 5.15: Wählen Sie Option 2, um einen bestimmten Anbieter in der Electronic Mall zu finden

Nach der Auswahl von McGraw-Hill gelangen Sie in das Menü des Buchverlages. Dies ist im wesentlichen nichts anderes, als wenn Sie einen Buchladen betreten. Das Menü von McGraw-Hill ermöglicht Ihnen die Suche nach Büchern durch die Eingabe von Suchwörtern. Den Free Catalog sollten Sie in jedem Fall ebenfalls ordern und anschließend in den Menüpunkt *Quick search by Title* wechseln.

5 • Compifachsimpeleien

```
1  Welcome To McGraw-Hill
2  McGRAW-HILL ON-LINE BOOKSTORE
3  QuickSearch by Title
4  Order a FREE Catalog
5  Special Order Desk/Customer Service
6  Order From Our Catalog
7  Join Our Electronic Mailing List
8  We Will Beat Any Online Price!
9  Glossary Of Computer Terms
10 Murder Mystery Clue
```

Abb. 5.16: Bei McGraw-Hill können Sie menügeführt in die Titelschnellsuche (3) gelangen

Sie erhalten eine Titelliste aller Bücher von McGraw-Hill, die zu Visual Basic erschienen sind.

```
McGraw-Hill

1  VISUAL BASIC 3 FOR WINDOWS HANDBOOK
2  VISUAL BASIC ANIMATION PROGRAMMING
3  VISUAL BASIC: Easy Windows Programming--2nd Ed.
4  VISUAL BASIC[TM] FOR DOS
5  Visual Basic Inside & Out
6  WINDOWS PROGRAMMING WITH VISUAL BASIC:  VISUALIZATION...
```

Abb. 5.17: Geben Sie das Suchwort ein und Sie erhalten eine Übersicht der relevanten Buchtitel

```
McGraw-Hill
VISUAL BASIC 3 FOR WINDOWS HANDBOOK   by Gary Cornell

This is an essential guide for all users of Visual Basic for Windows.  You'll
find every bit of programming information you need to write  effective programs,
from exploring the Visual Basic environment to  creating custom application.
You'll also find discussions on topics ranging from manipulation of properties
to the optimal use of  command structures, plus debugging, dynamic data
exchange, and object linking and embedding.  Filled with plenty of programming
examples and code, this is the book that lets you take full advantage of
Microsoft's award-winning programming language.   736 pp., Illus.   #881986-5

PRICE: $29.95




Last page. Enter "0" to order !
```

Abb. 5.18: Die zusätzlichen Informationen zu einem Buch sind sehr wichtig, da diese den Preis enthalten

Mit der Eingabe der Titelnummer können Sie sich weitere Informationen über den Buchtitel einholen. Diese Informationen sind insofern sehr wichtig, da in diesen der Preis genannt wird. Mit einem O für *Order* können Sie dann den Titel bestellen. Die Rechnung wird ausgeführt und Sie sollten Ihre Kreditkarte zur Hand haben, da Sie nach der Nummer gefragt werden (siehe Abbildung 5.18).

Hinweis: *Der Elektronische Einkauf wird am Ende dieses Kapitels ausführlich besprochen.*

Multimedia: Der Ton macht die Musik

Die ersten Töne aus dem Personalcomputer waren anfangs nur *beep* oder *tüüt*. Mittlerweile ist der Rechner, dank leistungsfähiger Soundkarten, zum Tonstudio geworden.

Hilfreich sind die Foren bei der Installation einer Soundkarte und dem Auftreten eventueller Probleme. Meist gerät die Soundkarte mit einer anderen Karte in Konflikt. Mit einer Anfrage in einem der Foren kann schnell weitergeholfen werden.

CompuServe bietet mit mehreren Foren die Möglichkeit, den Kontakt zu anderen Sound-Fans im PC-Bereich aufzunehmen.

Name des Forums	GO-Befehl
MIDI/Musik Forum	GO MIDIFORUM
MIDI A Vendor Forum	GO MIDAVEN
Sight & Sound Forum	GO SSFORUM

Innerhalb der Softwarebibliotheken ist überwiegend englisches Lied- und Tongut abgelegt. Wer Original-Klassiker sucht, der ist in diesen Foren richtig.

Eine Auswahl interessanter MIDI- und WAV-Dateien:

THATSA.WAV Sigth and Sound Forum (37,9 KB) Das berühmte Ende jedes Schweinchen Dick Cartons (Porky).

ILLBBA.WAV Sight and Sound Forum (11,6 KB) Arnold Schwarzenegger in einem der Terminator-Filme.

CORREC.ZIP Sight and Sound (17,1 KB) Darth Vader im Film *Rückkehr der Jedi Ritter*.

RTK.MID MIDI Musik Forum (29,8 KB) *Every Breath you Take,* der bekannte Song von Police.

TWILZO.ZIP Sight and Sound Forum (355 KB) Die Melodie der berühmten Serie *Twighlight Zone.*

APPLAU.ZIP Sight and Sound Forum (10,5 KB) Beenden Sie eine Anwendung mit einem kräftigen Applaus aus dem Rechner.

Rund um das Modem

Die Zeiten des 300 Baud-Modems sind schon lange vorbei. Wußten Sie auch schon, daß man nicht mehr Baud sondern *Bits per Second* als Einheit für die Übertragungsgeschwindigkeit verwendet? Die Begriffe *V.42bis* oder *MNP* sind völlig neue Begriffe für Sie? Kaum ein anderes Peripheriegerät wirft mehr Fragen in den öffentlichen Mailboxen und in vielen Foren unter CompuServe auf als das Modem. Auch wenn wir, was das Thema *genehmigtes Modem* angeht, auf einer wirklichen Insel leben und die Amerikaner in uns den überaus korrekten Deutschen sehen, der alles genehmigen und verwalten lassen muß, haben die Foren mit dem Thema Modem auch viele Vorteile für die deutschen Nutzer.

Eine Reihe von Foren widmen sich dem Thema Modem und Kommunikation. Sie sind inmitten internationaler Fachleute bestens aufgehoben, wenn Ihr neues 14400er Modem sich überhaupt nicht dazu bewegen läßt, eine Verbindung zu CompuServe herzustellen. Neben der Unterstützung durch die Unternehmen selber hat ein Großteil der CompuServe-Nutzer immer etwas zum Thema Modem aus Eigenerfahrung beizusteuern.

Modem Vendor Forum (GO MODEMVEN)

Vendor heißt ins Deutsche übersetzt *Verkäufer.* So finden Sie im Modem Vendor Forum zahlreiche Hersteller, die neben dem direkten Produktsupport natürlich auch auf allgemeine Fragen eingehen.

Hersteller im Modem Vendor Forum

Supra Corporation	Section 1
Boca Research	Section 2
Global Village Communications	Section 3

US Robotics	Section 4
Telebit	Section 5
Multi-Tech Systems	Section 6
PSI Integration	Section 7
Zoom Telephonics	Section 8
Megahertz	Section 9

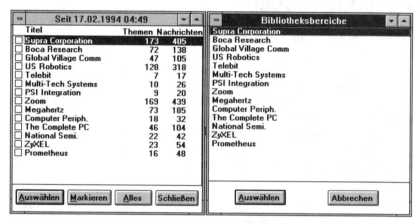

Abb. 5.19: Im Modem Vendor Forum (GO MODEMVEN) finden Sie zahlreiche Modemhersteller

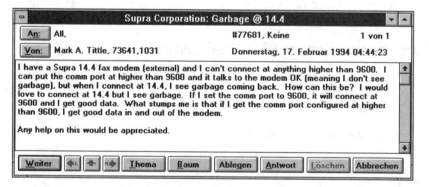

Abb. 5.20: Typische Anfrage im Modem Vendor Forum

5 • Compifachsimpeleien

Neben der Hilfestellung durch die Fachleute finden Sie jede Menge an Datenmaterial in den Softwarebiliotheken (vgl. Abbildung 5.20).

Wenn Sie auf den englischen Sprachgebrauch verzichten wollen, sind das Deutsche Computer Forum, Markt & Technik Forum und nicht zuletzt das Dr.Neuhaus Forum zu empfehlen. In letzterem haben Sie direkten Kontakt zu einem der größten deutschen Modemhersteller und erhalten umfassende Unterstützung zu den Dr.Neuhaus-Produkten.

Abb. 5.21: Klein aber deutsch! Das Dr. Neuhaus Forum (GO NEUHAUS) unter CompuServe

Abb. 5.22: Sollte man auch kennen: Hayes Forum (GO HAYES)

Die Hayes-Kompatiblität hat sich in den Jahren als internationaler Standard durchgesetzt. Der weltweit bekannte Modemhersteller aus den USA hat auf CompuServe sein eigenes Forum (vgl. Abbildung 5.22).

Modem direkt über CompuServe kaufen

Wenn auch der Betrieb eines nicht postzugelassenen Modems innerhalb des Fernmeldenetzes der Telekom nicht gestattet ist, so ist der Betrieb innerhalb eines eigenen Netzes oder einer Telefonanlage gestattet. Über die Shopping Mall von CompuServe haben Sie die Möglichkeit, sehr preiswerte Modems direkt aus den USA zu erwerben.

Mittels der Shopping Mall, dem elektronischen Einkauf, können Sie Computerausrüstung, Software und vieles anderes mehr über CompuServe erwerben. Den Kauf eines Modems finden Sie in diesem in diesem Kapitel.(*Login kauf ein!*)

Hinweis: Elektrische Geräte in den USA werden mit *110 Volt* betrieben. Fragen Sie deshalb vor dem Kauf, ob das Gerät mit 220 Volt zu betreiben ist.

Foren zum Thema Modem

IBM-System

Deutsches Computer Forum	GO GERNET
Dr. Neuhaus Forum	GO NEUHAUS
Europa Forum	GO EURFORUM
Hayes Forum	GO HAYES
IBM Communications Forum	GO IBMCOMM
Markt & Technik Forum	GO MUTFOR
Modem Vendor Forum	GO MODEMVENDOR
Practical Periphals Forum	GO PPIFORUM
U.K.Computing Forum	GO UKCOMP
Ziffnet Support Forum	GO ZNT:SUPPORT

Apple-System

Macintosh Communications Forum	GO MACCOMM
Macuser Forum	GO MACUSER

Ansteckend: Vireninformationen

Stellen Sie sich vor, Sie schalten Ihren Rechner ein und dieser beginnt mit dem Formatieren der Festplatte, während Sie gerade nochmals eben in die Küche gehen, um einen Kaffee holen. Dieser extreme Fall muß zwar nicht passieren, aber auch ohne das Formatieren der Festplatte können Computerviren erhebliche Schäden verursachen, die bei Unternehmen sehr schnell in die Millionen gehen können. Wenn man dann noch bedenkt, wie sorglos viele mit Ihren Daten umgehen, wird es Zeit, den Rechner und sich selber mit einem kleinen Medizinschrank und den notwendigen Medikamenten auszurüsten.

Viren erklären Ihrem Rechner im wahrsten Sinne den Krieg, und wie bei jedem Krieg kann es sehr grausam zugehen. Sie sollten versuchen, Ihrem imaginären Gegner immer einen Schritt voraus zu sein. Dies ist bei der Problematik der Computerviren nahezu unmöglich, da Schutz- und Erkennungsmechanismen immer erst nach der Entdeckung zu greifen beginnen. So hinkt die Armee der Virenjäger immer den Viren hinterher. Das sollte Sie aber nicht davon abhalten, das Thema Computerviren laufend zu überwachen. Auch für diesen Bereich ist CompuServe eine der besten Quellen, um Experten und notwendige Hilfsprogramme zu beziehen.

Virenscanner im McAfee Forum (GO MCAFEE)

Jedes einzelne Forum in CompuServe hat direkt oder indirekt mit Computerviren zu tun. Auch wenn Sie eine Frage zu Computerviren in einem nicht zum Thema passenden Forum stellen, wird man Ihnen in der Weise helfen, daß man Sie an ein Forum oder eine bestimmte Person verweisen wird.

Damit Sie überhaupt erkennen können, ob ein Virus Ihren Rechner befallen hat oder um neue Datensätze auf Viren wirksam prüfen zu können, sind eine Vielzahl unterschiedlicher Virenscanner auf den Markt. Diese Scanner lokalisieren einen vorhanden Virus und geben Aussage, um welche Art es sich handelt und welche Folge dieser für Ihr System haben kann. Säuberungsprogramme (Cleaner) sind meist mit im Scannerpaket, sowie eine komplette Liste der erkennbaren Viren. Da laufend neue Viren mit immer fataleren Folgen für

Ihr System unter das Volk gebracht werden, müssen Sie sich in der Frage des Scanners immer auf dem aktuellsten Stand halten. Effektiv und sehr einfach ist da CompuServe, da gerade die Amerikaner, noch computerabhängiger als wir, Computerviren fürchten und Sie direkten Kontakt zu erfahrenen Virenjägern oder auch schon Geschädigten knüpfen können.

Eines der bekanntesten Foren zum Thema Computerviren ist zweifellos das McAfee Forum der weltweit bekannten McAfee Virenscanner. Das Forum bietet in vielerlei Sicht erhebliche Hilfe und natürlich den Zugriff auf den topaktuellsten Scanner aus dem Hause McAfee. Erheblicher Vorteil ist, daß die Programme für den privaten Gebrauch kostenlos benutzt werden dürfen und man so einen der bekanntesten Scanner weltweit nahezu umsonst bezieht.

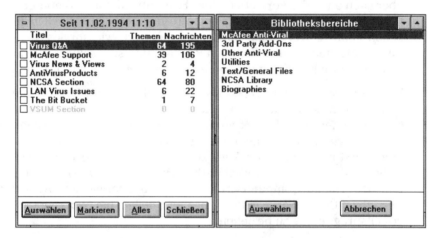

Abb. 5.23: Das McAfee Forum mit seinen Brettern und der Softwarebibliothek (GO MCAFEE)

Sind Sie schon befallen? Nun gut, ist Ihr Rechner schon befallen? Dann schildern Sie im Forum den Schaden oder das Erscheinungsbild des Virus. Mit dem schon befallenen Rechner sollten Sie sich aber nicht mehr in CompuServe einschalten. CompuServe passiert dadurch nichts, aber einen befallenen Rechner sollte man so schnell wie möglich abschalten und nicht mehr starten, bevor man weiß, wie man dem Virus zu Leibe rücken kann. Erklären Sie im Forum, wann der Virus Ihnen aufgefallen ist und wie er sich bemerkbar gemacht hat. Die Experten im McAfee Forum helfen unverzüglich weiter und werden Sie bitten, wenn der Virus noch nicht bekannt ist, eine geschädigte Diskette zu schicken. Im Gegenzug erhalten Sie völlig umsonst ein komplettes Antivirenpaket von McAfee.

5 • Compifachsimpeleien 139

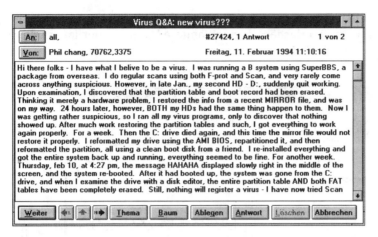

Abb. 5.24: Ein Nutzer im McAfee Forum schildert den Befall eines Rechners

Aus der Softwarebibliothek im McAfee Forum können Sie eine Vielzahl wichtiger Daten und Programme zu Computerviren laden. Neben dem McAfee Virenscanner gibt es eine Vielzahl von Textbeiträgen, die Listen bekannter Viren und deren Auswirkungen beinhalten. Empfehlenswert für Sie ist das Anlegen eines Skripts unter dem Navigator, mit dem Sie sich mindestens einmal pro Monat in das McAfee Forum einschalten, um Informationen über neue Dateien zu beziehen. Machen Sie dies recht regelmäßig, ist die Eingabe der Suchbedingung sehr einfach, sei es nun auf dem WinCIM oder dem Navigator von CompuServe.

Abb. 5.25: Die Suche nach neuen Dateien im McAfee Forum binden Sie einfach in Ihr Skript ein

Das Suchmenü ist unter dem WinCIM wie beim Navigator das gleiche. Gerade für immer wiederkehrende Arbeitsschritte empfiehlt sich auf jeden Fall der Navigator. Für die Suche nach den McAfee Virenscannern sollte man folgende Suchbegriffe verwenden, mit denen die Scanner abgelegt werden:

- SCANNER
- DETECTOR
- VIRUSSCANNER

In welchen Bereichen Sie in der Sofwarebibliothek noch zusätzlich suchen, bleibt Ihnen überlassen, da auch andere Virenscanner innerhalb des McAfee Forums abgelegt sind.

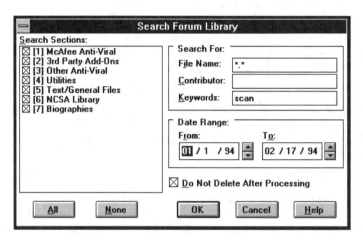

Abb. 5.26: Die Suchanfrage nach neuen Dateien im McAfee Forum

Gehören Sie zu den Menschen, die entweder alles nach ein paar Tagen vergessen oder keine Zeit haben, jeden Monat in das Forum zu schauen? Als Nutzer des Navigators von CompuServe binden Sie doch einfach den Timer für diese Arbeit ein. Der Computer soll Ihnen die Arbeit erleichtern, so sollten Sie die vollen Optionen des Timers in Anspruch nehmen.

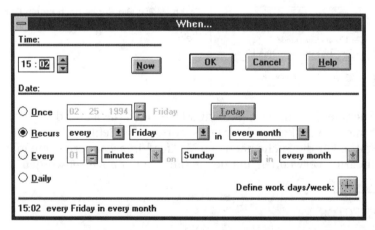

Abb. 5.27: Einbinden des Timers für das automatische Abfahren des McAfee Forums

5 • Compifachsimpeleien 141

Legen Sie den Suchschritt im McAfee Forum als eigenes Skript und eigenes Protokoll ab. Dann binden Sie das Skript in den Timer ein (s.Kapitel 3), und der Navigator wird sich automatisch in CompuServe einwählen. Als Tag und Uhrzeit sollten Sie einen Zeitpunkt wählen, an dem Sie in der Regel am Rechner sitzen. Der Timer schaltet sich zum eingestellten Zeitpunkt ein und führt das vorab festgelegte Skript durch (siehe Abbildung 5.27).

Hinweis: *Damit Ihnen das Wichtigste unter CompuServe nicht entgeht, finden Sie am Ende des Kapitels eine Zusammenfassung der Dienste und Schritte, die Sie mindestens einmal im Monat durchführen sollten.*

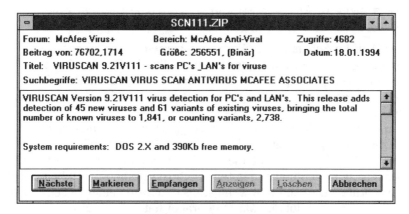

Abb. 5.28: Ein aktueller Virenscanner aus dem McAfee Forum

Mit den in Abbildung 5.29 gezeigten Schlagwörtern sollten Sie innerhalb der Softwarebibliothek des McAfee Forums nach Virenscannern suchen.

Aktuelle Virenscanner aus öffentlichen Mailboxen?

Ihr Bekannter, dem Sie die neue Errungenschaft mit dem Laden eines neuen Virenscanners aus dem McAfee Forum gezeigt haben, wird Ihnen spätestens beim Durchrechnen der Kosten sagen, daß man dies alles viel preiswerter haben kann. Der Login in eine öffentliche Mailbox kostet für 12 Minuten nur 23 Pfennig und somit ist das Laden des gleichen Scanners aus der Mailbox um die Ecke erheblich billiger. Lassen Sie sich bei diesem Preisunterschied nicht von der Tatsache täuschen, daß der Scanner bis zum Binärbrett der Mailbox eine größere Odyssee durch viele Systeme hinter sich hat.

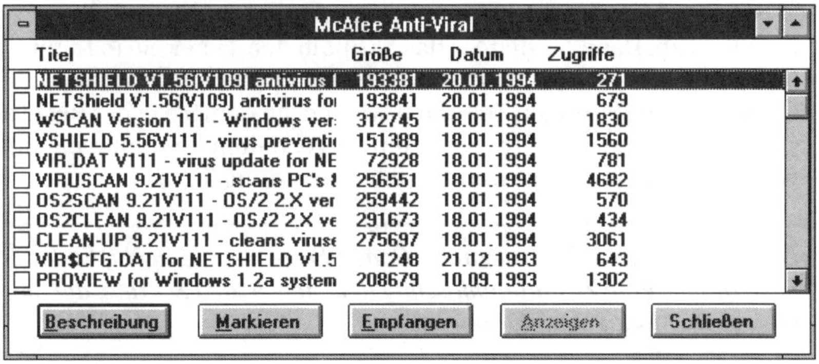

Titel	Größe	Datum	Zugriffe
☐ NETSHIELD V1.56(V109) antivirus f	193381	20.01.1994	271
☐ NETShield V1.56(V109) antivirus fo	193841	20.01.1994	679
☐ WSCAN Version 111 - Windows ver	312745	18.01.1994	1830
☐ VSHIELD 5.56V111 - virus preventi	151389	18.01.1994	1560
☐ VIR.DAT V111 - virus update for NE	72928	18.01.1994	781
☐ VIRUSCAN 9.21V111 - scans PC's	256551	18.01.1994	4682
☐ OS2SCAN 9.21V111 - OS/2 2.X ver	259442	18.01.1994	570
☐ OS2CLEAN 9.21V111 - OS/2 2.X ve	291673	18.01.1994	434
☐ CLEAN-UP 9.21V111 - cleans virus	275697	18.01.1994	3061
☐ VIR$CFG.DAT for NETSHIELD V1.5	1248	21.12.1993	643
☐ PROVIEW for Windows 1.2a system	208679	10.09.1993	1302

Abb. 5.29: Die Eingabe des Schlagwortes »Scan« listet Ihnen den aktuellen Scanner im McAfee Forum auf

Der Wolf im Schafspelz in Form des verseuchten Virenscanners birgt noch erheblichere Gefahren, da der Scanner alle EXE-Dateien (auch COM-Dateien) auf Ihrer Festplatte prüft, auf die so mancher Virus im Boot-Sektor erst nach dem vierten oder fünften Systemstart zuschlägt. Im McAfee Forum kommen die Scanner direkt ohne Umwege von McAfee und dies sollte Ihnen ein paar Mark wert sein. Wenn nicht, dann vergleichen Sie wenigstens die Versionsbezeichnung des Scanners in der Mailbox mit der aktuellen Version im McAfee Forum. Für den Fall, daß die Version nicht in der Mailbox erkennbar ist, können Sie in den meisten guten Mailboxsystemen den Inhalt der gepackten Datei prüfen. Dies schließt wenigstens den Bezug einer Falschversion aus, die McAfee gar nicht auf den Markt gebracht hat.

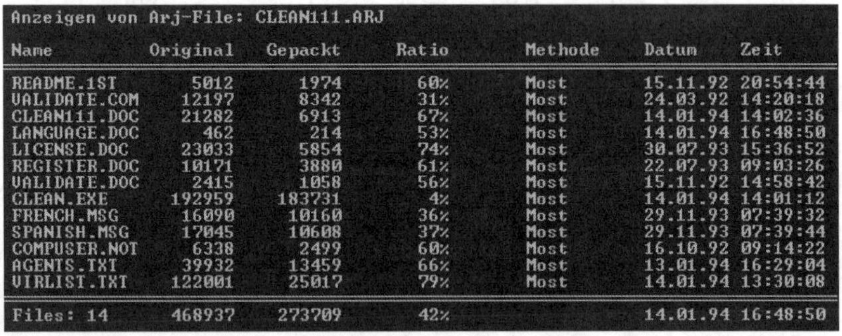

```
Anzeigen von Arj-File: CLEAN111.ARJ

Name          Original    Gepackt    Ratio    Methode    Datum       Zeit

README.1ST        5012       1974      60%     Most      15.11.92   20:54:44
VALIDATE.COM     12197       8342      31%     Most      24.03.92   14:20:18
CLEAN111.DOC     21282       6913      67%     Most      14.01.94   14:02:36
LANGUAGE.DOC       462        214      53%     Most      14.01.94   16:48:50
LICENSE.DOC      23033       5854      74%     Most      30.07.93   15:36:52
REGISTER.DOC     10171       3880      61%     Most      22.07.93   09:03:26
VALIDATE.DOC      2415       1058      56%     Most      15.11.92   14:58:42
CLEAN.EXE       192959     183731       4%     Most      14.01.94   14:01:12
FRENCH.MSG       16090      10160      36%     Most      29.11.93   07:39:32
SPANISH.MSG      17045      10608      37%     Most      29.11.93   07:39:44
COMPUSER.NOT      6338       2499      60%     Most      16.10.92   09:14:22
AGENTS.TXT       39932      13459      66%     Most      13.01.94   16:29:04
VIRLIST.TXT     122001      25017      79%     Most      14.01.94   13:30:08

Files: 14       468937     273709      42%                14.01.94   16:48:50
```

Abb. 5.30: Die Auflistung einer gepackten Virenscannerdatei in einer öffentlichen Mailbox.

Daten und Foren über Computerviren

Wer mehr aus der Fachpresse über Viren lesen möchte, der sollte die Datenbanken *Magazine Database Plus* und *Computer Database Plus* als Referenz für Artikel nutzen. Wie man in diesen Datenbanken recherchiert, steht ausführlich im Kapitel 7.

Eine Reihe von Foren sind Anlaufpunkt, wenn es um Fragen zum Thema Computerviren geht. So finden sich Experten regelmäßig zu Konferenzen im Forum der *Association of Shareware Professionals* ein.

Die Foren im Kurzüberblick:

IBM-System

Association of Shareware Professionals	GO ASPFORUM
Central Point Software Forum	GO CENTRAL
Fith Generation Systems Forum	GO FITHGEN
IBM Systems, Utilities Forum	GO IBMSYS
McAfee Forum	GO MCAFEE
National Computer Security Association	GO NCSA
Symantec/Norton Utilities Forum	GO NORUTL

Apple-System

Macintosh Developers Forum	GO MACDEV
Macintosh New Users Forum	GO MACNEW

VIP's zum Thema Virus

Aryeh Goretsky	Primary (McAfee) SysOp	76702,1714
Spencer Clark	Primary (McAfee) SysOp	76702,1713
Michael Albers	McAfee SysOp	73321,2776
Mich Kabay	NCSA Section SysOp	75300,3232
Robert Bales	NCSA Section SysOp	75300,2557
Patricia Hoffman	VSUM Section SysOp	75300,3005

Viren über CompuServe?

Jedes Programm, das von einer externen Quelle bezogen wird, kann von einem Virus befallen sein. Sogar die Kopierstationen bekannter Softwarehäuser waren schon Mittelpunkt einer Virenverbreitung. Schnell stellt sich dann die Frage, ob es möglich ist, ein befallenes Programm aus einer der Softwarebibliotheken zu beziehen? Die Antwort kann nur ein klares Ja sein. Bevor Sie nun in eine Panik verfallen und nie wieder ein Programm aus einer der Softwarebibliotheken laden, liegt es in erster Linie an Ihnen selber, ob Ihr Rechner befallen wird oder nicht. Die logische Konsequenz liegt doch einfach auf der Hand. Sehen Sie zu, immer einen der aktuellsten Virenscanner zu benutzen. Der Weg in das McAfee Forum ist hier der einfachste und bietet die Sicherheit, wie schon beschrieben, einen wirklichen Scanner von McAfee zu bekommen und nicht ein getarntes Virenprogramm zu erhalten (Trojanisches Pferd).

Wieso auch CompuServe oder besser einzelne Programme in den Softwarebibliotheken verseucht in Umlauf gebracht werden können, ist recht einfach nachzuvollziehen. Beim Laden eines Programmes in eine Softwarebibliothek hat der jeweilige Sysop die Software auf Funktion, gewisse Grundsätze und Virenfreiheit zu überprüfen. Daß hier das Unglück bereits seinen Lauf nehmen kann, liegt an der Tatsache, daß ein Sysop auch nur auf die gängigen Virenscanner zurückgreifen kann. Ein Sysop ist kein allmächtiger Mensch, macht genauso Fehler wie Du und ich und hat auch nicht immer den aktuellsten Scanner zur Hand. Zudem sagt der aktuellste Scanner von der Firma X oder Y auch nichts aus. Die ganze Geschichte ist wie das Fischen mit weitmaschigen Netzen nach kleinen Fischen. Die Großen bleiben hängen, aber ein Teil der kleinen Fische gelangt durch das Netz.

CompuServe – der Airbag für Ihren Rechner

Fazit: Verfallen Sie nicht in eine Virenphobie, denn sonst dürften Sie auch kein Auto fahren und müßten unverzüglich Ihre Ernährung einstellen. Gerüstet sein ist alles, und die gängigen Hinweise aus den Foren und von Experten verschaffen Ihnen ein Sicherheitspolster. Wenn Sie so wollen, ist CompuServe der Airbag für Ihren Computer. Dann kann eine formatierte Festplatte Ihnen genauso wenig anhaben, wie Ihr bereits kalter Kaffee.

Microsoft – der Riese im Riesennetz

Microsoft hat neben CompuServe selber die meisten Foren im Angebot. Mit derzeit über 30 Foren bietet Microsoft einen umfassenden Support zu seinen Produkten. Sie können die einzelnen Microsoft-Foren über die *FIND-Option* online, über das Verzeichnis des WinCIM oder über die Suchoption des Navigators ermitteln. Interessant für die deutschen Nutzer ist das deutschsprachige *Microsoft Central Europe Forum*.

Abb. 5.31: Mit FIND MICROSOFT können Sie alle Foren von Microsoft auf CompuServe auflisten

Microsoft Knowledge Base

Die Bedienung von Foren ist für Sie mittlerweile Routine. Viel interessanter dürfte für Sie Erläuterung der *Microsoft Knowledge Base* sein. Diese Volltextdatenbank von Microsoft liefert Ihnen über 35.000 Dokumente zu den Microsoft-Produkten. Die Datenbank beinhaltet jedoch keine Artikel im eigentlichen Sinne, sondern den Zugriff auf Microsoft-Dokumentationen, die früher nur Microsoft-Technikern zugänglich waren. Eine Quelle somit, die einem Gespräch mit einem der Microsoft-Fachleuten gleich käme.

Damit für Sie keine Langeweile entsteht, soll die Darstellung der Microsoft Knowledge Base direkt mit einer Recherche verbunden werden.

Fallbeispiel

Im Beispiel suchen Sie ein Dokument, wie man ein Word für Windows 6.0-Makro von Microsoft Access aus startet. Ziel ist es eine komplette Beschreibung zu erhalten.

Mit *GO MSKB* gelangen Sie in die Microsoft Knowledge Base.

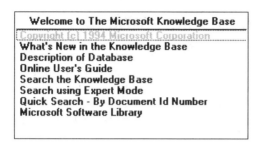

Abb. 5.32: Über 35.000 Dokumente liegen in der »Microsoft Knowledge Base« auf

Wenn Sie öfters innerhalb der Datenbank recherchieren wollen, empfiehlt es sich, die Textdateien mit den Beschreibungen zur Handhabung zu beziehen. Für den Anfang wählen Sie *Search the Knowledge Base*.

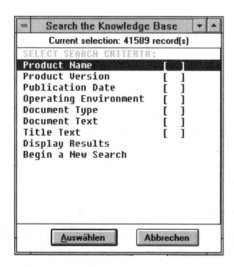

Abb. 5.33: Die Suche in der Microsoft Knowledge Base ist durch die Menüführung recht einfach

Die Datenbank ist über eine Menüführung recherchierbar und ermöglicht die Suche nach den unterschiedlichsten Kriterien.

Produktnamen

Die Festlegung der Suche nach einem Produktnamen öffnet ein weiteres Menü, unter dem Sie die Art des Produktes festlegen können. Wählen Sie *Application*, und Sie kommen in eine Gesamtliste aller Microsoft-Applikationen. Ziel ist es, die Einschränkung mit Word für Windows 6.0 zu treffen.

5 • Compifachsimpeleien   147

```
     SELECT BY PRODUCT NAME
 Any Product Name
 Applications
 Languages
 Hardware
 Operating Environment
 Databases and Networking
 Developer Kits
 Language Utilities
```

Abb. 5.34: Die Produkte sind in unterschiedliche Produktgruppen unterteilt

Anhand der Gesamtliste wählen Sie eines der Produkte aus. Automatisch wird das Menü *Produktversion* geöffnet.

Produktversion

Die Eingabe der Produktversion wird als normale Zahlenangabe durchgeführt. Das System erlaubt die Eingabe auch nur einer Zahl, um sämtliche Folgeprogramme noch mit erfassen zu können. Wenn Sie beispielsweise nur eine *3* eingeben, so werden die Versionen *3.1, 3.2, 3.3* usw. mit in die Suche aufgenommen. Für den Recherchefall geben Sie *6.0* ein.

```
       Current selection: 19550 file(s)
 SELECT SEARCH CRITERIA:
 Keyword                   [ ]
 Submission Date           [ ]
 Forum Name                [ ]
 File Type                 [ ]
 File Extension            [ ]
 File Name                 [ ]
 File Submitter            [ ]
 Display Selected Titles
 Begin a New Search
```

Abb. 5.35: Nach der Eingabe des Produktes werden Sie nach der Versionsnummer gefragt

Veröffentlichungsdatum

Die Eingabe des Veröffentlichungsdatums ermöglicht die Suche nach Dokumenten vor oder nach einem bestimmten Erscheinungsdatum. Nutzen Sie diese Option zusätzlich, um die Anzahl der Treffer möglichst gering zu halten.

```
 Any Date
 On or after a specified date
 On or before a specified date
```

Abb. 5.36: Das Erscheinungsdatums schränkt die Anzahl Dokumente weiter ein

Betriebssystem

Geben Sie hier das Betriebssystem, das für Sie relevant ist, an.

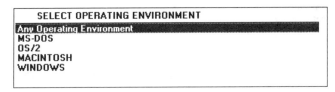

Abb. 5.37: Sie können die Suche mit der Angabe des Betriebssystems weiter einschränken

Dokumentart

Microsoft hat die erfaßten Dokumente in verschiedene Dokumentarten unterteilt.

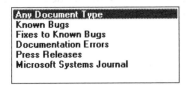

Abb. 5.38: Ihnen stehen verschiedene Dokumetarten zur Auswahl

Suchwörter innerhalb des Gesamttextes

Die freie Suche bestimmter Textpassagen ist besonders wichtig, um den richtigen Treffer zu landen. Wählen Sie die Suchwörter sorgfältig aus. Testen Sie mehrere Kombinationen innerhalb der Recherche durch und nutzen Sie die Einschränkungsmöglichkeit mit einer UND-Verbindung zweier Fachbegriffe.

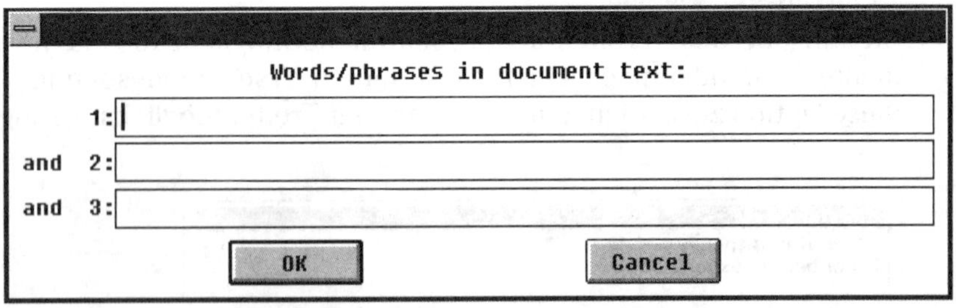

Abb. 5.39: Die Suche innerhalb des Textes ist ebenfalls möglich

5 • Compifachsimpeleien 149

Suchwörter innerhalb des Titels

Gute Treffer erzielen Sie mit der Suche von Wörtern innerhalb des Titels. Das Menü hat den gleichen Aufbau wie die Suche im Gesamttext des Dokumentes.

Nach erfolgreicher Suche erhalten Sie mehrere Dokumente, die Sie als ASCII-Textdateien abspeichern können. Im Fallbeispiel haben Sie einen Volltreffer gelandet.

```
Title: Using DDE to Run a Word for Windows Macro from Access
Document Number: Q110369          Publ Date: 5-FEB-1994
Product Name: Microsoft Word for Windows
Product Version:  2.00 2.00a 2.00a-CD 2.00b 2.00c 6.00
Operating System: WINDOWS


----------------------------------------------------------------
The information in this article applies to:

 - Microsoft Word for Windows versions 2.0, 2.0a, 2.0a-CD, 2.0b,
   2.0c, 6.0
 - Microsoft Windows operating system version 3.0 and 3.1
----------------------------------------------------------------
```

Abb. 5.40: Ein Dokument aus der Datenbank von Microsoft

Sehr oft wird innerhalb eines Artikel eine Dateinummer (S123456.EXE) aufgeführt, die Sie von der Microsoft Software Library (GO MSL) laden können.

Microsoft Software Library

Innerhalb der *Microsoft Software Library* sind ca. 1150 Programme zu den Microsoft-Produkten abgelegt. Die Softwarebibliothek ist ähnlich dem IBM File Finder aufgebaut. Die Suche mit Hilfe einer Dateinummer aus der *Microsoft Knowledge Base* macht diese Bibliothek sehr leistungsfähig.

```
     Current selection: 1148 file(s)
 SELECT SEARCH CRITERIA:
 Keyword                  [ ]
 SNumber                  [ ]
 File Name                [ ]
 Display Selected Titles
 Begin a New Search
```

Abb. 5.41: Aus der Microsoft Software Library können Sie Binärdateien zu Microsoft-Programmen direkt laden

Wenn Sie Dateien oder Utilities zu den Microsoft Produkten suchen, nutzen Sie die beiden Dienste von Microsoft als zusätzliche Quellen. Die Suche innerhalb der Foren sollten Sie trotzdem über den IBM File Finder und innerhalb einzelner Softwarebibliotheken durchführen.

File Finder: Wer sucht, der findet

Bei der großen Anzahl an Foren unter CompuServe müßte man eine Vielzahl von Softwarebibliotheken absuchen, um ein entsprechendes Programm zu finden. Einfacher kann man es sich mit den File Findern von CompuServe machen. Diese sind im eigentlichen Sinn nichts anderes als Datenbanken, welche die Profile von Programmen aus unterschiedlichen Softwarebibliotheken gespeichert haben. Auf diese Weise kann man sehr bequem nach einem Programm suchen und spart Zeit und Geld. Auf der anderen Seite lokalisiert man Programme, die vielleicht in einem zum Thema sehr abweichenden Forum abgelegt sind, bei einer Recherche im File Finder.

CompuServe bietet derzeit folgende Finder an:

Amiga File Finder	(GO AMIGAFF)
Atari File Finder	(GO ATARIFF)
Graphics File Finder	(GO GRAPHFF)
IBM File Finder	(GO IBMFF)
Macintosh File Finder	(GO MACFF)

Verfallen Sie nun nicht dem Glauben, mit einer Recherche in einem der File Finder hätten Sie alle Softwarebibliotheken abgesucht. Zum einen wird nur ein Teil der Softwarebibliotheken in den File Finder aufgenommen. Zum anderen werden die File Finder nur monatlich aktualisiert, und manche Softwarebibliothek verzeichnet ohne Probleme zweistellige Uploads in den Bibliotheken.

Amiga File Finder	Amiga Arts
	Amiga Tech Forum
	Amiga Users
	Amiga Vendors Forum

5 • Compifachsimpeleien 151

Atari File Finder	Atari ST Arts Forum
	Atari ST Productivity Forum
	Atari Vendor Forum
Graphics File Finder	Art Gallery Forum
	Computer Art Forum
	Graphics Corner Forum
	Graphics Support Forum
	Quick Picture Forum
IBM File Finder	Adobe
	Ashton Tate
	Borland Applications B
	Borland Database Products
	Borland Programming A und B Forum
	Crosstalk
	Deutsches Computer Forum
	IBM Applications
	IBM Bulletin Board
	IBM Communications
	IBM Desktop
	IBM Hardware Forum
	IBM New User Forum
	IBM OS/2
	IBM Programming
	IBM Special Needs
	IBM Systems
	LDC Word Processing
	LDC Word & Pixel
	LDC Spreadsheets
	Microsoft Applications

	Microsoft Client Server Computing
	Microsoft DOS 5.0
	Microsoft Excel
	Microsoft Systems
	Microsoft Windows Advanced
	Microsoft Windows New User
	Novell A
	Novell Digital Research
	Novell Library
	PC Vendor A, B, C, D, E
	Tapcis
	Windows Third Party A, B, C
	Word Perfect Support User Group A+B
	Zenith Data Systems
Macintosh File Finder	Adobe
	Ashton Tate
	Borland Applications
	Borland Applications
	Borland Programming A Forum
	Fox Software
	Hypertext Forum
	Lotus Spreadsheets
	Macintosh A, B, C Vendors
	Macintosh Communication Forum
	Macintosh Community Clubhouse
	Macintosh Developers Forum
	Macintosh Entertainment Forum
	Macintosh New Users and Help Forum
	Macintosh New Users and Help Forum

Macintosh System 7.0
Macintosh Systems
Microsoft Applications
Microsoft Basic
Microsoft Excel
Microsoft Languages
Symantec
Word Perfect Support Group B

Recht einfach gestaltet sich die Suche in den Findern. Da unter CompuServe immer alles möglichst einheitlich einfach gehalten ist, unterscheiden sich die Suchmenüs der einzelnen Finder nicht.

Suche im Graphics File Finder

Im Beispiel sollen Sie im Graphics File Finder nach einem Bild für einen guten Bekannten suchen, der leidenschaftlicher Star Trek-Fan ist. Bevor Sie einen guten Freund verlieren, aber auch viel Geld, tun Sie ihm den Gefallen. Bevor Sie nun blindlings eine Verbindung zu CompuServe aufbauen, sollten Sie eine Recherche immer vorab penibel planen, damit Sie zum einen überhaupt etwas finden und zum anderen keine bösen Überraschungen erleben. Auch im Zeitalter des Computers sollten Sie einen Zettel und Stift zur Hand haben und über die Suche ein paar Minuten nachdenken.

Aus der eigenen Erfahrung können Sie sich wenigstens noch an den Aufbau des Suchmenüs erinnern. Über das Schlagwort nach einer entsprechenden Bilddatei wollen Sie den File Finder abfragen. Die Suche nach der alleinigen Bezeichnung Star Trek könnte etwas dürftig sein, zumal Sie vorab noch nicht einmal sagen können, ob Star Trek eventuell mit einem Bindestrich eingegeben worden ist. Machen Sie sich das Leben aber nicht schwerer als es schon ist. Denken Sie sich zum Thema Star Trek mal ein paar Suchwörter aus. Vielleicht können Sie der Liste noch etwas beifügen:

- Star Trek
- Enterprise
- Klingone
- Spock

```
Current selection: 19550 file(s)
SELECT SEARCH CRITERIA:
Keyword                     [ ]
Submission Date             [ ]
Forum Name                  [ ]
File Type                   [ ]
File Extension              [ ]
File Name                   [ ]
File Submitter              [ ]
Display Selected Titles
Begin a New Search
```

Abb. 5.42: Das Suchmenü des Graphic File Finders

Um selber einmal etwas auszuprobieren, wollen Sie diesmal mit dem Navigator von CompuServe den Graphics File Finders absuchen. Vielleicht kennen Sie das, irgend etwas klappt immer nicht und Sie stellen fest, daß man den IBM File Finder schlicht und ergreifend im Service-Menü des Navigators vergessen hat. Das Hinzufügen eines Forums oder Dienstes haben Sie sehr wahrscheinlich aufmerksam gelesen. Wenn nicht, dann erfahren Sie spätestens jetzt, wie Sie einen neuen Dienst in den Navigator einbauen.

Befassen müssen Sie sich ausschließlich mit dem Service-Fenster im Navigator. Alle Schritte, die Sie durchführen müssen sind einfach erklärt:

Schritt 1

Suchen Sie sich im Verzeichnisbaum eine Stelle, an der Sie den neuen Dienst einbinden wollen.

Schritt 2

Klicken Sie einen schon existierenden Service an dieser Stelle mit der rechten Maustaste an.

Schritt 3

Wählen Sie die Option »Add item...« (vgl. Abbildung 5.43).

Schritt 4

Geben Sie im Menü ein, um welche Art von Dienst es sich handelt. Dies hat nur zur Folge, welches Symbol für Sie angelegt wird. Die Bezeichnung *Keywords* wurde von CompuServe etwas unglücklich gewählt. Geben Sie an dieser Stelle die Sprungadresse des Dienstes an. In diesem Fall: CIS:GRAPHFF (siehe auch Abbildung 5.44).

5 • Compifachsimpeleien   155

Abb. 5.43: Schritt 3: Einfügen eines neuen Dienstes

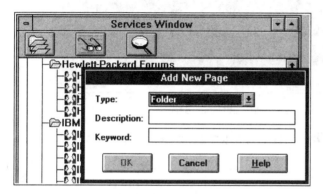

Abb. 5.44: Schritt 4: Eingabe des neuen Services

Bauen Sie den neuen Dienst nun in Ihr Skript ein. Nun sollten Sie auf die Suche nach den Bildern von Captain Kirk gehen.

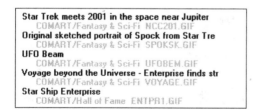

Abb. 5.45: Die Suche ergibt eine Reihe von Treffern

Die Suche war recht erfolgreich. Laden Sie direkt aus dem File Finder die Grafikdatei. Über den Navigator können Sie sich die Datei nach erfolgreicher Übertragung direkt anschauen.

Abb. 5.46: Das gefundene Bild aus CompuServe.

Kurz und knapp: Tips und Tricks zu den File Findern

Speichern Sie die Liste als Textdatei ab und lesen Sie diese in Ruhe durch. Notieren Sie sich die relevanten Dateinamen und suchen Sie diese dann direkt über den Dateinamen im File Finder oder direkt im Forum.

Suchen Sie, wenn möglich, die Foren ab, in denen sehr viele Dateien Ihrer Liste auftauchen. Die Foren erkennen Sie sehr leicht am Kürzel in der Trefferliste.

```
Star Trek meets 2001 in the space near Jupiter
     COMART/Fantasy & Sci-Fi  NCC201.GIF
Original sketched portrait of Spock from Star Tre
     COMART/Fantasy & Sci-Fi  SPOKSK.GIF
```

Abb. 5.47: In der Trefferliste taucht immer der Forenname als Kürzel auf.

War die Trefferzahl sehr dürftig, schauen Sie sich die Kurzbeschreibung einer Datei genauer an und starten Sie anhand der dort abgelegten Suchwörter eine neue Recherche (siehe Abbildung 5.48).

Vermeiden Sie hohe Trefferzahlen, indem Sie das Uploaddatum limitieren. Gerade bei Software haben Sie meist selber den Anspruch, aktuelle Programme zu finden (vgl. Abbildung 5.49).

Nutzen Sie die Erfahrung anderer Nutzer und fragen Sie in den Foren nach, ob jemand ein Programm der Art kennt, das Sie verzweifelt suchen.

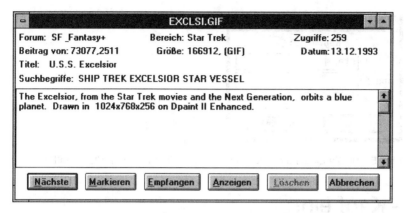

Abb. 5.48: In der Kurzbeschreibung finden Sie wichtige Hinweise nach Verschlagwortung der Programme

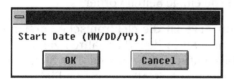

Abb. 5.49: Die Eingabe des Ladedatums erfolgt im U.S.-Format und schränkt Ihre Trefferzahl erheblich ein

Innerhalb der Schlagwortsuche gibt es die Möglichkeit, Begriffe zu trunkieren. Dies bedeutet, daß nachfolgende Silben und Bezeichnungen gesucht werden. Einige Eingabebeispiele im Überblick:

Tele*	Telephone, Telecommunication, Teletext, Telefax
Tool*	Toolbox, Toolkit
Work*	Working, Worker, Workstation, Works

Schränken Sie eine Suche über Schlagwörter immer mit der Verbindung zu einem anderen Schlagwort ein. Die Schlagwortsuche ermöglicht Ihnen die Eingabe von drei Wörtern. Diese werden dann in einer logischen UND-Verbindung gesucht. Alle drei, bzw. zwei Wörter müssen dann in der Schlagwortkette vorkommen. So bietet es sich an, eine Software unter Windows immer in Verbindung mit dem trunkierten Window* zu suchen. Die Trunkierung ist empfehlenswert, da die Versionsnummern teilweise mit dem Wort verbunden sind.

158 CompuServe

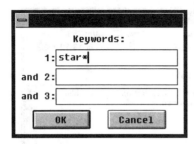

Abb. 5.50: Die Eingabe trunkierter Suchbegriffe führt schneller zum Erfolg

Login – Kauf ein!

Einen kurzen Einblick in den elektronischen Einkauf hatten Sie im Beispiel des Computerbuches für Visual Basic einige Seiten vorher.

Die Shopping Mall von CompuServe ist die elektronische Version eines Einkaufszentrums. In den USA hat man in den 70er Jahren zahlreiche Zentren erbaut, in denen unzählige Geschäfte zu finden sind. Der Sinn hinter diesen Bauten war zum einen die Bequemlichkeit, alles an einem Platz zu haben, und andererseits die etwas extremeren Klimabedingungen mancher Gegenden in den USA. Mit dem Computer erreichen Sie in etwa das gleiche. Sie haben alles an einem Ort und brauchen nicht mehr durch die Gegend zu fahren. Bequem vom Schreibtisch aus können Sie Zubehör für Ihren Computer oder sonstige Artikel bestellen. Die Uhrzeit spielt ebenfalls keine Rolle. Die Mall hat rund um die Uhr geöffnet.

```
                    CIS:MALL
THE ELECTRONIC MALL (R)
ENTER THE ELECTRONIC MALL
Join The Mall Elite
New Mall Merchants & Mall News
Shoppers Advantage Club
The Mall Information Booth
Electronic Mall Murder Mystery
Fiscal Fitness Center
```

Abb. 5.51: Mit GO MAll kommen Sie in das Hauptmenü der Shopping Mall

Die Anzahl der amerikanischen Unternehmen, die im elektronischen Kaufhaus von CompuServe zu finden sind, nimmt immer mehr zu.

Lieferanten aus der *Shopping Mall*:

800 Flower & Gift Shop	GO FGS
Adventures in Food	GO AIF
Air France	GO AF
Alaska Pendler	GO AK
American Express	GO AE
American Clothing	GO AC
AT & T Toll Free 800 Directory	GO TFD
Automobile Information Center	GO AI
Autoquot-R	GO AQ
Auto Vantage Online	GO ATV
Barnes & Noble	GO AN
BMG Compact Disc Club	GO CD
Books On Tape	GO BOT
Bose Express Music	GO BEM
Breton Harbor Basked & Gifts	GO BH
Broderbund Software	GO BB
Brooks Brothers	GO BR
Buick Magazine	GO BU
Business Incorporation	GO INC
Checkfree Corporation	GO CF
Chef_s Katalaog	GO CC
Coffee Anyone	GO COF
Columbia House	GO FREECD
CompuBooks	GO CBK
CompuServe Shop	GO ORDER
Computer Express	GO CE
Computer Shopper	GO CS
Contact Less Supply	GO CL
Cosmetics Express	GO CM
Court Pharmacy	GO RX

Dalco Computer Electronics	GO DA
Data Based Advisor	GO DB
Desktop Direct	GO DD
Direct Micro	GO DM
Dreyfus Corp.	GO DR
Entrepeneur Magazine	GO ENT
Executive Stamper	GO EX
Florida Fruit Shippers	GO FFS
Flower Stop	GO FS
Ford Automobil-Ausstellung	GO FORD
Ford Motor Company	GO FMC
Garret Wade Woodworking	GO GW
Gift Sender	GO FS
Gimmee Jimmy_s Cookies	GO GIM
H&R Block	GO HRB
Hammacher Schlemmer	GO HS
Heath Company	GO HTH
Holabird Sports Discounters	GO HB
Home Finder Service	GO HF
Honey Baked Hams	GO HAM
JC Penny	GO JCP
JDR Microdevices	GO JDR
Justice Records	GO JR
K&B Camera Center	GO KB
Land_s End	GO LA
Laser_s Edge	GO LE
Lincoln Electronic Showroom	GO LM
Mac Zone/PC Zone	GO MZ
MacUser	GO MC
Mac Warehouse	GO MW
Max Ule	GO TKR

McGraw Hill Book Company	GO MH
Mentor Technolgies	GO MN
Mercury Electronic Showroom	GO LM
Metropolitian Musem of Art	GO MMA
Micro Warehouse	GO MCW
Mission Control Software	GO MCS
Music Alley Online	GO MAO
Naranda Productions	GO NP
NewsNet	GO NN
Omaha Steaks	GO OS
Parsons Technology	GO PA
Paul Frederick Shirts Company	GO PFS
PC Catalog	GO PCA
PC/Computing	GO CMP
PC Magazine	GO PM
PC Publications	GO PCB
Penny Wise Office Products	GO OW
Personics Custom Cassettes	GO PS
Peterson's Connexion	GO PBX
PRC Database Publishing	GO PRC
Read USA	GO READ
Relocation Network	GO RELO
Rent Mother Nature	GO RM
Safeware Computer Insurance	GO SAF
Shareware Depot	GO SD
Shoppers Advantage Club	GO SAC
Sierra Online	GO SI
Small Computer Book Club	GO BK
Softdisk Publishing	GO SP
Sunglasses Shavers & More	GO SN
Telebit Corporation	GO TBC

The Travel Club	GO TTC
Twentieth Century Mutual Funds	GO TC
Univerity of Phoenix	GO UP
Volkswagen	GO VW
Walden Computer Books	GO WB
Walter Knoll Florist	GO WK
Wiley Pro-Shop	GO JW
Z Best	GO ZBEST

Fallbeispiel: Kauf eines Modems

Die Auflistung der verschiedenen Anbieter innerhalb der Shopping Mall bringt Ihnen wenig, denn erstens ändert sich die Anzahl der Anbieter stetig (es werden mehr), und meist suchen Sie ein Produkt und keinen Anbieter. Im vorliegenden Fall sollen Sie ein Modem über CompuServe erwerben und die gesamten Stationen des Einkaufs durchlaufen. Bei einem erneuten Einkauf ist es dann sinnvoller, den speziellen GO-Befehl zu verwenden. Aber zur Zeit wissen Sie noch nicht, wer als Anbieter eines Modems für Sie in Frage kommt.

Mit *GO MALL* wechseln Sie in das Hauptmenü des elektronischen Einkaufszentrums. Wählen Sie direkt in die Mall, dies ist der erste Menüpunkt oben, der leicht übersehen wird. Da Sie nicht wissen, welcher Anbieter konkret Modems im Angebot hat, wählen Sie den Produktindex zur Auswahl einer Produktgruppe, der dann die Anbieter zugeordnet werden.

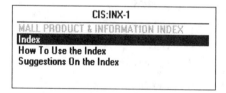

Abb. 5.52: Suchen Sie innerhalb des Produktindex nach möglichen Anbietern

Wählen Sie direkt den Index an und Sie erhalten einen Überblick der Produkte oder besser Produktgruppen, die über die *Shopping Mall* angeboten werden. Durch die Angabe von ganzen Produktgruppen haben Sie mit der Suche nach dem Begriff *Modem* kein Glück. Sie müssen die Rubrik *Computerzubehör* wählen. Diese ist in der Liste mit *Computer Peripherals/Accessories* angegeben.

```
                CIS:INX-5
Audio Equipment
Automotive
Books
Business Services
Cameras/Optical Equipment
Children's Clothes/Merchandise
Collectibles
Computer Hardware
Computer Peripherals/Accessories
Computer Software
Computer Services/Supplies/
        Maintenance
Financial
Flowers/Plants
Gourmet Foods
Gifts
Health Products/Grooming
Hobbies/Entertainment
Household Goods/Appliances
```

Abb. 5.53: Der gesamte Index der Produktgruppen teilt die gesamte Produktpalette in der Shopping Mall ein

Die folgende Liste ist schon etwas präziser und gibt eine Vielzahl der unterschiedlichsten Peripheriegeräte für den Computer an. Das Modem ist als Produkt angegeben.

```
              CIS:INX-23
COMPUTER PERIPHERALS/ACCESSORIES
Cables/Connectors
Disk Drives
Electrical/Power Products
Expansion Devices
Interfaces/Switches
Joysticks/Trackballs
Modems
Monitors/Terminals
Printer Accessories
Printers
```

Abb. 5.54: Die gesamte Liste aller Peripherieprodukte in der Shopping Mall von CompuServe

Das nächste Menü listet Ihnen mehrere Unternehmen auf, die Ihnen Modems liefern können. Nachteil ist, daß kein Preisvergleich möglich ist und Sie eventuell an diesem Punkt nicht wissen, ob eine Lieferung nach Europa möglich ist. Sie sollten daher bei Ihrem ersten Mallbesuch die Liste aller Europa-Lieferanten oder eine CompuServe-Zeitschrift zur Hand haben (siehe Abbildung 5.55).

Die Benutzung des Produktindex hat den Vorteil, daß Sie alle Lieferanten für bestimmte Produkte auflisten können. Diese Listen liefern wiederum den direkten GO-Befehl für den einzelnen Anbieter (vgl. Abbildung 5.56).

```
Category: Computer Peripherals/Accessories
AT&T Online Store              (DP)
CheckFree                      (CF)
Computer Express               (CE)
Concord Direct                 (CA)
Dalco Electronics              (DA)
Digital's PC Store             (DD)
Direct Micro                   (DM)
JDR Microdevices               (JDR)
Mac Zone/PC Zone               (MZ)
MacWarehouse                   (MW)
MicroWarehouse                 (MCW)
Mission Control Software       (MCS)
Omron                          (OM)
PC Catalog                     (PCA)
```

Abb. 5.55: Alle möglichen Modemlieferanten werden mit den direkten GO-Befehlen aufgelistet

Sie können sich dann den umständlichen und natütlich auch kostspieligeren Weg duch die Menüs sparen. Noch einfacher geht es über die Zeitschrift von CompuServe. In den meisten Ausgaben sind alle Anbieter der *Shopping Mall* alphabetisch aufgelistet. Sie finden in der Liste weitere Angaben wie den GO-Befehl und ob das Unternehmen die gewünschten Produkte nach Europa verschickt. Achten Sie bei Ihren Einkäufen darauf, daß Sie einen Anbieter wählen, der auch nach Europa liefern kann. Um sicher zu gehen, sollten Sie die Liste mit den Anbietern, die nach Europa liefern, anwählen. Wissen Sie nicht, welches der Unternehmen nach Europa liefert, brechen Sie ab. Loggen Sie sich nach Einholen der Information über die Liste in der *Shopping Mall* oder die Zeitschrift erneut ein. Dann können Sie mit dem direkten GO-Befehl das Unternehmen erreichen. Ganz Mutige machen nach dem Lottoprinzip weiter und haben Glück. Das Unternehmen liefert seine Produkte nach Europa.

Abb. 5.56: Hier haben Sie Glück, das Unternehmen liefert nach Europa

Meist liefern die Unternehmen neben dem gesuchten Produkt noch weitere Waren. In diesem Fall geht alles sehr leicht und Sie können direkt in die Liste der Modems wechseln.

```
 1 All About Computer Express

 2 >>> SHOP OUR ON-LINE SUPERSTORE <<<

 3 New IBM Products
 4 New Macintosh Products
 5 The Modem Store
 6 *-*-*-* THIS WEEK'S HOT DEALS *-*-*-*
 7 New Demo Download Library
 8 Join Our Mailing List
 9 Catalog with $10 Credit
10 Write to Us Here
```

Abb. 5.57: Meist vertreiben die Unternehmen noch weitere Produkte

Die Liste mit den Modems sollten Sie, wenn Sie nicht sicher sind (nachhaltig mit dem Protokoll) anderen Nutzern in einem der Modem-Foren vorlegen und nach deren Meinung fragen. Lassen Sie sich auch einen Preis geben, damit Sie den Preis in der Shopping Mall vergleichen können. In der vorliegenden Liste sind die Modems noch mit einem Kürzel für den jeweiligen Rechner versehen (IBM/MAC).

```
Search Results: 25

   1 14.4 Internal Fax/Modem Powerbook - MACINTOSH
   2 Courier V.32 Terbo Fax Internal - IBM
   3 Eagle 14.4 Int. Fax/Modem - IBM
   4 MVP144DSP 14.4 Int. Fax/Modem - IBM
   5 PowerPort/Gold 14.4 Internal - MACINTOSH
   6 PractiCard PCMCIA 14.4 Internal - IBM
   7 Practical PM1440OFXMT 14.4 Ext - MACINTOSH
   8 Practical PM144FX Internal Fax/Modem - IBM
   9 Practical PM144FXMT External Fax/Modem - IBM
  10 Practical Pocket 14.4 Ext. - MACINTOSH
  11 Practical Pocket 14.4 Fax/Modem - IBM
  12 SatisFAXtion/400 External Fax/Modem - IBM
  13 SatisFAXtion/400 Internal Fax/Modem - IBM
  14 Sportster 14.4 External Fax/Modem - IBM
  15 Sportster 14.4 External Fax/Modem - MACINTOSH

Enter choice or <CR> for more !
```

Abb. 5.58: Alle Modems im Angebot werden in einer Kurzliste geführt

Für nähere Informationen zu einem bestimmten Modem geben Sie die Ziffer ein, unter der das Modem in der Liste geführt wird. Die Liste zeigt ebenfalls an, wieviele Modems aufgelistet sind. Da vergleichende Werbung in den USA gestattet ist, finden Sie in den Zusatzinformationen meist den Preis, mit der das Produkt in der Einkaufsliste geführt wird, und zu welchem Preis das Modem angeboten wird.

166 CompuServe

Hinweis: Beachten Sie, daß Ihnen noch Zusatzkosten durch den Versand und eventuelle Zölle berechnet werden. Lesen Sie sich daher immer die Bestimmungen des Unternehmens durch und vergleichen Sie die Preise mit anderen Anbietern. Wenn Sie genügend Zeit zur Verfügung haben, lassen Sie sich den Katalog des Anbieters zuschicken.

```
Computer Express

Courier V.32 Terbo Fax Int. - U.S. Robotics **NEW**

Includes IBM fax software. New internal V.32 Terbo with FAX. Features V.32
terbo, the protocol for 19.2Kbps connections. Provides ASL which boosts connect
speed to 21.6Kbps. Delivers a 33 percent increase in speed over the 14.4Kbps
V.32bis standard. Increased DTE interface rate of 115.2Kbps. Features V.17 for
14,400 bps fax capabilities. EIA Class 2.0 fax capabilities. Automatic detection
of a fax or data call. Now features Dial-back security, Link security and
V.25bis (protocol for synchronous dialing). Requires a
REQUIRES: IBM, ISA standard expansion slot.

Includes 3.5" disk!

List $745.00        YOUR PRICE $499.00




Last page. Enter "O" to order !
```

Abb. 5.59: Nähere Informationen zum Modem erhalten Sie nach Eingabe der jeweiligen Nummer in der Liste

Sie haben sicherlich den Kauf des Buches zu *Visual Basic* in diesem Kapitel mitverfolgt. Auch beim Anbieter für das Modem können Sie mit der Eingabe *O* für *Order* das Produkt bestellen.

Hinweis: Denken Sie daran Ihre Kreditkarte bereitzuhalten.

Die Befehle für die Shopping Mall sind einheitlich und leicht zu behalten:

CHECKOUT	Abschließen der Bestellung
EXIT	Verlassen der Shopping Mall
O	Bestellen eines Artikels
R	Rückkehr zur Shopping Sektion nach dem Bestellen

Shopping – Lohnt es sich?

Gerade für den Bereich Hard- und Software kann sich die Bestellung über CompuServe sicherlich lohnen. Nicht, daß es sensationell preiswerter wäre. Sie haben den Vorteil, Produkte aus den USA, die bei uns ebenfalls nur über den Bestellweg geordert werden, von sich aus zu beziehen. Gerade bei Fachliteratur macht dies einen großen Sinn, da Sie neben der direkten Recherche bei den Verlagen ein Buch in kurzer Zeit erhalten, das es thematisch in Deutsch vielleicht erst in einigen Monaten geben wird.

Hier alle Buchanbieter für den EDV-Sektor mit den GO-Befehlen im Überblick:

```
Category: Books
CompuBooks                          (CBK)
CompuServe Store                    (ORD)
Computer Express                    (CE)
Data Based Advisor                  (DB)
Direct Micro                        (DM)
JDR Microdevices                    (JDR)
John Wiley Book Store               (JW)
Library of Science                  (LOS)
Macmillan Publishing                (MMP)
McGraw-Hill Book Company, The       (MH)
Mentor Technologies                 (MN)
Microsoft Press                     (MSP)
PC Publications                     (PCB)
PRC Database Publishing             (PRC)
Peachpit Press                      (PPP)
Sierra Online                       (SI)
Small Computer Book Club            (BK)
UNR Bookstore Cafe                  (UNR)
```

Abb. 5.60: Alle Buchanbieter für EDV-Bücher

Für ein Produkt mit einem geringen Wert, wie zum Beispiel der Kauf einer CD-ROM für 39 Dollar, lohnt sich der Weg in die Mall nur, wenn Sie die CD-ROM nirgendwo sonst beziehen können. Meist heben die Versandkosten den Preisvorteil auf. Bei einer Mehrfachbestellung kann sich der Weg in die *Shopping Mall* daher schon eher lohnen.

Hinweis: *Bedenken Sie jedoch immer, daß Sie Verbindungsgebühren, auch wenn es nur die Kosten bis zum nächsten Knoten sind, in die Kalkulation einfließen lassen müssen.*

Kapitel 6
CompuServe für das Business

In den USA ist der Einsatz von CompuServe im Tagesgeschäft vieler Unternehmer nicht mehr wegzudenken. Neben der Faxnummer auf den Visitenkarten haben sich zudem die CompuServe-Kennung und eine Internet-Adresse eingefunden. Die Welt der elektronischen Kommunikation ist keine Zukunftsmusik mehr. Sie findet schon jetzt statt und wächst zunehmend. Sie werden in diesem Kapitel mehrere Möglichkeiten kennenlernen, wie man CompuServe im Tagesgeschäft einsetzen kann und welche wirtschaftlichen Faktoren Sie dazu bewegen werden.

E-Mails für die Profis

Die CompuServe-Kennung sollte beim nächsten Neudruck mit auf Ihre Visitenkarte gedruckt werden! Weshalb, fragen Sie sich? Ganz einfach, im internationalen Geschäft wird mittlerweile ein großes Pensum an Korrespondenz per E-Mail verschickt. CompuServe hat über 1,5 Millionen Nutzer und das Internet nach Schätzungen die gigantische Menge von ca. 30 bis 50 Millionen Nutzern.

Internet-Tauglichkeit?

Ihre CompuServe-Kennung können Sie auch als Internet-Adresse angeben. CompuServe besitzt ein Gate (Verbindung) zum Internet. So können Sie Mitteilungen zum Internet schicken und Nachrichten aus dem Internet empfangen. Folgende Netze lassen sich derzeit direkt über CompuServe mit einer E-Mail erreichen:

- Internet
- MCI-Mail
- X400
- AT&T Easylink

Zusätzlich dazu können Sie über den CompuServe-Rechner alle versendeten E-Mails als Fax, Brief oder Telex versenden.

Der Versand in die unterschiedlichen Netze ist denkbar einfach. Hier alle Formate in die externen Netze in einfachen Beispielen.

Internet

Ihr Bekannter gibt Ihnen seine Internet-Adresse an: refpress3@aol.com

Sie müssen in das Adreßbuch eingeben:

```
>INTERNET:refpress3@aol.com
```

MCI-Mail

Ihr Bekannter sagt Ihnen seine MCI-Mail-Nutzerkennung: 123-4567

Sie müssen in das Adreßbuch eingeben:

```
>MCIMAIL:123-4567
```

AT&T Easylink

Ihr Bekannter aus den USA gibt Ihnen seine Easylink-Kennung: 12345678

Sie müssen in das Adreßbuch eingeben:

```
X400:(C=Land;A=WESTERN UNION;D=ELN:12345689)
```

Telebox 400

Ihr Bekannter teilt Ihnen seine Telebox 400-Adresse mit: Harald Schmidt bei der Kaluppke GmbH, Verkaufsabteilung.

Sie müssen in das Adreßbuch eingeben:

```
X400:(c=de; a=dbp p=kaluppke; o=verkauf; s=schmidt; g=peter)
```

Faxen

Auch wenn Sie kein Faxgerät haben, können Sie mit CompuServe Faxe verschicken. Sie wollen ein Fax an den Autor dieses Buches schicken. Die Faxnummer lautet: 02204-63469.

Die Adressierung für den CompuServe-Rechner lautet dann:

```
>FAX:49220463469
```

Die 49 ist die Landeskennung, denn der Rechner von CompuServe sitzt in den USA und muß wissen, in welches Land er faxen soll.

Telexe

Für ein Telex beachten Sie bitte, daß bei Geräten außerhalb der USA die interne Landeskennung (3 Zeichen) mit angegeben werden muß. Antwortquittung ist die vollständige Antwortkennung des Empfängers (diese kann entfallen wenn unbekannt).

```
>TLX:5213786 euro d
```

Brief

Die Briefe werden in den USA ausgedruckt und dann per normaler Briefpost weiter versandt.

Diese Funktion müssen Sie online im Terminalmodus durchführen. Sie gelangen in den Erstellungsdialog mit GO ASCIIMAIL. Geben Sie nach dem Erstellen der Nachricht POSTAL für die Eingabe der Zielanschrift ein.

Internet: Topic Nr. 1 bei CompuServe

In fast jedem Forum in CompuServe sind mittlerweile Fragen zum Thema Internet zu finden. Wie kommt man in das Internet? Was ist das Internet? Was kostet das Internet? Die Fragen lassen sich endlos fortsetzen und seitdem CompuServe einen Zugang zum Internet anbietet (Mail-Gateway), hat sich das Interesse am Internet bei vielen Nutzern erhöht.

```
From: BITNET list server at BITNIC (1.7f), INTERNET:LISTSERV@@BITNIC.EDUCOM.EDU@b
To: Thomas Borchert, 100137,2113@b
Date: Fre, 11. Feb 1994, 15:57 Uhr@b
Subject: EDUPAGE: 100137.2113@@COMPUSERVE.COM requested to join@b

Sender: LISTSERV@@BITNIC.EDUCOM.EDU@b
Received: from BITNIC.EDUCOM.EDU by arl-img-1.compuserve.com (8.6.4/5.930129sam)@b
    id JAA18873; Fri, 11 Feb 1994 09:57:06 -0500@b
Message-Id: <199402111457.JAA18873@@arl-img-1.compuserve.com>@b
Received: from BITNIC.EDUCOM.EDU by BITNIC.EDUCOM.EDU (IBM VM SMTP V2R2)@b
    with BSMTP id 5125; Fri, 11 Feb 94 09:57:28 EST@b
Received: from BITNIC.EDUCOM.EDU (NJE origin LISTSERV@@BITNIC) by@b
```

Abb. 6.1: Einen langen Weg hat diese Internet E-Mail hinter sich

Probieren Sie es doch einfach einmal selbst aus und schicken Sie sich eine eigene E-Mail an Ihre CompuServe Internet-Adresse. Die ist denkbar einfach, wenn Sie in das Adreßfeld >INTERNET:CompuServe-ID@compuserve.com setzen. Denken Sie bitte daran, aus dem gewohnten Komma einen Punkt werden zu lassen. Die Adressierung in der Abbildung ist daher vollkommen richtig.

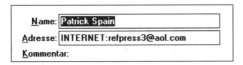

Abb. 6.2: Die Adresse für eine E-Mail können Sie in das Adreßbuch eingeben

Haben Sie noch weitere Fragen zum E-Mail Transfer in das Internet über CompuServe, gehen Sie mit GO MAILHELP in die Onlinehilfe von CompuServe zum Mailversand. Dort wählen Sie »Sending and Receiving Messages«.

Abb. 6.3: Weitere Hilfe bekommen Sie online mit GO MAILHELP

Richtig interessant und mit einem erheblichen Nutzen für den professionellen Anwender ist der Empfang von Meldungen aus dem Internet. So können Sie sich auf den Mitteilungsverteiler zu einem bestimmten Thema setzen lassen (Mailing List). Diese Mailing Lists sind Nachrichten, Newsletter oder Verlautbarungen, die über das Internet an Nutzer in aller Welt verschickt werden.

Hinweis: *Beachten Sie, daß Ihr Postfach unter CompuServe nur 100 Mitteilungen aufnehmen kann. Prüfen Sie deshalb genau, welche Anzahl von Meldungen Sie in einer bestimmten Zeiteinheit erhalten.*

6 • CompuServe für das Business 173

Um in eine der Verteilerlisten aufgenommen zu werden, müssen Sie dies natürlich jemandem mitteilen, der für die Zusammenstellung dieser Listen zuständig ist. In der Welt der Computerkommunikation hat man dies einem Programm überlassen, das nicht so schnell überfordert ist, da die Anzahl der An- und Abmeldungen auf dem Internet gigantisch hoch ist. *LISTSERV* ist ein IBM-System zum Erstellen von Mailing-Listen und somit Ihr direkter Ansprechpartner, wenn es um die Aufnahme in eine der Listen geht. Damit der Rechner Sie verstehen kann, müssen Sie, ähnlich dem »Sesam öffne Dich«, dem Rechner eine Anweisung erteilen. Die einfache englische Syntax lautet:

```
subscribe comnet <Ihr Name>
```

1. Schritt

Erstellen Sie eine E-Mail nur mit der Mitteilung:

```
subscribe xxx <Name>
```

Beispiel
```
subscribe comnet michael klems
```

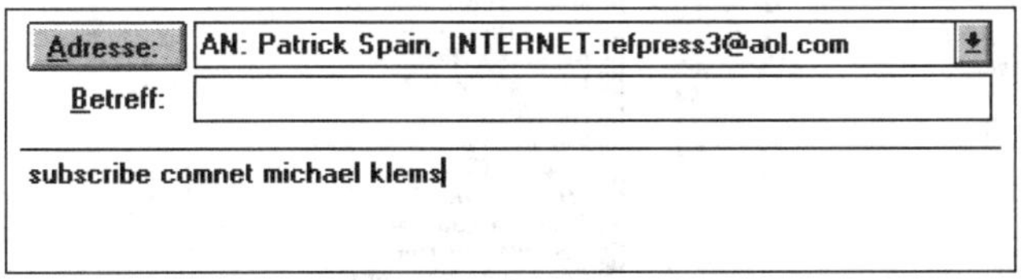

Abb. 6.4: So muß die Mail aussehen

2. Schritt

Schicken Sie die E-Mail an das LISTSERV, das die Internet Mailing Listen über das CompuServe Gateway regelt. Die E-Mail schicken Sie an folgende Anschrift:

```
>INTERNET:listserv@comp1.uofu.edu
```

3. Schritt

Sie erhalten nach kurzer Zeit eine Mitteilung, daß Sie in die Mailing-Liste aufgenommen worden sind. Meist enthält die Mitteilung wertvolle Hinweise, wie Sie eigene Mitteilungen in die Liste versenden oder die Liste abbestellen können.

Um mehr über das Internet zu erfahren, liegen in den unterschiedlichsten Sektionen von CompuServe Textdateien mit wertvollen Informationen aus. Die

174 CompuServe

Suche nach Dateien gestaltet sich sehr einfach. Geben Sie in einer Softwarebibliothek einfach den Suchbegriff INTERNET ein.

Die Auflistung der Dateien ist nur ein Teil der vielen Beiträge in den Softwarebibliotheken der folgenden Foren:

Electronic Frontier Foundation Forum	GO EFFSIG
IBM Communications Forum	GO IBMCOM
Mac Communications Forum	GO MACCOM
Telecommunications Forum	GO TELECO
Unix Forum	GO UNIXFORUM

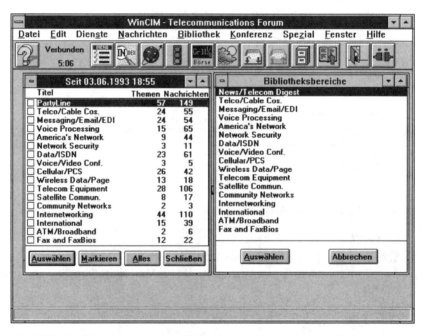

Abb. 6.5: Das Telecommunications Forum hat zwei Libraries zum Thema Internet

CompuServe selbst ist eine sagenhafte Quelle, wenn es um nähere Informationen über das Internet geht. Die interessantesten Dateien finden Sie in der nachfolgenden Zusammenstellung.

Allgemeine Files über das Internet

RF14262.TXT-Telecommunications Forum (28,4 KB) Einführung in die Geschichte des Internet. Es wird der Aufbau und die Verwaltung besprochen.

FYIINT.TXT-Telecommunications Forum (29,3 KB) Geschichte und Hintergrund zum Internet. Geschrieben von Ed Krol, dem Autor von »The whole Internet«.

IAC.ZIP-Electronic Frontier Foundation Forum (29,6 KB). Wie erhält man einen Internet Zugang?

ARTICL.TXT-Telecommunications Forum (5,5 KB) Liste zahlreicher Literatur- und Artikelnachweise, die das Internet zum Thema haben.

RF1432.TXT-Telecommunications Forum (27,9 KB) Bücherliste von Fachbüchern zum Thema Internet.

RF1463.TXT-Telecommunications Forum (7,4 KB) Kurze Liste von Informationsquellen für den Neueinsteiger in das Internet.

INTRNT.BKS-Unix Forum (4,7 KB) Liste von Büchern zum Internet.

IAC.TXT-Electronic Frontier Foundation Forum (74,2 KB) Hilfe für den Einstieg in das Internet. Informationen über Zugänge zum Internet.

HHGI.TXT-Electronic Frontier Foundation Forum (62,8 KB) Kurze und leichte Einführung in das Internet.

ZENART.TXT-Telecommunications Forum (176,1 KB) Einführendes Textfile zum Internet.

INEFA.TXT-Telecommunications Forum (10,7 KB) Grundsätzliche Hinweise zum Internet.

INFAQ1.TXT-Telecommunications Forum (10,7 KB) Antworten zu den am meist gestelltesten Fragen zum Internet. Teil 2: INFAQ2.TXT (33,7 KB)

INET.FAZ-Unix Forum (13,2 KB) So bekommen Sie Zugang zum Internet.

Tips und Tricks zum Internet

EMAIL.TXT-Electronic Frontier Foundation Forum (18,7 KB) So findet man eine E-Mail Adresse im Internet und andere nützliche Hinweise.

BITQS.TXT-Communications Forum (4,9 KB) Hilfstext zum Anwenden des Bitnet LISTSERV über das CompuServe Mail Gateway zum Internet.

IJ1093.ZIP-Telecommunications Forum (28,9 KB) Ausgabe des elektronischen Newsletters über das Internet.

CCV3N5.TXT-Telecommunications Forum (11,9 KB) Begleiten Sie Dr. Chaos auf dem Weg durch das Internet.

GOLD.TXT-Telecommunications Forum (48,5 KB) Reich werden mit dem Internet?

Fortgeschrittene Internet-Interessen

FTPDEC.TXT-Electronic Frontier Foundation Forum (3,6 KB) Die Reihe der Kommandos zum Beziehen von FTP-Dateien durch DEC über das CompuServe Mail Gateway.

ADVNET-Electronic Frontier Foundation Forum (33,5 KB) Antworten auf die Fragen fortgeschrittener Internet-Nutzer.

FTPNET.ZIP-Telecommunications Forum (102,4 KB) Wie bezieht man Textdateien oder Binärdateien über das File Transfer Protocol (FTP) mittels des CompuServe Mail Gateways.

INTRNT.GUI-Unix Forum (10,8 KB) So realisieren Sie Ihren eigenen Internet Node.

Mailing-Listen des Internet

INTIGR.CPT-Mac Communications Forum (372,3 KB)

LISTS.BIT-Telecommunications Forum (270,3 KB)

INTGRP.ZIP-Unix Forum (388,9 KB)

NEWSGR.ZIP-Telecommunications Forum (54,1 KB)

Hinweis: Wenn Sie mehr über das Internet wissen wollen, ist das Buch von Ed Krol »The whole Internet«, erschienen bei O'Reilly (ISBN 1-56592-025-2), zu empfehlen.

Finanzdienste für den Profi

Zum Thema Finanzen hat CompuServe Ihnen einiges zu bieten. Eigentlich ein Thema für ein weiteres Buch, aber Sie sollten wissen, was Ihnen so mancher Service liefern kann, bevor Sie lange online unterwegs sind.

Thematisch wird nach Foren und Dienste getrennt. Denn auch manches Forum hat Ihnen weitaus bessere Hinweise zu bieten, als die teure Recherche in einer Datenbank oder externen Dienstes unter CompuServe.

Ticker-Symbole eines Unternehmens herausfinden

Wenn Sie schon mit dem Navigator die aktuellen Kurse einiger Unternehmen laufend beziehen müssen, so benötigen Sie in jedem Fall die Ticker-Symbole eines Unternehmens. Viele der angebotenen Dienste lassen sich nur nach den Ticker-Symbolen recherchieren. Für Sie hat dies den Vorteil, daß Sie ein Unternehmen definitiv bestimmen können und durch eine Namensähnlichkeit keine unrelevanten Treffer erhalten.

Lookup (GO LOOKUP)

Mit dieser Datenbank finden Sie sehr schnell und einfach das Ticker-Symbol nach der Eingabe des Firmennamens. Zusätzlich gibt Ihnen die Datenbank die CUSIP-Nummer und den SIC-Code des Unternehmens an.

CUSIP-Nummer

Committee on Uniform Securities Identification ist die ausgeschriebene Bedeutung dieses Kürzels. Sie werden in anderen Diensten nach dieser Nummer zum Lokalisieren von Unternehmen befragt.

SIC-Code

Der *Standard Industrial Code* ist einer der bekanntesten Codes und beschreibt die Tätigkeit des Unternehmens.

Sie werden diesen Code überwiegend in den Einkaufsführern und Firmendatenbanken finden. Über den SIC-Code können Sie sehr leicht potentielle Konkurrenten eines Unternehmens ausfindig machen.

```
PRIMARY SIC:
   7375      Information retrieval services, nsk

SECONDARY SIC(S):
   7374      Data processing and preparation
```

Abb. 6.6: Der SIC-Code eignet sich zum Ermitteln von Unternehmen, die in einer speziellen Branche tätig sind

Hinweis: Sie finden den SIC-Code als Textdatei im Work From Home Forum in der Softwarebibliothek. Geben Sie als Suchanweisung SIC ein!

Praxisbeispiel

Ohne dem Kapitel *Recherche in Datenbanken* vorweg greifen zu wollen, machen Sie derzeit nichts anderes. Sie recherchieren in Datenbanken nach Fakten von Unternehmen. Recherchen nach sachlichen Zusammenhängen und externe Literaturhinweisen sollen dann ausführlich im Kapitel 7 besprochen werden. In diesem Kapitel werden Sie *In-Depth-Company-Information* ermitteln.

Für die Praxis sollen Sie die einzelnen Möglichkeiten, die Ihnen die Finanz- und Wirtschaftsdienste bieten können, an einem Unternehmen kennenlernen.

Die Auswahl soll im Buch auf ein Unternehmen fallen, das in der Hardware-Branche tätig ist. Das Unternehmen produziert Bauteile für den Hausbau.

Wie Sie sehen, wissen Sie noch nicht sehr viel über das Unternehmen.

Hinweis: *In Kapitel 7 erfahren Sie, wie man weitere Informationen über eine Recherche in Datenbanken ermittelt.*

Praxis: Lookup

Mit GO LOOKUP wechseln Sie in die Datenbank für die Ermittlung des Ticker-Symbols. Die Recherche ist recht einfach, Sie brauchen nur den Firmennamen einzugeben (siehe Abbildung 6.7).

Im nächsten Schritt ermitteln Sie noch direkt die Wettbewerber, die ebenfalls mit einem Ticker-Symbol vertreten sind und auch den gleichen SIC-Code haben. Den SIC-Code hat Ihnen Lookup ebenfalls mitgeteilt.

6 • CompuServe für das Business 179

```
Search by:

1 Name
2 Ticker Symbol
3 CUSIP Number
4 CNUM
5 Primary SIC Code
```

Abb. 6.7: Lookup-Datenbank für die Ermittlung der Ticker-Symbole

Sie erhalten eine sehr ansehnliche Liste von Unternehmen, die ebenfalls an der US-Börse gehandelt werden.

```
CUSIP No.   Ticker   SIC    Exc.   Issuer Name/Issue Description
---------   ------   ----   ----   -----------------------------
01941110    ADP      3540    N     ALLIED PRODS CORP DEL/COM
09179710    BDK      3540    N     BLACK & DECKER CORP/COM
11522310    BNS      3540    N     BROWN & SHARPE MFG CO/COM
11522320    BNSC B   3540    O     BROWN & SHARPE MFG CO/CL B
25178210    DVLG     3540    K     DEVLIEG-BULLARD INC/COM
37504810    GIDL     3540    K     GIDDINGS & LEWIS INC WIS/COM
39505810    GFII     3540    K     GREENFIELD INDS INC DEL/COM
59085010    METS     3540    K     MET COIL SYS CORP/COM
69283020    PFIN B   3540    O     P & F INDS INC/CL B
69283050    PFINA    3540    K     P & F INDS INC/CL A NEW
69283060    PFINP    3540    K     P & F INDS INC/PFD $1
78463510    SPW      3540    N     SPX CORP/COM
79409910    SBS      3540    A     SALEM CORP/COM
81311220    SECM     3540    K     SECOM GEN CORP/COM PAR $0.10
```

Abb. 6.8: Die komplette Liste in Lookup aller Unternehmen, die ebenfalls unter dem gleichen SIC-Code abgelegt sind

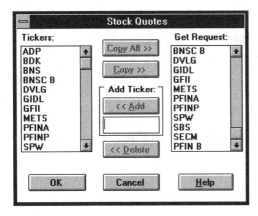

Abb. 6.9: Geben Sie die Ticker-Symbole in das Abfragemenü des Navigators für den Börsendienst ein

Mit dem Navigator können Sie sich sehr schnell eine Übersicht über die Aktienkurse der einzelnen Unternehmen einholen (vgl. Abbildung 6.9).

Der Navigator besorgt Ihnen umgehend die aktuellen Kurse der Unternehmen.

```
Ticker    Volume    High      Low       Last      Change    Update
ADP       0         0.000     0.000     13.750              2/18
BDK       0         0.000     0.000     20.375              2/18
BNS       0         0.000     0.000     7.375               2/18
DULG      0         0.000     0.000     2.875               2/18
GIDL      0         0.000     0.000     25.500              2/18
GFII      0         0.000     0.000     19.250              2/18
METS      0         3.000     2.250     2.250    - 0.625    2/18
PFINA     0         0.000     0.000     1.750               2/18
PFINP     0         0.000     0.000     7.500               2/18
SPW       0         0.000     0.000     16.250              2/18
SBS       0         0.000     0.000     14.500              2/18
SECM      0         0.000     0.000     3.000               2/18
```

Abb. 6.10: Die aktuellen Kurse der Unternehmen ruft der Navigator automatisch ab

Disclosure II

Die Datenbank ist mehr ein Finanzdatenbanksystem und enthält Zusammenstellungen von Meldungen der amerikanischen Kapitalgesellschaften, die der US-Börsenaufsichtsbehörde vorgelegt werden müssen. Folgende Informationen liefert Disclosure II Ihnen:

- Geschäftsberichte
- Jahresbilanzen
- Wirtschaftsdaten zur Branche
- Finanzrückschauen des Unternehmens (letzte fünf Jahre)
- Anschrift des Unternehmens
- Teilhaberschaften, Aktionärsverhältnisse

Die Recherche in der Datenbank ist mit den Ticker-Symbolen kein großes Problem.

Hinweis: *Sie haben nur mit der Executive Option Zugriff auf Disclosure II*

```
                         SPX CORP
                    Summary Information

                      12/92      12/91     12/90     12/89     12/88
                    --------- --------- --------- --------- ---------
Sales                801.17     673.47    708.19    632.02    566.64
Net Income            22.10     -19.40     17.70     23.60     26.83
Net / Sales %          2.76      -2.88      2.50      3.73      4.73

Primary EPS            1.59      -1.40      1.28      1.66      2.17
```

Abb. 6.11: Die Recherche ist über die Ticker-Symbole der Unternehmen einfach durchzuführen

Bonds-Verzeichnis: Hat die Firma Schulden?

Im nächsten Schritt wollen Sie, nachdem Sie über das Unternehmen die ersten Daten gesammelt haben, weitere Daten ermitteln. Mit dem Bonds-Verzeichnis (GO BONDS) prüfen Sie nach, ob vom gesuchten Unternehmen Schuldverschreibungen im Umlauf sind.

```
                 INTERNATIONAL BUSINESS MACHS
Ticker     Cusip       Issue Identifier      Yield      Price
------    ---------   --------------------  ---------  -------
IBM 98    459200AF    NOTE  09.000 98-MAY    7.700%    $104.55
IBM 98    459200AFA   NOTE  09.000 98-MAY    7.750%    $104.38
IBM 19    459200AG    DEB   08.375 19-NOV    7.460%    $110.38
IBM 19    459200AGA   DEB   08.375 19-NOV    7.450%    $111.13
IBM 97    459200AH    NOTE  06.375 97-NOV    5.610%    $102.50

IBM 97    459200AHA   NOTE  06.375 97-NOV    5.760%    $102.25
IBM 02    459200AJ    NOTE  07.250 02-NOV    6.630%    $103.97
IBM 02    459200AJA   NOTE  07.250 02-NOV    6.460%    $105.56
IBM 00    459200AK    NOTE  06.375 00-JUN    6.130%    $101.22
IBM 00    459200AKA   NOTE  06.375 00-JUN    6.320%    $100.56

IBM 03    459200AL    DEB   07.500 13-JUN    7.340%    $101.61
IBM 03    459200ALA   DEB   07.500 13-JUN    7.310%    $101.88
IBM 94    459200ID    MEDTM 07.620 94-JUL    4.190%    $101.45

Press <CR> for more !
```

Abb. 6.12: Recherche im Bonds-Verzeichnis (GO BONDS)

Sehr interessant ist die Bonitätsklassifizierung nach Standard & Poors und Moody's. Sie können daran erkennen, welchen Stellenwert das Unternehmen in seiner Kreditwürdigkeit einnimmt.

Finanz-News: Global Report

Der Global Report ist ein Finanzdienst der Citibank und beinhaltet die wichtigsten Daten der internationalen Finanzmärkte. Global Report ist mit Abstand einer der teuersten Services unter CompuServe. Besonders interessant ist dieser Service für Geldanleger, die in ausländischen Märkten investieren wollen. Neben den Finanzdaten liefert Global Report aktuelle Wirtschaftsmeldungen, die Sie aber aufgrund der Kosten möglichst aus dem *ENS Clipping Service* (s. Kapitel 10) beziehen sollten. Denn Global Report bietet nicht die Möglichkeit Meldungen nach einem Vorgabemuster auszuwählen. Der Aufbau von Global Report erscheint Ihnen wie immer sehr bekannt. Menügeführt mit einer Numerierung werden Sie durch den Service geführt.

```
Selection: 5
IND/MEN                    Global Report
                         Industries/ Menu

    1  Agriculture                  16  Machinery, Equipment &
    2  Automotive                       Instruments
    3  Aviation & Aerospace         17  Metals & Mining
    4  Beverages                    18  Office Equipment & Computers
    5  Building & Forest Products   19  Pharmaceuticals & Personal Car
    6  Business Services            20  Publishing & Broadcasting
    7  Chemicals & Plastics         21  Real Estate & Construction
    8  Consumer Products            22  Retailing
    9  Electrical & Electronics     23  Telecommunications
   10  Energy & Energy Services     24  Textiles & Apparel
   11  Financial Services & Insurance 25 Tires & Rubber
   12  Food & Tobacco               26  Transportation
   13  Health Care Services & Supplies 27 Travel, Lodging & Restaurants
   14  Leasing                      28  Utilities
   15  Leisure & Recreation         29  Wholesale Trade
```

Abb. 6.13: Das Hauptmenü von Global Report (GO GLOREP)

Aufgrund der teureren Online-Verbindung zu Global Report, ist es sehr wichtig, daß Sie wissen, wo Sie Ihre Informationen beziehen können. Auf Dauer ist daher das lange Durchwandern der einzelnen Menüseiten sehr uneffektiv. Wenn Sie die einzelnen Seiten näher betrachten, werden Sie eine individuelle Adresse für die Seiten erkennen.

```
Selection: 5
IND/MEN                    Global Report
                         Industries/ Menu

    1  Agriculture                  16  Machinery, Equipment &
    2  Automotive                       Instruments
```

Abb. 6.14: Jede einzelne Seite im Global Report ist individuell adressiert

Damit Sie Ihr Aufgabenpensum innerhalb von Global Report so effektiv wie möglich abarbeiten, können Sie die ganze Seite in einem Aufruf erhalten.

Autosearch-Funktion

Die Autosearch-Funktion ist eigentlich nichts anderes als ein festgelegter Ablaufplan, der nach Aufruf abgearbeitet wird. Festgelegt werden in diesem Plan die Seiten, die Sie sehen möchten. Bis zu 10 verschiedene Pläne können Sie individuell erstellen, die mit dem Befehl CREATE/A aufgerufen werden. Hinter das A setzen Sie eine Ziffer von 1-10 ein (Beispiel: CREATE/A2), die Ihre jeweilige Autosearch-Funktion benennt. Nach dem Aufruf für die Erstellung der Autosearch-Funktion 1 mit CREATE/A1 müssen Sie die entsprechenden Seiten, die Sie mit der Funktion automatisch aufrufen wollen, eingeben.

```
CREATE/A10                       Create/ A10

      Page Code         Page Code         Page Code         Page Code
      ---------         ---------         ---------         ---------
    1 GLO/STK/IDX     6                 11                16
    2 MCU/CRO/RAT     7                 12                17
    3 LON/MON/RAT     8                 13                18
    4 AFX/NWS         9                 14                19
    5 GBR/MEN        10                 15                20

  Notes:  (1) Enter Page Codes, pressing [RETURN] after each. If fewer
              than 20 are entered, press [RETURN] again after the last one.
          (2) For complete instructions, see page HLP/FND/HST.
```

Abb. 6.15: Geben Sie die Seiten in die Tabelle ein

Die Tabelle ermöglicht zwanzig Einträge. Jeden Eintrag bestätigen Sie mit `Return`. Wollen Sie nach den ersten drei Einträgen die Eingabe schon beenden und absichern, so drücken Sie zweimal `Return`. Die Autosearch-Funktion speichert die Liste unter der vorgegeben Ziffer ab (A1). Im nachfolgenden Schritt fragt Sie das System, ob Sie mit der von Ihnen durchgeführten Definition einen Probelauf starten wollen.

Hinweis: *Global Report hat eine vordefinierte Autosearch-Funktion unter A10 abgelegt, die Sie als Vorlage verwenden können.*

Der generelle Aufruf Ihrer definierten Autosearch-Funktion geben Sie mit Ax (x=Ziffer) ein. Bestätigen Sie die Eingabe mit einem `Return`. Leider durchläuft die Funktion Ihre Aufgaben nicht selbständig. Sie müssen den Fortgang immer wieder mit `Return` oder `C` bzw. `B` fortsetzen.

184 CompuServe

Die Eingabe des [C] wechselt zur nächsten Aufgabe. Das [B] geht eine Aufgabe zurück, falls Sie einmal etwas vergessen haben.

Hinweis: *Grundsätzlich sollten Sie jede Nutzung des Global Reports mitprotokollieren!*

Für das Arbeiten in Global Report stehe eine Reihe von Befehlen zur Verfügung, mit denen Sie in den einzelnen Menüs wechseln.

Taste	Funktion
[T]	Wechsel in das vorhergehende Menü
[M]	Wechsel zum Hauptmenü
[Return]	Wechsel zur nächsten Seite
[B]	vorhergehende Seite
[A][1]	Aufruf von Autosearch Nr.1
[C]	Nächster Schritt im Autosearch
[R]	Seite erneut lesen
[E]	Verlassen von Global Report
[L]	Verlassen von Global Report
[H]	Wechsel in die Online-Hilfe

Wenn Sie nicht wissen, welche Seiten für Sie interessant sind, können Sie sich vor dem Zugang zu Global Report, die bekanntesten Seitencodes anzeigen lassen.

Kategorie	Code	Beschreibung
Money Markets	MON/MEN	Money Markets Menu
	MON/RAT	Composite Money & FX Rates
	LON/MON/RAT	London Composite Money
Market		
	JPN/MON/RAT	Japan Composite Money Market
	SHT/FIN/RAT	Short Term Financing/LIBOR
	TRE/RAT	Composite Money & Treasury
	TRE/YLD	US Treasury Yields
	MON/CMN/MEN	Global Money Mkt
Commentaries		
	MKT/MMS/ALY	MMS Viewpoint
Stocks & Other	STK/NWS	Stock Market News

Abb. 6.16: Die wichtigsten Seitencodes von Global Report rufen Sie vor dem Zugang von Global Report auf

Weitere Finanzdienste auf CompuServe

Neben dem Schwerpunkt Computer ist der Finanzsektor auf CompuServe sehr gut abgedeckt. Zusätzlich zu den dargestellten Diensten gibt es eine Vielzahl von Finanzdiensten, deren genaue Beschreibung den Rahmen dieses Buches sprengen würde. Ein großer Teil der Dienste ist ohnehin auf die USA ausgerichtet und für manchen deutschen Anleger nicht sehr interessant. Aber, durch das Zusammenwachsen der internationalen Märkte, werden die Grenzen wegfallen. Der Handel kennt mittlerweile in vielen Bereichen keine Grenzen mehr. Wer daher auf den internationalen Aspekt setzt, ist auf dem richtigen Weg. Die Nutzung der Finanzdienste unter CompuServe sind ein Schritt in die richtige Richtung.

Die wichtigsten Finanzdienste entnehmen Sie den nachfolgenden Kurzbeschreibungen.

Business Dateline (GO BUSDATE)

Die Volltextdatenbank liefert Ihnen den Überblick über Artikel aus mehr als 115 US-Wirtschaftsmagazinen. Informieren Sie sich mit Hilfe dieser Datenbank über Unternehmen, Branchen und Märkte in den USA. Die Datenbank liefert Datenmaterial von 1985 bis heute.

Dividenden (GO DIVIDENDS)

Dieser Dienst liefert Ihnen Informationen über Dividenden, Splittings und Anleihezinsen eines Wertes Ihrer Wahl über einen bestimmten Zeitraum. Die Aktualisierung erfolgt täglich.

Erträge und Erwartungen (GO EARNINGS)

Beschaffen Sie sich Datenmaterial über Unternehmen und deren Gewinnprognosen. Mit dieser Datenbank erhalten Sie Informationen über die Konjunkturdaten eines Unternehmens (USA) und dessen zukünftige Erwartung.

E*TRADE (GO ETRADE)

Können Sie sich noch an Alf erinnern, als er bei den Tanners mit Hilfe des PC's mehrere tausend Dollar an der Börse gewann? Mit E*Trade können Sie Ihre Investitionen direkt vom Rechner steuern. Damit nichts schiefgehen kann, sollten Sie Ihre Fähigkeiten vorab mit dem E*Trade Börsenspiel testen.

Finanz Forum (GO FINFORUM)

In diesem Forum trifft sich die Finanzwelt von CompuServe. Sprechen Sie mit anderen Nutzern über Anlagemöglichkeiten und Trends. Vielleicht erhalten Sie hier einen Tip, der Sie über Nacht zum Millionär macht. Das Forum liefert weiterhin wertvolle Informationen über Analyse- und Bewertungsprogramme für den PC.

Future Focus (GO ACI)

Dies ist die elektronische Version von News-A-Tron, dem wöchentlich erscheinenden Newsletter für Händler im Warentermingeschäft. Die Aktualisierung erfolgt immer Freitags.

I/B/E/S-Ertragsprognosen (GO IBES)

Institutional Broker's Estimate System (I/B/E/S) liefert Prognosen und Aussagen führender Experten und Börsenhändler zu Unternehmen und deren Märkte. Die Datenbank liefert Datenmaterial von über 4500 Unternehmen und deren zukünftige Bewertung. Die Daten der Unternehmen enthalten aktuelles Zahlenmaterial über Börsenpräsenz und Ertrags- und Gewinnwerte.

Kurs und Umsatzdiagramme (GO TREND)

Erstellen Sie sich ein Kurs-/Umsatz-Diagramm von Kursen Ihrer Wahl. Geben Sie das Ticker-Symbol und die Anzahl der zu beobachtenden Tage, Wochen oder Monate an. Die Grafik wird problemlos auf dem Information Manager erzeugt.

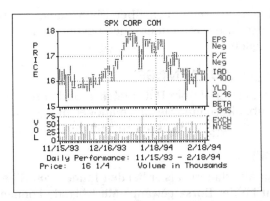

Abb. 6.17: Erstellen Sie sich Umsatz- und Kursdiagramme mit CompuServe

Marktdaten vom Vortag (GO MARKET)

Das Börsengeschehen der New Yorker Aktienbörse und anderer internationaler Handelsplätze wird in 19 Berichten zusammengefaßt und analysiert. In diesen Berichten sind die meistgehandelten Aktien, Gewinner und Verlierer der letzten Tage aufgeführt. Aktien mit überproportionalen Kursveränderungen werden ebenfalls mit in den Bericht eingebracht. Die Daten werden täglich aktualisiert.

Marktdaten vom Tage (GO SNAPSHOT)
Sie wollen ein aktuelles Bild der Situation von den internationalen Aktienmärkten bekommen? Mit Snapshot erstellt Ihnen CompuServe einen Bericht über die wichtigsten Kenndaten, sowie bemerkenswerte Kursveränderungen an der US-Börse. Die aktuellen Devisenkurse sind ebenfalls in diesem Bericht enthalten. Die Daten werden laufend aktualisiert.

Tagespreise (GO PRICES)
Mit diesem Programm lassen Sie sich die Kursentwicklungen nach Eingabe des Ticker-Symbols nach Tagen, Wochen oder Monaten ausgeben. Das Datenmaterial reicht bis zu 12 Jahre zurück. Wählen Sie aus über 500 Ticker-Symbolen das gesuchte Unternehmen aus und legen Sie den Zeitraum der Beobachtung fest. Die Aktualisierung der Datenbank erfolgt täglich.

Geschäftskontakte auf CIS knüpfen: Talk English

Da CompuServe ein amerikanisches Informationssystem ist, müssen Sie sich zwangsläufig mit dem englischen Sprachgebrauch anfreunden. Haben Sie kein Interesse an der Nutzung der Weltsprache, so bleiben Ihnen 90% von CompuServe verschlossen. Sie haben dann auch kaum eine Möglichkeit, interessante Geschäftskontakte auf CompuServe zu knüpfen.

Das Foreign Language Forum (GO FLEFO)
Bevor es die ersten deutschsprachigen Foren unter CompuServe gab, war das Foreign Language Forum der erste Kontakt fremdsprachlicher Gemeinden auf dem System. In erster Linie ist das Forum zwar der Treffpunkt von Übersetzern, aber hier findet man den zumeist ersten Kontakt, wenn man Holländer, Italiener oder Spanier sucht.

188 CompuServe

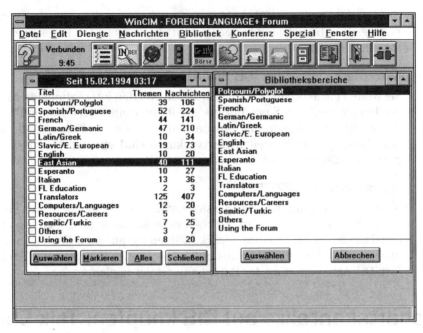

Abb. 6.18: Das Foreign Language Forum ist meist die Vorstufe für ein eigenes Länderforum

Der Amerikaner, das unbekannte Wesen

Bevor Sie den Weg durch die alltägliche Praxis zahlreicher CompuServe-Nutzer und dem Angebot der Dienste nehmen, wird Ihnen der Kontakt mit Nutzern aus den USA nicht erspart bleiben. Oder sagen wir es anders: Sie haben die wirklich gute Möglichkeit, mit Menschen aus den USA oder anderen Staaten intensive Kontakte weit über das jeweilige Interessensgebiet hinaus zu knüpfen.

Wenn Sie bisher noch keine Amerikaner kennen, dann werden Sie auf CompuServe sicherlich die ersten Kontakte knüpfen können. Die Amerikaner sind immer noch die dominierende Nutzergruppe und bevölkern die meisten CompuServe-Foren. Arrangieren muß man sich mit ihnen, wenn man CompuServe im ganzen Leistungsumfang nutzen möchte, und vor allem macht es Spaß, dieses für uns illustre Volk auf eine wirklich neue Art und Weise kennenzulernen. Da ein großer Teil der Amerikaner gerne zu Geschäften neigt und auch viele CompuServe-Nutzer aus Deutschland ihre Geschäftsbeziehungen ausbauen möchten, nutzen Sie doch einfach CompuServe als interdisziplinäres

6 • CompuServe für das Business

Diskussionsmedium für den Aufbau neuer Geschäftsfelder. Daß dies nicht sehr einfach sein kann, soll Ihnen eine kleine Geschichte verdeutlichen:

Während des zweiten Weltkrieges waren zahlreiche Amerikaner in Europa stationiert. Viele der US-Soldaten waren einige Monate in England untergebracht und fanden so auch die Zeit, sich in die englischen Mädchen zu verlieben. Für das weitere Verständnis müssen Sie jedoch folgendes wissen, daß das Werbungsverhalten des Menschen in der ganzen Welt 30 Stufen durchläuft. Nur in den USA in einer anderen Reihenfolge als in England. Während das Küssen zum Beispiel in den USA auf Platz 7 rangiert und als äußerst harmlos gilt, empfinden die Engländer dies als äußerst intim und plazieren dies auf Stufe 27 der gegenseitigen Annäherung. Hatte der ahnungslose US-Soldat das Gefühl, es sei nun an der Zeit für den ersten Kuß, dann war dies für die englische Freundin eine glatte Unverschämtheit. Um 20 Punkte im Werbungskatalog übersprungen, mußte das englische Mädchen sich entscheiden. Gibt Sie die Beziehung auf oder aber sich dem Freund demnächst hin. Entschloß Sie sich zu letzterem, mußte der Amerikaner wieder aus allen Wolken fallen. Dies passierte und passiert auch heute noch zwischen Menschen, die eine gleiche Sprache sprechen.

Zwangsläufig kommt man zu dem Schluß, daß zwischen den Deutschen und den Amerikanern nicht alles so klar ist, wie wir uns das wünschen. Die Sprachbarriere haben die meisten Geschäftsleute überschritten, und die meisten Deutschen sprechen mittlerweile sehr gut Englisch. Als Urlauber in den USA haben Sie zumeist die Amerikaner als sehr freundlich, unkompliziert und sehr offen erlebt. Für die Geschäftsleute sind die USA aber ein schwieriges Feld, denn die Amerikaner verhandeln bei weitem anders als die Deutschen. Hemmschuh dabei sind eine Reihe von Vorurteilen, die wir gegenüber den Amerikanern haben. Diese werden dann durch einzelne Meldungen dauerhaft bestätigt. Sie merken schnell, daß dies nicht für alle Amerikaner gelten kann.

Als die USA im Golfkrieg eine halbe Million Soldaten in den Irak schickten, da wußten die meisten Amerikaner nicht, wo der Irak liegt.

Amerikaner sind verschwenderisch. Der sparende Deutsche wird verwundert des Nachts die hell erleuchteten Bürotürme bewundern, in denen kein Mensch mehr arbeitet. Aber in den USA läßt man das Licht brennen, wenn man etwas auf sich hält.

Amerikaner erscheinen uns Deutschen als oberflächlich, vielmehr mit den Äußerlichkeiten beschäftigt, als mit dem Wesen des Seins. Ein richtig tiefgründiges Gespräch, wie wir Deutsche es lieben, scheint mit einem Amerikaner nicht möglich zu sein. Jedoch reden Sie jeden mit dem Vornamen an, auch im

Geschäftsleben. Nehmen Sie es einfach hin, daß die Amerikaner jeden sofort mit dem Vornamen anreden. Sie können daher in Mails an Amerikaner direkt zu einem »Dear Paul« übergehen, um nicht den gängigen Ansichten über den »typischen« Deutschen neue Nahrung zu geben.

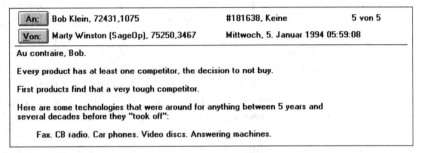

Abb. 6.19: Die Amerikaner sind in Ihren Anreden erheblich direkter und benutzen den Vornamen als Anrede

Wie sehen uns nun die Amerikaner? Dies zu wissen ist für das Verhalten in den US-dominierten Foren sehr wichtig, um dort erfolgreich und möglichst reibungslos aufzutreten. Immerhin wollen Sie neue interessante Geschäftskontakte knüpfen.

Die deutsche Eigenart, andere in der Öffentlichkeit zu korrigieren, ist in den USA nicht sehr angesehen. Mit einem »*I agree with you*« erreichen Sie mehr, als mit einem »*I think you are wrong*«. Denken Sie bei Diskussionen daran, daß die Amerikaner dem Schönen gerne den Vorzug geben. Der Vorzug des Ideals vor dem Informationswert, auch wenn es übertrieben ist.

Wußten Sie, daß es den »Amerikaner« eigentlich nicht gibt? Die USA ist zwar ein Einwanderungsland, aber die Bevölkerungsgruppen bleiben bestehen. So werden Sie neben den überwiegend aus Nordeuropa abstammenden Amerikanern auf Asiaten und spanisch-stämmige Amerikaner treffen.

Für den Geschäftskontakt über CompuServe, der sich in manchen Foren sehr schnell entwickeln kann, hat dies große Bedeutung. Beachten Sie, daß die Amerikaner ihr Business sehr ernst nehmen, aber auch den einen oder anderen Spaß unterbringen, um die Konversation aufzulockern. Dieses »Teasing« schafft die freundliche Atmosphäre, um wichtige Themen zu besprechen.

Zwar sieht man auf CompuServe nicht den direkten Geschäftskontakt im Forum vor. Spätestens der Sysop wird allzu direkte Formulierungen der Eigenwerbung löschen.

In Amerika basieren Freundschaften nicht darauf, wie lange man sich kennt, sondern auf gemeinsamen Interessen. Dies ist einer der Gründe, wie Sie sehr schnell zu Kontakten kommen, wenn Sie Gleichgesinnte suchen.

PR & Marketing Forum

Wenn Sie Fragen zu Public Relations und Marketing haben, so sind Sie in diesem Forum bestens aufgehoben. Das Forum besteht aus sehr erfahrenen Marketingspezialisten, vornehmlich aus den USA. Aber man findet ebenso Europäer, deren Tätigkeit einen Blick über den Tellerrand erfordert.

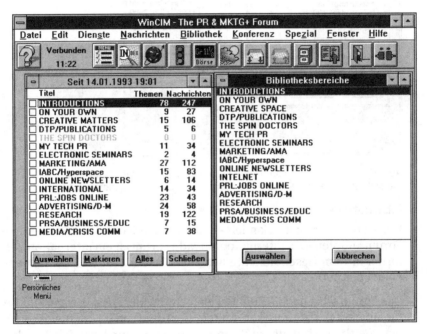

Abb. 6.20: Das PR&Marketing Forum sollte eine Anlaufstelle für Fragen der Vermarktung sein

Work From Home Forum

Jeder der nach einer guten Idee für eine Selbständigkeit sucht und neue Impulse aus den USA übernehmen will, ist in diesem Forum genau richtig.

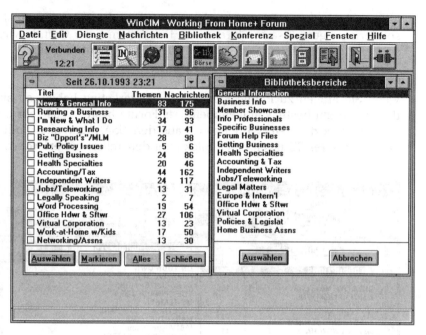

Abb. 6.21: Das Work From Home Forum ist Anlaufadresse über die Möglichkeiten neuer Dienste für eine erfolgreiche Selbständigkeit

International Trade Forum (GO TRADE)

Die ersten ernsthafte Handels- und Geschäftskontakte können Sie in diesem Forum knüpfen. Das International Trade Forum ist ein internationales Handelsforum in dem Geschäftsleute aus aller Welt Waren und Dienstleistungen suchen oder anbieten.

Das Forum wird nach festen Regeln geführt, die Sie sich vorab im News-Bulletin aufmerksam durchlesen sollten. Gerade wenn es um finanzielle Dinge und den Wettbewerb geht, sind die Amerikaner sehr hartnäckig und sorgen für allgemeine Fairneß. Auch wenn in den USA die vergleichende Werbung erlaubt ist, so hat man in diesem Forum zum Beispiel nicht die Erlaubnis einen Preis und die Anschrift zusammen anzugeben. Wenn Sie etwas zu offerieren haben gehen Sie den leichtesten Weg, wenn Sie alles weitere per E-Mail mit den einzelnen Interessenten absprechen.

In der Softwarebibliothk finden Sie zahlreiche Informationen zum internationalen Handel und Business.

6 • CompuServe für das Business

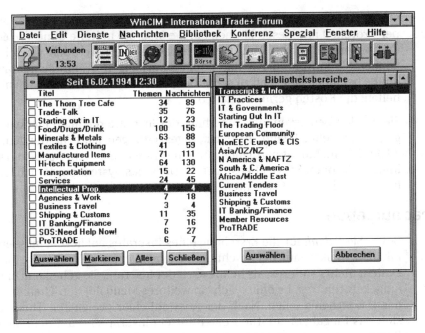

Abb. 6.22: Das International Trade Forum ist der Treffpunkt von Im- und Export-Fachleuten

Werbung auf CompuServe

CompuServe bietet Ihnen die Möglichkeit ein elektronisches Inserat zu schalten, in dem Sie die verschiedensten Dingen anbieten können.

Mit GO CLASSIFIEDS gelangen Sie in einem Bereich in dem Sie Inserate lesen oder aufgeben können. Da jeder Nutzer Geld bezahlt, auch wenn er nur die Inserate lesen will, macht ein Inserat in diesem Bereich nicht sehr viel Sinn, je nachdem was Sie anzubieten haben. Diese Einschränkung direkt vorweg, wenn Sie dem Glauben verfallen eine Goldgrube aufgetan zu haben.

Inserate lesen

Mit Browse lesen Sie die Inserate. Gehen Sie vorher mit dem Balken auf den Themenbereich der Sie interessiert. Suchen Sie sich die richtige Rubrik aus, bevor Sie ewig innerhalb der Listen nach einem passenden Inserat suchen, daß Sie interessieren könnte. Die Bedienung ist gleich der Menüführung in den anderen CompuServe-Diensten. Haben Sie ein Inserat gefunden, das Sie vollständig lesen möchten, klicken Sie dieses an und schneiden Sie es am besten per Protokoll mit. Lesen können Sie die Inserate in Ruhe ohne Verbindung zu CompuServe. Auf die Wahl von Feedback sollten Sie auch verzichten. Dies können Sie in Ruhe per E-Mail oder Fax erledigen. Wenn Sie nun auch noch online beginnen eine Mail zu schreiben, dann kann man Ihnen auch nicht mehr helfen, die Kosten gering zu halten.

Sie werden bemerken, daß innerhalb der Inserate reichlich merkwürdige Angebote aufgeführt sind. In einer Tageszeitungen sind Meldungen, daß Sie 20.000 DM im Monat verdienen können schon immer sehr suspekt. Dies sollte Ihnen bei CompuServe ebenso gehen. Denn das System birgt noch lange nicht für die Qualität der Inserenten.

Inserat aufgeben

Bevor Sie *Submit* für die Erstellung eines Inserates anklicken, müssen Sie sich mit dem Balken auf dem richtigen Themengebiet befinden. Im Grunde geschieht nichts anderes, als beim Lesen der Inserate. Sie gehen nun einfach den umgekehrten Weg. Es öffnet sich ein weiteres Menü mit den Themen, die unter das Hauptthema fallen. Nach der Auswahl einer geeigneten Thematik öffnet sich das Eingabemenü. Die Kosten für ein Inserat sind auf dem Menü aufgeführt. Sie können sich entscheiden, wie lange Sie das Inserat geschaltet lassen wollen. Die Kosten für die jeweilige Schaltung sind exakt angegeben. Tragen Sie Ihren Namen in das vorgesehene Feld ein. Als Ländercode geben Sie EU für Europe ein. Dann vergeben Sie Ihrem Inserat noch eine schlagkräftige Aussage *(Subject)*, wählen den Erscheinungszeitraum und geben den Text ein. Sehr sinnvoll ist das vorab Erstellen eines Textes. Es kostet Sie eine Menge Zeit und Geld, wenn Sie an dieser Stelle lange darüber nachdenken müssen, was Sie schreiben wollen.

Mit dem Menü unter Classifieds können Sie ggf. Ihr Inserat verlängern *(Renew Ad)*, wenn dies einen durchschlagenden Erfolg hat. Wollen Sie Geld sparen und das Inserat wieder löschen, so wählen Sie *Delete your Ad*.

Hinweis: Persönliche Kontaktanzeigen, Anzeigen mit sexuellem Hintergrund oder illegale Aktivitäten sind nicht gestattet. Lesen Sie sich vorab die Instructions durch, wenn Sie sich nicht sicher sind.

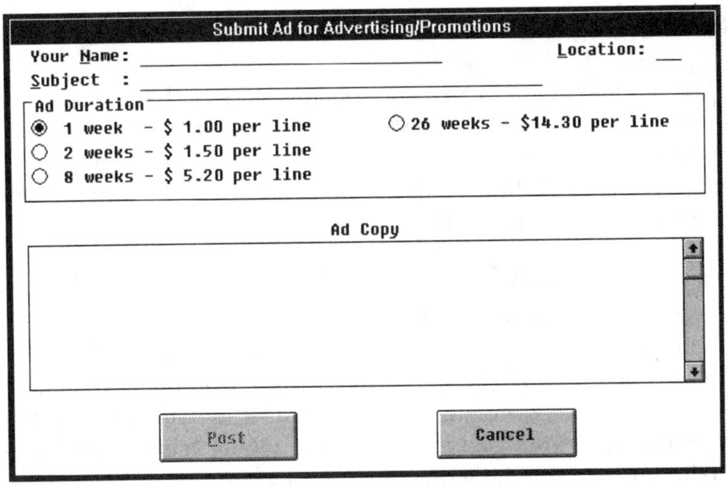

Abb. 6.23: Geben Sie Ihr Inserat in diesem Menü ein.

GO CLASSIFIEDS: Lohnt sich das?

Wenn jemand für Werbung bezahlen muß, die er lesen will, dann schränkt das den Kreis der Interessenten erheblich. Andererseits hat jemand, der für das Lesen der Inserate Geld ausgibt ein wirkliches Interesse. Vielleicht ist Ihnen aufgefallen, daß viele Inserate einen sehr regionalen oder US-bezogenen Charakter haben. Sie müssen also folglich etwas anzubieten haben, was für einen Amerikaner sehr lohnenswert erscheint. Denn durch das Länderkürzel (EU) in der Titelliste werden viele Inserate gar nicht geöffnet, da diese geographisch zu weit entfernt für den Interessenten.

Die amerikanischen Geschäftsleute wollen, wie alle Geschäftsleute auf der Welt, ihre Produkte verkaufen. Wenn Sie also ein Inserat aufgeben, daß Sie gegen Provision die Waren von US-Unternehmen in Deutschland oder Europa verkaufen wollen, so werden Sie in kurzer Zeit ein gut gefülltes Postfach haben. Solange die Amerikaner nichts an festen Kosten für Sie zu bezahlen haben und nur bei Erfolg zahlen müssen, ist Ihre Offerte für viele US-Firmen sehr interessant. Wenn Sie auf diese Weise Kontakte in die USA oder alle Welt knüpfen wollen, dann investieren Sie ein paar Dollar für ein Inserat.

Hinweis: *Preiswerter ist es, wenn Sie in einem Forum nicht allzu direkt verlauten lassen, daß Sie Kontakte nach USA suchen. Dies ist preisgünstiger und richtet sich an eine feste Zielgruppe, die in diesem Forum zu finden ist.*

CompuServe im Unternehmen einsetzen

Das Unternehmen, in dem Sie arbeiten, hat sicherlich ein Faxgerät und natürlich einen Telefonanschluß. Für viele Unternehmen sind diese zwei Kommunikationseinheiten viel zu wenig. Der Schritt in die Vernetzung von *Local Area Networks* (LAN) zu globalen Netzwerke beginnt bereits und zahlreiche Unternehmen haben ihn schon abgeschlossen.

Beispiel: International Thomson Publishing GmbH (Bonn)

Ohne einen Anschluß an CompuServe hätte man beim Verlag für dieses Buch erheblich mehr Zeitaufwand investieren müssen. Ein großer Teil des Manuskriptes wurde direkt nach Fertigstellung über CompuServe zum Verlag übertragen und von dort zum Setzen versandt. Hätte man diesen Transfer mittels Briefversand über eine Diskette realisiert, wären mindesten 3-4 Tage Verzug innerhalb der Fertigstellung des Buches eingetreten.

Den direkten Kontakt zu seinen Autoren hält Thomson ohnedies über CompuServe. Fragen der Autoren sind auf diese Weise schneller und preisgünstiger zu beantworten.

Hinweis: *International Thomson Publishing ist unter der CompuServe-Kennung 100272,2422 zu erreichen.*

Fangen Sie klein an

Es verlangt keiner von einem Unternehmen, daß man mit aller Gewalt in die Kommunikationswelt der Computer einsteigt. Der Beginn kann mit der Erreichbarkeit über eine CompuServe-Kennung gemacht werden. Alles weitere wird sich bei beginnender Nutzung des Systems ganz von alleine einstellen. Fragen Sie bei Ihren Kunden im Ausland doch einfach einmal nach, ob ein Internet- oder CompuServe-Zugang besteht. Versenden Sie die ersten E-Mails über das System und lernen Sie die Vorzüge dieser Arbeitsweise kennen.

So machen es die Profis

Die professionellen Anwender von CompuServe nutzen das System, um weltweite Kontakte über E-Mail Verbindungen aufrecht zu erhalten. Zahlreiche Nutzer aus den USA sind auf Geschäftsreisen über CompuServe mit den neuesten Meldungen aus dem eigenen Unternehmen versorgt, die man in der persönlichen Mailbox hinterlegt hat. Im Gegenzug kann der jeweilige Geschäftsmann wichtige Daten per E-Mail in die Firmenmailbox weiterleiten. Die

Bearbeitungszeiten des Datenmaterials verkürzen sich enorm, da ein Abtippen der Informationen nicht notwendig ist. Die vorliegenden Daten (Preislisten etc.) können direkt in die jeweiligen Programme übernommen werden.

Zum guten Schluß der Autor:

Die Nutzung von CompuServe innerhalb meines Unternehmens und dem Partnerbüro in den USA hat für zahlreiche Fragen gesorgt. Auch diese Fragen und die prinzipielle Arbeitsweise mit CompuServe sollen kurz erläutert werden. Vielleicht bietet sich für manchen Unternehmer der gleiche Ansatz. Sensationelle Geschäftsgeheimnisse werden Sie nicht erfahren, denn diese Arbeitsweise ist in viele Unternehmen der USA Alltag. Mit einer gewissen Kreativität und Pfiffigkeit können Sie CompuServe dann auch für Ihre Zwecke einsetzen. Nun zum Arbeitsalltag mit dem Partnerbüro.

Der Transfer findet grundsätzlich zu zwei festgelegten Zeiten statt, die in den Büros bekannt ist. Mittlerweile ist der Transfer automatisiert worden, seitdem der Navigator von CompuServe mit einem Timer auf dem Markt ist. Bei dringenden Fällen erhält das jeweilige Unternehmen ein kurzes Fax, daß eine wichtige Datei versendet wurde und diese im Postfach aufliegt. Dies ist aber nur bei sehr eiligen Aufträgen notwendig. Die meisten E-Mails sind Textdateien, die direkt weiter verarbeitet werden. Ergebnisse aus Datenbanken werden im deutschen Büro kurz aufbereitet und gehen dann als komprimierte Textdatei nach USA. Eventuelle Anforderungen an Volltextbeschaffer werden meist über eine X400- oder Internet-Mail angefordert. Diese Arbeitsweise erspart neben einer erneuten Datenaufnahme das umfangreiche Ausdrucken von Datenmaterial für den Versand auf konventionellem Wege.

Haben Sie Fragen zu CompuServe und eine professionelle Nutzung? Über die CompuServe-Kennung 100023,572 oder die eigene Firmenmailbox können Sie mich erreichen 02204-64053.

Kapitel 7
Datenbankrecherchen mit CompuServe

CompuServe als Informationsquelle

CompuServe ist eine gigantische Informationsquelle. Neben dem Zugriff auf die Datenbestände externer Datenbanken hat aber CompuServe gerade in der Verknüpfung zahlreicher Informationspotentiale einen gewaltigen Vorteil.

Voraussetzung ist, daß Sie alles bezahlen können oder besser wollen. Bedenken Sie immer wieviel Ihnen eine Information wert sein soll und ab wann Ihr Limit an Kosten einsetzt. Eine Recherche innerhalb von CompuServe soll sich in erster Linie für Sie lohnen!

Grundsätzliches zu Recherchen

Die Recherche in Datenbanken hat in Deutschland noch keinen allzu großen Ruf, da diese bei vielen schlichtweg unbekannt ist. Innerhalb der Forschung mögen die Recherchen in Datenbeständen zum Arbeitsalltag gehören. Jedoch am normalen Arbeitsplatz werden Sie kaum oder erst in den nächsten Jahren den Kontakt mit internationalen Datenbeständen aufnehmen.

```
Accessing Network..........Completed.
Accessing Database Host.....Completed.
Logging on.................Completed.
Logging on (second step)....Completed.
Selecting Database.........Completed.
Submitting Search Term......Completed.
You may wish to print or capture this data if possible.
```

Abb. 7.1: CompuServe loggt sich für die Recherche bei einem Datenbankhost (DIALOG) ein

Wenn Sie Datenbankrecherchen im direkten Online-Zugriff kennen, dann müssen Sie sich bei CompuServe etwas umgewöhnen. Unter CompuServe werden ebenfalls die Hosts direkt abgefragt, nur sind Sie dann stiller Beobachter und können nicht mehr eingreifen. Grund hierfür ist das Erstellen einer kompletten Recherchestrategie vor dem eigentlichen Login in die Datenbankhosts.

Dies setzt bei Ihnen eine Suchstrategie voraus, die der Host auch verstehen muß. Wenn Sie nun die jeweilige Retrievalsprache des Hosts beherrschen müßten, dann würde CompuServe sich sehr wahrscheinlich vor empörten Anrufen kaum noch retten können. Genutzt wird eine menügeführte Abfragemöglichkeit der Datenbanken, die für jedermann verständlich ist.

```
                   * ENTER DUN'S NUMBER *

SEARCH TIPS:    Enter a DUN'S Number in NN-NNN-NNNN format.

SEARCH EXAMPLES:  04-998-3331
                  00-433-4942 OR 00-116-3732

Type H for more help and examples.

ENTER A DUN'S NUMBER
-> 04-395-1235


Is:
04-395-1235
Correct? (Y/N): y
```

Abb. 7.2: Recherchen werden innerhalb von CompuServe menügeführt eingegeben

Nach der Sucheingabe werden Sie von CompuServe gefragt, ob die Recherche durchgeführt werden soll. Ab diesem Punkt arbeitet das System ohne Ihr Zutun. Es loggt sich in den Rechner ein und präsentiert Ihnen nach kurzer Zeit eine Liste mit Ergebnissen.

Diese Titelliste umfaßt meist fünf Titel. Bei Unternehmensverzeichnissen erhalten Sie eine Liste mit den ermittelten Firmennamen. Bei einer höheren Trefferzahl können Sie weitere Titel über das Menü abrufen (vgl. Abbildung 7.3).

Die jeweilige Titelliste ist durchnumeriert und Sie können anhand der Ziffern vor jedem Titel eine exakte Auswahl treffen, von welchem Eintrag Sie die kompletten Informationen beziehen wollen (siehe Abbildung 7.4).

```
There are 3 item(s) that satisfy your search phrase.
You may wish to print or capture this data if possible.


Heading #1          Search: 02-20-1994  12:12
^S/^Q: start/stop;    ^C/<ESC>: interrupt;    ^T: Paging ON/OFF
AU ZUCCONI-L.
IN LAWRENCE LIVERMORE NATIONAL LAB., CA. DEPARTMENT OF ENERGY,
   WASHINGTON, DC.
   068147000 9513035.
TI SOFTWARE SAFETY AND RELIABILITY ISSUES IN SAFETY-RELATED SYSTEMS.
YR SEP 1992.
```

Abb. 7.3: Sie bekommen die Ergebnisse einer Recherche als Titelliste

```
A320 *crash* spurs Lufthansa action. (airline landing accident, Warsaw,
     Poland, Sep. 14, 1993)
   Covault, Craig
   Aviation Week & Space Technology  v139 p20(2) Dec 6, 1993
   SOURCE FILE: MI File 47
   illustration; chart
   COMPANY NAME(S): Deutsche Lufthansa AG--Safety and security measures
   DESCRIPTORS:   Airlines--Safety  and   security measures; Aeronautics--
     Accidents
```

Abb. 7.4: Wählen Sie mit den Ziffern vor jedem Titel die vollständigen Informationen des Eintrags aus

CompuServe schaltet sich erneut in den Datenbankhost ein und bezieht die vollständigen Daten. In diesem Moment sind Sie wieder Zuschauer. Dieser Ablauf wird sich bei allen Datenbanken wiederholen und es wäre wenig sinnvoll die einzelnen Schritte bei jeder Recherche in diesem Kapitel zu erläutern. Weitaus wichtiger für Sie ist eine Datenbankrecherche die zum Erfolg führt und nicht Ihr Budget auffrißt.

Recherchen und Kosten

Bevor Sie eine Recherche starten, erhalten Sie von CompuServe einen Hinweis auf die Kosten, die bei Nutzung der Datenbankhosts anfallen (vgl. Abb. 7.5).

Auch die Preise der Datenbanken ändern sich laufend. Zusätzlich werden sehr oft Rabatte auf Recherchen angeboten. Die Preise im Einzelnen darzustellen, würde sehr wenig Sinn machen. Sie müssen sich vorher klar werden, wieviel Sie für die Suche ausgeben wollen. Mit GO RATES können Sie sich aktuell über die derzeitigen Kosten informieren.

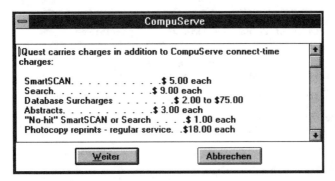

Abb. 7.5: Sie bekommen immer einen Hinweis wie teuer die Recherche in den Datenbanken ist

Damit Sie am Monatsende keine böse Überraschung erleben, werden die aktuellen Kosten und die entstehenden Kosten, wenn ein weiterer Schritt ausgeführt wird, angezeigt. Entscheiden Sie für sich persönlich, wann Sie die Recherche abbrechen oder weiterführen wollen.

```
CHARGES:
    1 Successful Search                    $ 9.00
    1 Successful Scan                      $ 5.00
TOTAL CHARGES:                             $ 14.00
```

Abb. 7.6: CompuServe zeigt die entstehenden Kosten für den nächsten Rechercheschritt an

Telefonnummer eines Nutzers aus den USA ermitteln

Beginnen Sie mit einer Recherche, die Ihnen einfach praktisch eine Hilfe sein wird. Mit ganz legalen Mitteln können Sie die komplette Anschrift und Telefonnummer eines Nutzers herausfinden. Gerade bei manchem geschäftlichen Kontakt wollen Sie mehr über den Nutzer wissen. Ein anderer Grund kann sein, daß Sie einfach direkt mit diesem Nutzer Kontakt aufnehmen wollen, um eventuelle Mitbewerber auszuschalten, die den Weg einer E-Mail gewählt haben.

7 • Datenbankrecherchen mit CompuServe

Suche nach Frank Lindhorst

Im folgenden Fall ist Ihnen nur der Name und die Nutzerkennung des Nutzers aus den USA bekannt. *Frank Lindhorst 70324,3163* sind die einzigen Daten die Ihnen vorliegen.

Der erste Weg führt Sie in das Mitgliederverzeichnis von CompuServe in dem die meisten Nutzer von CompuServe aufgelistet sind. Mit GO DIRECTORY geben Sie den Nachnamen und sämtliche andere Angaben, die Sie zum Nutzer haben, an. Je mehr Sie wissen, desto eher engen Sie den Kreis ein und bekommen keine zu lange Namensliste. Grundsätzlich sollten Sie den Ländernamen eingeben, wenn er Ihnen bekannt ist. Angaben die Sie nicht wissen, übergehen Sie einfach mit einem Return.

```
Enter search criteria.
(/START to begin new search, /HELP for help)

Last name (<CR> to exit) : lindhorst

First Name begins with (e.g. JOH) :

City :

Country : usa

State :
```

Abb. 7.7: Geben Sie den Namen und weitere Angaben zur gesuchten Person ein

Der Rechner von CompuServe wird sich nach kurzer Suchzeit mit einer Liste von Nutzern mit dem Namen Lindhorst melden. Über die Kennung können Sie den gesuchten Nutzer direkt ausmachen.

```
LINDHORST, BRADLEY D.     TOLEDO, OH              74666,1362
LINDHORST, FRANK N        RIVER VALE, NJ          70324,3163
LINDHORST, MEL D          COLUMBIA, IL            73521,3302
LINDHORST, MICHAEL D      FT WALTON BEACH, FL     72674,1067
LINDHORST, RICK H         VERO BEACH, FL          73524,225
LINDHORST, WILLIAM A      KATY, TX                73174,2575
```

Abb. 7.8: Alle Nutzer mit dem Namen Lindhorst in den USA werden aufgelistet

Die Telefonnummer hat Ihnen dieser Eintrag jedoch noch nicht gebracht. Dies war auch nicht das Ziel der Suche im Mitgliederverzeichnis von CompuServe. Über das Verzeichnis kommen Sie an den Bundesstaat und die Stadt des Nutzers, die eine wichtige Angabe in der Datenbank der US-Telefonnummern sein wird.

Phone*File alle Telefonnummern aus den USA

Sie kennen sicherlich unter BTX das deutsche Telefonverzeichnis. Der Beauftragte für den Datenschutz würde auf die Palme gehen, wenn die Suche innerhalb dieses Verzeichnisses genauso möglich wäre, wie in den Phone*Files der USA.

Die Datenbank ist eine Sammlung aller US-Telefonbücher und wird laufend aktualisiert. Die Datenbank ist so aktuell, daß man einen großen Teil der Zeit die Datenbank für die Aktualisierung abschaltet. Sie erreichen die Datenbank zu folgenden Zeiten:

Werktags	7.00 – 2.00 Uhr (Eastern Standard Time USA)
Samstag	7.00 – 23.00 Uhr (Eastern Standard Time USA)
Sonntag	9.00 – 18.00 Uhr (Eastern Standard Time USA)

Hinweis: In den Telefonbüchern sind keine Firmen enthalten, die finden Sie im Biz*File, das noch besprochen wird.

Mittlerweile wissen Sie durch die Suche im CompuServe-Verzeichnis, in welchem Bundesstaat der USA Frank Lindhorst wohnt. Wechseln Sie mit GO PHONEFILE in die Datenbank. Die Suche innerhalb des Phone*File ermöglicht Ihnen unterschiedliche Suchvarianten, die bei weitem freizügiger als im deutschen Telefonverzeichnis sind.

- Suche über den Namen und die Anschrift
- Suche über den Namen und den Staat
- Suche über die Telefonnummer

```
PHONE*FILE    - MAIN MENU

Search for a Listing by:

1 Name and Address
2 Surname & Geographical Area
3 Phone Number

4 How to use PHONE*FILE
5 Exit
```

Abb. 7.9: Sie können im Phone*File mit unterschiedlichen Vorgaben die Suche beginnen

Entscheiden Sie sich für die Suche mit *Surname & Geographical Area*. Im folgenden Menü geben Sie dann den Namen und das Buchstabenkrüzel für den Bundesstaat NJ (New Jersey) ein.

```
You will be prompted to enter the
geographical area and the last name of
the person you are searching for.

Enter Type of Geographical Search...

1 By City and State
2 By State Only
3 By ZIP Code

Enter Choice!
```

Abb. 7.10: Geben Sie den Namen und den Bundesstaat ein

Anschließend werden Sie vom System noch gefragt, ob die Eingabe richtig gewesen ist. Die Suche geht bei weitem schneller vonstatten, als Sie es bei den Datenbankrecherchen noch kennenlernen werden. Der Rechner meldet sich nach dem Suchvorgang mit einer Trefferanzahl, die sich durch die Eingabe von s für *Scroll* abrufen können. Merken Sie sich das Format der Telefonnummern. Für eine Recherche nur unter Angabe der Nummer nach einer bestimmten Anschrift haben Sie dann keine Probleme mit der Eingabe.

```
Last Name: LINDHORST

HEINZ                    201/680-1762
   25 WATSESSING AVE
   BLOOMFIELD, NJ 07003
WILLI AND JUDI           201/835-6839
   33 AQUEDUCT AVE
   POMPTON PLAINS, NJ 07444
FRANK                    201/664-9613
   68 RIVERVALE RD
   WESTWOOD, NJ 07675
W K                      908/522-0506
   18 SHERMAN AVE
   SUMMIT, NJ 07901
STEVEN                   609/698-5385
   100 5TH
   WARETOWN, NJ 08758

-- Last Page --
```

Abb. 7.11: Volltreffer, Sie haben die komplette Anschrift und Telefonnummer von Frank Lindhorst gefunden

Marquis' Who is Who: Unternehmerbackground

Eine starke Ausrichtung der Datenbanken unter CompuServe deckt den US-Bedarf ab. Zweifelsohne für Sie eine gute Möglichkeit mit CompuServe einen erheblichen Informationsvorsprung zu gelangen, wenn es um wichtige Hintergrundinformationen geht.

Die Datenbank Marquis versetzt Sie in die Lage mehr über die potentiellen Gesprächspartner der amerikanischen Wirtschaft zu erfahren. Jeder Entscheidungsträger in den USA oder Kanada steht in dieser Datenbank. Dabei bleibt es aber nicht nur beim Namen, sondern Sie bekommen die kompletten Hintergrundinformationen über die Person. Neben den Geburtsdatum erfahren Sie ein wenig über die Hobbys und die Familie der Zielperson.

Wen sollte man anderes für ein Beispiel nehmen als Bill Gates, den Chef von Mircosoft. Für Sie wird die Recherche ebenfalls sehr interessant, da Sie erfahren werden, wie man mit einer Vorgabe am Ziel vorbei recherchiert und trotzdem noch das Beste daraus macht.

GO BIOGRAPHY führt Sie direkt zur Datenbank Marquis. Die Datenbank ist zusätzlich in IQUEST mit eingebunden, aber in diesem Fall empfiehlt sich aus Kostengründen der direkte Weg in die Datenbank.

Die Datenbank läßt sich nach den unterschiedlichsten Kriterien abfragen, so daß Sie Personen nach einem vorgegebenen Personenprofil absuchen können. Eine Abfrage nach einem Manager aus der Computerszene, der gerne Wandern geht, ist mit Marquis möglich.

```
                    * MARQUIS WHO'S WHO *
                      Vital Statistics Menu


    PRESS    TO SELECT

       1   by year of birth
       2   by city of birth
       3   by state of birth
       4   by country of birth
       5   previous menu

       H   for Help, C for Commands
```

Abb. 7.12: Im Vital Statistics Menü geben Sie die Suchkriterien zur Person ein (Persönlichkeitsprofil)

7 • Datenbankrecherchen mit CompuServe

Aber auch berufliche Eignungen lassen sich sehr einfach mit der Datenbank herausfinden. Die Suche nach Personen mit einem bestimmten Schulabschluß oder einer Militärkarriere lassen sich so ermitteln.

```
                    * MARQUIS WHO'S WHO *
                     Career Profile Menu


    PRESS   TO SELECT

      1   by current employer name
      2   by occupation
      3   by creative works
      4   by awards/honors
      5   by military service
      6   previous menu
```

Abb. 7.13: Im »Career Profile Menue« geben Sie die Suchkriterien Ausbildung/Beruf der gesuchten Person ein

Zurück zu Bill Gates. Die Suche ist vom Ansatz her sehr einfach durchzuführen, denn die Datenbank sieht die direkte Namenseingabe ebenso vor. Gesagt getan und Sie werden erleben das die Suche mit null Treffern endet.

```
    Nothing was retrieved.        $ 1.00 for this search.
    Press <return> to continue.
```

Abb. 7.14: Die Suche nach Bill Gates ergibt 0 Treffer

Bekommen Sie nun keine Panik, denn eine so bekannte Persönlichkeit wird in der Datenbank zu finden sein. Der Fehler liegt offensichtlich bei Ihnen. Wiederholen Sie die Suche. Aber diesmal gehen Sie den Weg über den Firmennamen. Die Eingabe von Microsoft liefert Ihnen zwei Treffer.

```
    There are 2 item(s) that satisfy your search phrase.
    You may wish to print or capture this data if possible.
```

Abb. 7.15: Die Eingabe von »Microsoft« liefert zwei Treffer

Diesmal haben Sie richtig gelegen und sehen auch direkt, woran es gelegen hat, daß Sie keinen Treffer mit der Such nach Bill Gates haben konnten. Der gute Mann hat einen in der Öffentlichkeit etwas unbekannten Vornamen.

```
Gates, William Henry, III
OCCUPATION(S): software company executive
BORN:    Oct. 28, 1955   Seattle, Wash
PARENTS: William H. and Mary M. (Maxwell) G.
SEX: Male
EDUCATION:
   student, Harvard U., 1975
   Grad. high sch., Seattle, 1973
CAREER:
   now chief exec. officer, Microsoft Corp., Redmond, Wash.
   founder, chmn. bd., Microsoft Corp., Redmond, Wash., 1976-
   With, MITS, from 1975
AWARDS:
   Recipient Howard Vollum award, Reed Coll., Portland, Oreg., 1984.

Office: Redmond, WA

Home: Seattle, WA
```

Abb. 7.16: Das Profil von »Bill Gates«

IQuest: Informationsquelle

Wenn Sie nach einer Recherche in Datenbanken fragen, so werden Sie sehr oft mit dem Begriff IQuest konfrontiert werden.

Wie Sie sicherlich wissen, ist die Anzahl der Datenbanken mittlerweile selbst gigantisch groß. Zahlreiche Anbieter (Datenbankhosts) haben die unterschiedlichsten Datenbanken auf Ihren Rechnersystemen im Angebot. Der Zugriff auf einen solchen Datenbankhost ist ohne weitere Schwierigkeiten möglich. Sie müssen lediglich einen Vertrag abschließen. Ein Vorgang, wie Sie es von CompuServe schon kennen. Nun macht es wirklich keinen großen Sinn einen Vertrag für eine einmalige Recherche abzuschließen.

IQuest ermöglicht Ihnen den Zugriff auf Datenbankanbieter mit denen Sie überhaupt keinen Vertrag abgeschlossen haben. Insgesamt stellt CompuServe Ihnen auf indirektem Wege über 800 Datenbanken der bekanntesten Datenbankhosts zur Verfügung.

Sie gelangen mit GO IQUEST in das Grundmenü von IQuest und sollten sich vor einer Recherche gründlich vorbereitet haben. Dazu zählt neben der Vorbereitung einer Suchstrategie ein wenig Wissen über die Arbeitsweise von IQuest.

Informationen zu IQuest aus CompuServe-Foren

Sie können sich sehr gut innerhalb der Softwarebibliotheken mit Informationen zu IQuest versorgen. Hier eine Liste von Textdateien aus den unterschiedlichsten CompuServe-Foren:

IQDESC.EXE (83 KB) Liste der Datenbanken in IQuest (CompuServe Help Forum /GO HELPFORUM).

IQUEST.CO (15 KB) Konferenzen über die Benutzung von IQuest (Education Forum /GO EDFORUM).

SCNPRS.TXT (33 KB) Beispielrecherche unter IQuest. (PR & Marketing Forum /GO PRSIG).

Recherche unter IQuest

Wenn Sie genau wissen, was Sie eigentlich suchen, dann ist die Arbeit mit IQuest nicht besonders schwer. Nach GO IQUEST gelangen Sie in das Hauptmenü von IQUEST. IQuest unterscheidet drei verschiedene Varianten der Suche.

IQuest-I

IQuest führt Sie zur richtigen Datenbank. Sie geben jeweils nur das Fachgebiet in den einzelnen Menüs an, das für Ihre Suche in Frage kommt.

IQuest-II

Für den routinierten Sucher, der direkt weiß in welcher Datenbank er suchen muß.

SmartSCAN

SmartSCAN durchläuft erst mehrere Datenbanken mit Ihrer Suchanfrage und zeigt Ihnen dann die einzelnen Trefferanzahlen der ausgewählten Datenbanken an.

Als Beispiel sollen Sie einmal nähere Informationen oder Fachliteratur ermitteln. Sie suchen Fachliteratur oder Hinweise aus Teleworking (Heimarbeit am Rechner) und deren Auswirkung auf Kinder.

Da Sie nicht wissen in welcher Datenbank Sie überhaupt mit Hinweisen rechnen können, wählen Sie Option 3 aus (SmartSCAN).

Was passieren kann:

Öfters kann es vorkommen, daß einige Datenbanken nicht erhältlich sind, da gerade in den USA die Updates durchgeführt werden. Sie erhalten dann eine Systemmitteilung.

```
WARNING: Not all the databases in this scan are currently available.

       Host           Availability (Current time EST - Sun Feb 20 12:10:25
       ----           ------------
       BRS            AVAILABLE
       Dialog         Sun Feb 20 12:59:25 1994
```

Abb. 7.17: Nicht alle Datenbanken sind erreichbar

Sinnvoll ist es, die Recherche an dieser Stelle abzubrechen und nach dem Zuschalten der fehlenden Datenbanken erneut zu suchen. Sie machen in diesem Beispiel jedoch einfach weiter. Damit der Rechner für Sie die richtigen Datenbanken durchsuchen kann, muß er wissen, in welchem Fachgebiet die Recherche durchgeführt werden soll.

```
1  Business
2  Science & Technology
3  Medicine & Allied Health
4  Law, Patents, Tradenames
5  Social Sciences & Education
6  Arts, Literature, Religion
7  People
8  News
9  General Reference
```

Abb. 7.18: Legen Sie fest in welchem Fachgebiet Sie suchen wollen

Nachdem Sie Ihre Anfrage von der Thematik festgelegt haben, werden Sie nach der Eingabe der Suchanfrage gefragt. Geben Sie nun die Suchanfrage mit den Suchwörtern an, von denen Sie glauben, daß Sie Erfolg haben werden.

```
ENTER SUBJECT WORDS
-> children AND telework

Is:
CHILDREN AND TELEWORK
Correct? (Y/N): y
```

Abb. 7.19: Geben Sie Ihre Fragestellung mit den Suchbegriffen ein

UND-Logik   Eingabe: AND
Die UND-Logik ermittelt die Schnittmenge zweier Begriffe. Dies bedeutet, daß beide Begriffe im Suchtext an irgendeiner Stelle vorkommen müssen.

7 • Datenbankrecherchen mit CompuServe

ODER-Logik   Eingabe: OR
Bei der ODER-Logik muß einer der gesuchten Begriffe im Text auftauchen. Für den Ordnereintrag wird dann folgende Syntax gewählt:

```
Alkohol | Arbeitsplatz
```

CompuServe schaltet sich nun in die jeweiligen Datenbankhosts ein, die Ihre thematische Festlegungen berücksichtigen. Sie erhalten eine Trefferliste, die im Beispielfall recht dürftig ist.

```
Education scan results for:   TELEWORK AND EDUCATION

PRESS     TO SEARCH                    Results   Format      Source Type
          A-V Online                        0    abstract    multiple sources
          Books in Print                    0    reference   books
    1     Dissertation Abstracts Online.....1   abstract    dissertations
          Educational Res Info Center       0    abstract    journals
          Exceptional Child Ed Resources    0    abstract    directories
          Family Resources                  0    abstract    multiple sources
          Magazine Index                    0    reference   magazines
          Nat'l Tech Info Service           0    abstract    gov't reports
          Social SciSearch                  0    reference   journals
    H     Database descriptions
    M     Main Menu
    SOS   Online assistance
```

Abb. 7.20: Die Anzahl der Treffer in den einzelnen Datenbanken wird Ihnen bei SmartSCAN angezeigt

Treffen Sie dann Ihre Auswahl in welcher Datenbank Sie suchen wollen. Geben Sie die jeweilige Ziffer des Menüs ein. SmartSCAN übernimmt Ihre Rechercheanfrage und setzt diese in die Datenbank ein. Die eigentliche Datenbankrecherche beginnt ab diesem Moment.

```
Total charges thus far:        $ 5.00
-> 1
System is now searching Dissertation Abstracts Online database, copy-
righted 1994 by University Microfilms International, Ann Arbor, MI and
available through Dialog Information Services, Inc.
```

Abb. 7.21: Die Recherche wird in der ausgewählten Datenbank durchgeführt

Sie erhalten einen Treffer. Dies ist der eine Treffer, den Sie vorher in der Liste angezeigt bekamen. Wählen Sie aus dem Menü den gesamten Eintrag aus. Bevor Sie nun [Return] als Bestätigung eingeben, versichern Sie sich, daß Sie das Protokoll eingestellt haben. Ansonsten gehen Ihnen die Daten des gesamten Dokumentes verloren. Ob Sie die Recherche mitspeichern wollen, bleibt

Ihnen überlassen. Empfehlenswert ist das sofortige Aktivieren der Protokollfunktion, wenn Sie in den Terminalmodus gelangen. So können Sie dies im Eifer des Gefechts dann auch nicht vergessen.

```
01180479   ORDER NO: NOT AVAILABLE FROM UNIVERSITY MICROFILMS INT'L.
PAID WORK IN THE HOME--A DAYDREAM OR A NIGHTMARE? HOMEWORK IN FINLAND FROM
THE POINT OF VIEW OF THE WORKER'S EVERYDAY LIFE
   Original Title:   ANSIOTYO KOTONA--TOIVEUNI VAI PAINAJAINEN? KOTIANSIOTYO
        SUOMESSA TYONTEKIJAN ARKIPAIVAN KANNALTA

   Author:      SALMI, MINNA
   Degree:      D.SOC.SC.
   Year:        1991
   Corporate Source/Institution:   HELSINGIN YLIOPISTO (FINLAND) (0592)
   Source:      VOLUME 52/04-C OF DISSERTATION ABSTRACTS INTERNATIONAL.
                PAGE 520.   235 PAGES
   Descriptors:    SOCIOLOGY, INDUSTRIAL AND LABOR RELATIONS
   Descriptor Codes:   0629
   Language:       FINNISH
   ISBN:           951-45-5661-5
   Publisher:      DEPARTMENT OF SOCIOLOGY, UNIVERSITY OF HELSINKI,
                   FRANZENINKATU 13, SF-00500 HELSINKI, FINLAND

     The study presents a mapping of homework in Finland and describes wha
the workers think of working in their own homes, how they structure their
time use and everyday life. The theoretical perspective is that of everyda
life. Ways of conceptualizing everyday life and the possibility to control
one's everyday life are discussed on the basis of philosophical and
sociological theories. The data consists of a statistical overview of all
```

Abb. 7.22: Der komplette Eintrag in der Datenbank als Endergebnis

Nachfolgend die wichtigsten Befehle zu IQuest, damit Sie nicht immer die Notbremse ziehen müssen (Verbindung trennen).

DIR LIST	Liste aller Datenbanken
DIR *name*	Liste der Datenbanken einer Kategorie
SCAN LIST	Liste der gescannten Datenbanknamen
SCAN *name*	Suche in einer bestimmten Datenbank
SOS	Online-Hilfe mit dem Operator
L	Logoff vom System

SOS – Wenn alles nichts hilft

Mit der Eingabe von SOS meldet sich der Operator von IQuest, der Ihnen bei Problemen mit der Datenbank weiterhilft. Nutzen Sie diesen Service, wenn Sie überhaupt nicht mehr weiterkommen. Bedenken Sie aber, daß während dieser Zeit die Kostenuhr weiterläuft. Der Operator kann notfalls die Recherche für Sie durchführen.

7 • Datenbankrecherchen mit CompuServe

Da das Online-Helpdesk in den USA besetzt ist, werden Sie bei uns gegen 9.00 Uhr keine Hilfe erwarten können. Hier die Zeiten zu denen das Helpdesk von IQuest besetzt ist.

Montag bis Freitag	13.00 Uhr – 03.00 Uhr (GMT)
Samstag & Sonntag	15.00 Uhr – 01.00 Uhr (GMT)

Deutsche Firmeninformationen

Für den deutschen Nutzer sind die noch recht wenig vorhanden deutschen Informationsquellen weitaus interessanter. Mit GO GERLIB kommen Sie in das Menü der Datenbanken, die deutsche Unternehmensprofile liefern.

```
              ** GERMAN COMPANY LIBRARY **

   PRESS   TO SELECT

     1  BDI German Industry     ($3/$10)
     2  Creditreform            ($2/$30)
     3  D&B -- German Dun's Market Identifiers    ($7.50/$7.50)
     4  Hoppenstedt Germany     ($7.50/$10)
     5  Kompass Germany         ($5/$5)
     6  Terms and Conditions
```

Abb. 7.23: Sie haben Zugriff auf mehrere deutsche Unternehmensverzeichnisse

Im Beispiel sollen Sie aus der Datenbank Creditreform das Unternehmensprofil der Boston Consulting Group ermitteln. Wählen Sie zuerst die Datenbank *Creditreform* aus dem Menü aus. Dann suchen Sie über den Company Name in der Datenbank.

```
ENTER A COMPANY NAME
-> boston consulting

Is:
BOSTON CONSULTING
Correct? (Y/N): y
```

Abb. 7.24: Suche nach der Boston Consulting Group in der Datenbank Creditreform

Nach dem Login in die Datenbank bekommen Sie die Anzahl der Treffer im Kurzformat angezeigt. Dieses Kurzformat besteht im wesentlich aus den Firmennamen, die als Treffer ermittelt wurden. In der Beispielsuche nach der Boston Consulting Group hatten Sie mit Ihrer Eingabe nur einen Treffer. Lassen sich das gesamte Dokument ausgeben.

```
CO The Boston Consulting Group GmbH + Partner.
AD Sendlinger Str. 7.
   80331 Muenchen.
TL (089)231740.
LS GmbH.
RG 19750923,    AG:   80333   Muenchen,   HRB:   49389,   letzte   HR-Aenderung
   19931015.
YR 19750807.
CA STAMMKAPITAL: DM          50.000.
MM GSF:  Herp,   Thomas,   TTL:Dr.,   8000  Muenchen,  STR:Aidenbachstr. 138,
   81479
   GSF: Heuskel, Dieter, TTL:Dr., 4000 Duesseldorf
   GSF: Seifert, Hans, TTL:Dr., 8033 Planegg, 82152
   GSF: Buerkner, Hans Paul, 4000 Duesseldorf
   GSF:  Steiner,   Michael,  TTL:Dr.,   8031   Woerthsee,  STR:Rehsteig 14,
   82237
   GSF:  Hofmann,  Volkhard,  TTL:Dr.,  4006  Erkrath,  STR:Hauptmannstr. 47,
   40699
```

Abb. 7.25: Der Eintrag zu Boston Consulting Group in Creditreform

Wenn Sie in den Datenbanken nur nach den Firmennamen suchen könnten, würde die ganze Arbeit mit dem Computer keinen großen Sinn machen. Sie könnten dann gleich eine Buchversion beziehen. Die Datenbanken ermöglichen die verknüpfende Suche mit weiteren Kriterien, die Sie mit der Auswahl von *Narrow Your Search* eingeben können. Sie führen im Grunde genommen, Ihre Recherche nochmals durch. Aber nicht mehr auf die Gesamtmenge der Daten, sondern auf die Menge, die sich durch den ersten Rechercheschritt ergeben hat.

```
PRESS     TO SELECT

  1   by company name
  2   by city
  3   by industry code
  4   by officer name
  5   by postal code
```

Abb. 7.26: Engen Sie die Suche mit weiteren Kriterien ein

Tips und Tricks, damit nichts schiefgeht

Datenbankrecherchen kosten Geld. Auf der anderen Seite wollen Sie so wenig wie möglich ausgeben, aber die meisten Informationen beziehen. Damit Sie Ihre Informationen bekommen und möglichst wenig Geld dafür ausgeben müssen, setzt eine Recherche immer Vorarbeit voraus.

Suchstrategie entwickeln

Entwickeln Sie in Ruhe eine Suchstrategie mit Suchbegriffen, die Sie zum Erfolg führen. Da Sie überwiegend englische Begriffe einsetzen müssen, sollten Sie sehr sorgfältig vorgehen. Finden Sie in Englischwörterbuch keine Übersetzung, fragen Sie im Foreign Language Forum nach (GO FLEFO). Dort können Ihnen Übersetzer einen Tip geben. Suchen sich auch Ersatzbegriffe, falls die Recherche mit Null Treffern endet. Grenzen Sie die Recherche aber auch mit einer Einschränkung ein, denn sonst erhalten Sie zu viele Treffer, die Sie sichten müßten.

Budget festlegen

Denken Sie einmal darüber nach, wieviel Ihnen die Recherche wert ist. Setzen Sie sich eine finanzielle Obergrenze, die Ihnen eine gewissen Spielraum ermöglicht. Denken Sie auch immer darüber nach, ob es nicht einen preiswerteren Weg gibt. Dies könnte zum Beispiel eine Recherche in den Softwarebibliotheken oder die Anfrage in einem Forum sein.

Zielsetzung

Seien Sie sich im klaren darüber, was Sie haben wollen. Wenn Sie direkt die Information benötigen, suchen Sie in Volltextdatenbanken. Es macht keinen Sinn, wenn Sie eine Handvoll Literaturhinweise erhalten und trotzdem nicht erreicht haben, was Sie wollten.

Liste Datenbankdienste unter CompuServe

Alle Datenbanken unter CompuServe aufzuzählen ist so gut wie unmöglich. Hier ein Auszug der wichtigsten Datenbanken unter CompuServe.

Australisches und Neuseeländische Firmenverzeichnis (GO ANZCOLIB)

Die Datenbank liefert Unternehmensdaten von 95.000 Unternehmen mit Sitz in Australien oder Neuseeland.

Yellow Pages USA (GO BIZFILE)

Das Biz*File sind die elektronischen »Gelben Seiten« aus den USA. Die Datenbank ist gleich dem Phone*File, liefert aber nur Unternehmensanschriften.

Books in Print (GO BOOKS)

Bibliographisches Verzeichnis über Bücher, die zu einem kommenden Termin erscheinen. Es werden die bibliographischen Daten des Buchtitels geliefert.

Warenzeichen Großbritannien (GO UKTRADEMARK)

Alle britischen Warenzeicheneinträge seit 1976 werden von dieser Datenbank geliefert.

Business Database Plus (GO BUSDB)

Die Datenbank liefert Artikel im Volltext. Erfaßt werden mehr als 1000 Handels- und Businessjournale. Ebenso fließen Newsletters der unterschiedlichsten Branchen in die Datenbank mit ein.

Business Dateline (GO BUSDATE)

Die Datenbank liefert Volltextartikel aus über 115 regionalen Magazinen aus den USA und Kanada.

Business Demographics (GO BUSDEM)

Markt Analysen aus den USA, die sich auf den »Census-Informationen« stützen.

The Business Wire (GO TBW)

Wirtschaftspresse und Wirtschaftsmeldungen im Volltext. Die Datenbank wird täglich aktualisiert.

CCML AIDS Artikel (GO CCMLAIDS)

Die Datenbank liefert Volltext-Artikel der führenden medizinischen Presse und Fachliteratur zu Thema AIDS.

CENDATA (GO CENDATA)

Datenmaterial und Statistiken aus den USA.

Commerce Business Daily (GO COMBUS)

Volltextartikel aus dem Veröffentlichungsorgan des US-Handelsministeriums.

7 • Datenbankrecherchen mit CompuServe

Compendex (GO COMPENDEX)
Die Datenbank liefert bibliographische Hinweise auf Veröffentlichungen zum Thema Technik und Wissenschaft aus aller Welt.

Computer Database Plus (GO COMPDB)
Volltextartikel aus mehr als 230 Computerzeitschriften aus den USA.

Computer Directory (GO COMPDIR)
Verzeichnis über Produkte rund um den Computer und deren Hersteller.

Beteiligungen und Anteile (GO AFFILIATIONS)
Informationen über öffentliche und private Unternehmen und deren Beteiligung oder Zugehörigkeit zu anderen Unternehmen.

Newsletter Datenverarbeitung (GO DPNEWS)
Die Datenbank liefert Volltextartikel zum Thema Datenverarbeitung aus internationalen Newsletters.

Dataquest Online (GODQI-1)
Laufende Meldungen und Ereignisse in einer Vielzahl von Industriezweigen liefert diese Datenbank.

Dun & Bradstreet Kanadische Unternehmen (GO DBCAN)
Die Datenbank liefert Firmeninformationen von ca. 350.000 kanadischen Unternehmen.

Dun & Bradstreet Electronic Business Directory (GO DUNSBED)
Die Datenbank liefert Firmeninformationen von über 8.5 Millionen US-Firmen.

Dun & Bradstreet Market Identifiers (GO DMI)
Die Datenbank liefert Informationen über 6.7 Millionen Unternehmen in den USA.

ERIC (GO ERIC)
Die Datenbank liefert bibliographische Hinweise zum Sachgebiet Erziehung und Bildung.

Europäisches Firmenverzeichnis (GO EUROLIB)
Diese Datenbank liefert Ihnen mehr als 2,1 Millionen Firmenprofile aus Europa.

Deutsche Firmendatenbank (GO GERLIB)

Insgesamt werden Ihnen Informationen zu mehr als 50.000 Unternehmen aus Deutschland zur Verfügung gestellt.

Human Sexualtiy Databank (GO HUMAN)

Die Datenbank liefert bibliographische Hinweise auf die internationale Fachliteratur der Themen Medizin und Medizin am Menschen.

IT&T Tenderlink (GO TENDERLINK)

Die Datenbank liefert tägliche Berichte der Regierung (USA), von Unternehmen und Behörden.

InvesText (GO INVTEXT)

InvesText liefert Berichte über Unternehmen und deren Geschäftsdaten der letzten zwei Jahre. Die Berichte werden von namhaften Banken und Handelshäusern erstellt.

IQuest

Zugriff auf über 850 Datenbanken der unterschiedlichsten Sachgebiete. Weitere Informationen zu IQuest finden Sie in diesem Kapitel.

Information USA (GO INFOUSA)

Verzeichnis der US-Behörden und regionalen Behörden.

Knowledge Index (GO KI)

Mit dem Knowledge Index erschließen Sie sich den Zugang zu mehr als 100 Datenbanken mit wissenschaftlichen Informationen.

Legal Research Center (GO LEGALRC)

Informationen und bibliographische Hinweise aus über 750 Rechtsjournalen der USA.

Magazine Database Plus (GO MAGDB)

Volltextartikel und bibliographische Hinweise aus über 130 allgemeinen Zeitschriften und Magazinen.

Magill's Kino-Datenbank (GO MAGILL)

Magill liefert Informationen über alle Filme, die jemals seit 1902 in den Kinos liefen. Die Datenbank wird noch in Kapitel 8 besprochen.

Marketing/Management Research Center (GO MKTGRC)
Die Datenbank liefert Volltextartikel zu Wirtschafts- und Managementthemen aus den USA und weltweit.

Marquis Who's Who (GO BIOGRAPHY)
Profile von Entscheidungsträgern aus USA und Kanada. Marquis ist in diesem Kapitel besprochen worden.

NewsGrid (GO NEWSGRID)
NewsGrid speichert die Meldungen, der auf CompuServe laufenden Nachrichtenagenturen für eine Woche ab. Artikel können dann über ein Schlagwort ermittelt werden.

National Technical Information Service (GO NTIS)
Die Datenbank liefert technische Berichte über Forschungsprojekte die in den USA durchgeführt werden. Der Datenbestand reicht von 1970 bis heute.

PaperChase (GO PAPERCHASE)
Mit PaperChase haben Sie Zugriff auf MEDLINE, eine der größten Datenbanken zu Themen der Medizin.

Patent Research Center (GO PATENT)
Zugriff auf internationale Patente und Patentmeldungen aus den USA.

Phone*File (GO PHONEFILE)
Verzeichnis von über 80 Millionen US-Haushalten, deren Anschriften und Telefonnummern.

PSYCHINFO (GO PSYCINFO)
Die Datenbank liefert bibliographische Hinweise zu Veröffentlichungen der Fachgebiete Psychologie und Soziologie.

Seltene Krankheiten Datenbank (GO NORD)
Die Datenbank liefert Informationen über sehr selten Krankheiten und dem dazugehörigen Erkrankungsbild.

Warenzeichen Datenbank (GO TRADERC)
In dieser Datenbank werden alle aktiven Einträge von Warenzeichen aus den USA und Puerto Rico seit 1984 gespeichert. Zusätzlich sind die abgemeldeten Warenzeichen ebenfalls erfaßt.

TRW Firmenprofile (GO TRWREPRORT)

Die Datenbank liefert mehr als 13 Millionen Einträge zu US-Unternehmen und deren Kennzahlen.

Thomas Register Online (GO THOMAS)

Die Datenbank liefert Informationen von über 150.000 Unternehmen aus den USA und Kanada und spezielle Informationen zu deren Produkten. Informationen über die Produkte enthalten die neuesten technischen Daten der einzelnen Produkte.

Britische Firmendatenbank

Die Datenbank liefert Informationen über britische Unternehmen

Britische Marketing Datenbank (GO UKMARKETING)

Die Datenbank liefert aktuelle Marketingdaten der britischen Industrie und des Handels.

US-Zeitungsdatenbank

Sie haben Zugriff auf 48 US-Zeitungen, deren Artikel im Volltext in der Datenbank aufgeführt sind.

Top-Information innerhalb der CompuServe Foren

Unterschätzen Sie neben den große Datenbeständen nicht die Informationen, die Ihnen zum einen die Textdokumente in den Softwarebibliotheken und der interdisziplinäre Kontakt zu Fachleuten liefern.

Aufgabe: Electronic Publishing

Aufgabe soll es sein, Hintergrundinformationen zu den zusätzlich ermittelten Informationen aus den Online-Datenbanken mit Hilfe der Softwarebibliotheken zu finden (vgl. Abbildung 7.27).

Anschließend suchen Sie mit dem Navigator noch die einzelnen Softwarebibliotheken mehrerer Foren durch. Für die Suche nach »Electronic Publishing« lohnen sich das PR & Marketing Forum und Journalisten Forum (siehe Abbildung 7.28).

7 • Datenbankrecherchen mit CompuServe

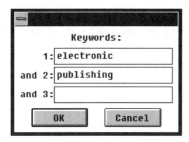

Abb. 7.27: Die Suche sollte im IBM-File Finder beginnen

```
                    Library(s): 1,3,4
  ☒ ☐     ▶▶▶ Search Library...
                    Library Search: <filename> = "*.*"
```

Abb. 7.28: Mit einem einfachen Skript suchen Sie mehrere Softwarebibliotheken ab

Sie erhalten eine größere Anzahl von Dateiinformationen und können über die Offline-Library des Navigators die gefunden Informationen sichten. In einem zweiten Schritt lassen sich die ausgewählten Dateien laden.

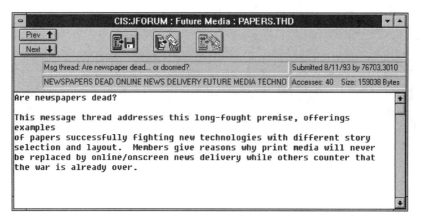

Abb. 7.29: Sie erhalten wertvolle Informationen aus den Softwarebibliotheken

Über die Recherche nach der Anschrift des Nutzers können Sie gegebenenfalls einen Kontakt herstellen. Einfacher ist es, Sie senden eine E-Mail an den Verfasser des Textes. Haben Sie einen Mitschnitt eines Threads, wie im Beispiel, so verfügen Sie über eine größere Anzahl von Ansprechpartnern. Solche Kontakte können teilweise weitaus bessere Informationen liefern, als die Recherche in Datenbanken.

222 CompuServe

Diese Art der Suche nach Informationen ist preiswerter und liefert Ihnen erste Grundinformationen zum Thema. Sie können dann darauf aufbauend eine Recherche in den Datenbanken starten. Dieser Weg ist meistens lohnenswerter als direkt mit einer Recherche einzusteigen.

Kapitel 8
CompuServe nur als Hobby

Hinter CompuServe steckt neben den professionellen Interessen eine Menge Spaß und Freude. Viele Menschen haben sich über CompuServe hinaus zu Interessensgruppen zusammengefunden. Mit seinen Foren ist CompuServe auf der einen Seite Informationsquelle, aber auch Treffpunkt der unterschiedlichsten Interessen. Wenn Sie ein besonderes Hobby haben und weltweit Menschen mit ähnlichen Interessen treffen wollen, dann sind Sie bei CompuServe richtig.

Flugsimulationen: Über den Wolken

Der Zeitschrift Chip ist seit gut einem Jahr eine Serie wert, sich mit dem Thema Flugsimulationen zu beschäftigen, und Sybex hatte auf einem CeBIT-Stand eigens einen Airbus-Piloten, um die Realität von Flugsimulationen vorzuführen.

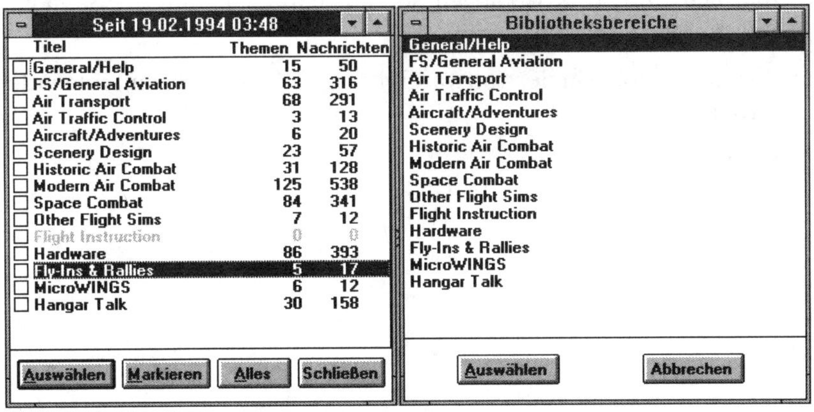

Abb. 8.1: Im Forum für Flugsimulationen (GO FSFORUM) finden Sie begeisterte Softwareflieger

Neben den Hobbyfliegern, die eben vor dem Abendessen einen Kurztrip mit Ihrer Cesna nach Los Angeles unternehmen, findet man auch die echten Flieger wie Stewart Hunt, der mit 175 Flugstunden einen Flugsimulator nutzt, um die Arbeit mit den Instrumenten zu verbessern.

Wesentlicher Vorteil des Forums ist die Diskussion bei Flugproblemen, die jeder Softwarepilot kennt. Wie bekommt man einen Anflug bei starkem Seitenwind hin und wie kann man bei einem Air to Air Combat seine Verfolger abschütteln?

Die Softwarebibliothek gefüllt mit Scenery-Files

Bald noch interessanter als die Diskussionen werden für viele die Daten in der Softwarebibliothek sein. Seitdem eine Reihe von Simulationsprogrammen das Generieren eigener Landschaften oder Kampfszenen ermöglichen, liefert das Forum fertige Szenen, die andere Nutzer erstellt haben. Hier einige der interessantesten Files:

Wenn Sie sich für ein neues Flugsimulationsprogramm interessieren liegen innerhalb der Softwarebibliothek eine Vielzahl von Demoprogrammen aus. Testen Sie die Software vor dem Kauf mit der abgespeckten Demoversion aus der Softwarebibliothek. Hier einige der interessantesten Files:

ITDEM.ZIP (258 KB) Demo für den Flugsimulator FS 4.0 und 5.0. Über 20 Screen Shots der neuen Italien Szenerie-Diskette von Virtuali SRL.

CHIWIL.VID (21 KB) Machen Sie einen aufregenden Flug über Chicago mit. Demo für den Flugsimulator FS 5.0.

AIMDEM.ZIP (215 KB) Fliegen Sie mit dem FS 4.0 auf die Bahamas und nach Puerto Rico.

Weitere Einträge in der Softwarebibliothek können Sie mit folgenden Suchwörtern lokalisieren:

- FS5
- FS4
- SCENERY

Hello Hollywood!

Für die Amerikaner ist CompuServe schon lange eine Möglichkeit, mit den Stars aus Hollywood oder besser mit den Menschen, die mit diesen zu tun haben, in Kontakt zu treten. Das Ihnen Clint Eastwood, Eddy Murphy oder Sigourney Weaver in einem Forum über den Weg laufen, ist wohl eher Wunschdenken. Aber wenn Sie alles über die Upper Class aus Beverly Hills erfahren wollen, sind Sie bei CompuServe genau richtig. Geben Sie in den Forum Finder einfach das Schlagwort *Hollywood* ein und CompuServe listet Ihnen alle verfügbaren Dienste auf.

Abb. 8.2: Mit dem Schlagwort Hollywood werden Ihnen alle Dienste unter CompuServe zum Thema aufgelistet

Wußten Sie, daß CompuServe selbst in zwei Filmen direktes Thema der Handlung war? In »Ausgerechnet Alaska« wird Joel Fleischmann von Maggie O'Connell mit einem Literaturhinweis konfrontiert:

«Hey Fleischman! Das gehört mir, geben Sie es wieder her!«
«Immunologisches Monatsblatt? War mir neu, daß Sie das im Abo...«
«Ich hab's auf CompuServe gefunden!«

Auch in einem anderen Spielfilm spielte CompuServe eine Rolle, als Allison das weibliche Opfer im Film *Single white female* den CB-Simulator nutzt, um mit diesen einen Notruf abzusetzen.

Showbiz Forum

Im Showbiz Forum halten sich die einen oder anderen Entscheidungsträger der US-Fernseh- und Filmindustrie auf. Diese nutzen das Forum meist dazu, um Kritiken und Verbesserungsvorschläge zu TV- oder Filmproduktionen entgegenzunehmen.

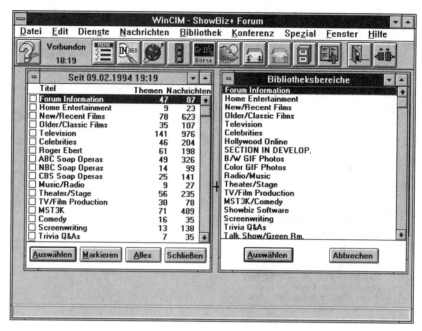

Abb. 8.3: Das Showbiz Forum (GO SHOWBIZ) ist eine Quelle vieler Entscheidungsträger des US-Fernsehens

Das Showbiz Forum ist eine gute Quelle über den Hintergrund von US-Serien und Filmen. Sie finden in der Softwarebibliothek Berichte zu den Dreharbeiten und den technischen Tricks, die angewendet worden sind.

Aber auch die GIF-Gallery des Forums kann sich sehen lassen. Wer schon immer einmal Christina Applegate auf dem heimischen PC sehen möchte, der sollte in diesem Forum die Softwarebibliothek durchstöbern. Sie kennen Christina Applegate nicht? Dann aber »Dumpfbacke« oder noch besser bekannt als Kelly Bundy. Da Sie gerade das Thema Bundy vor Augen haben, direkt noch ein deutsches »Outing« der besonderen Art. Bei der Suche nach Mitgliedern, die ein besonderes Interesse an den Bundies haben, werden Sie auf einen bekannten deutschen Autor stoßen. Kein anderer als Jörg Schieb hat sich im Mitgliederverzeichnis als Bundy-Fan verewigt (siehe Abbildung 8.4).

Hinweis: *Jörg Schieb ist Fachbuchautor und hat zahlreiche Fachbücher zum Thema MS-Windows bei Sybex veröffentlicht.*

Abb. 8.4: Outing auf »Bundy-Art«-Joerg Schieb im ShowBiz Forum

Topfilme in den USA: In einem halben Jahr bei uns

Auf Premiere konnte man eine lange Zeit unverschlüsselt eine Sendung sehen, welche die US-Kinohits vom ersten bis zum zehnten Platz vorstellte. Für viele war es immer sehr wichtig, schon ein halbes Jahr vor dem deutschen Kinostart zu wissen, welche Filme in den USA sehr gut besucht sind. Richtig »Mega-In« war man, wenn man auch noch etwas zum Inhalt und den mitwirkenden Schauspielern sagen konnte.

Abb. 8.5: Mit der derzeitigen Hitliste der Kinofilme in den USA erhalten Sie einen guten Überblick, was auf uns noch zukommt

Mit CompuServe können Sie vor der nächsten »Yuppie-Party« Ihre Hausaufgaben machen, wenn Sie sich die aktuellen Top-Ten-Filme aus den USA von einem der bekanntesten US-Filmkritiker erläutern lassen. Bevor Sie aber diese Kritiken bekommen, führt Sie der Weg zur aktuellen Hitliste der amerikanischen Kinofilme. Mit GO HOLLYWOOD gelangen Sie in das Hauptmenü der News aus Hollywood. Dort finden Sie auch die Kinohitliste (vgl. Abbildung 8.5).

Roger Eberts Filmkritiken (GO EBERT)

Zurück zur bevorstehenden »Yuppie-Party«. Damit Sie recht »filmkundig« auftreten können, sollten Sie eine Filmkritk von Roger Ebert lesen. Mit GO EBERT gelangen Sie zu einem der bekanntesten Filmkritiker in den USA.

Der Pulitzerpreisträger hat seine gesamten Filmkritiken als ASCII-Texte in einer Datenbank abgelegt. Mit *Search all Reviews* können Sie menügeführt entsprechende Filme nach dem Titel, Schauspieler oder Produzenten suchen. Die Datenbank enthält alle Filmkritiken seit 1970 von Roger Ebert.

Probieren Sie es gleich aus. Nehmen Sie die Liste mit den TOP-Filmen und suchen Sie sich einen Titel zur näheren Bestimmung heraus.

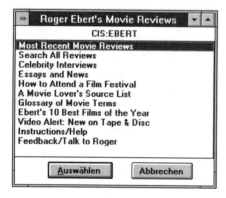

Abb. 8.6: Mit GO EBERT haben Sie Zugriff auf die gesamten Filmkritiken von Roger Ebert.

Nach der Entscheidung für den Film »Grumpy Old Men« suchen Sie mit der Titelangabe die Datenbank von Roger Ebert ab. Da es sich um einen aktuellen Film handelt, können Sie sich vorab in der aktuellen Liste der Filmkritiken nach diesem Titel umsehen. Da der Bedarf gerade an aktuellen Filmkritiken weitaus höher ist, können Sie in einem extra Menüpunkt die derzeit aktuellsten Kritiken abrufen. Aber zur Übung suchen Sie ruhig einmal in der Gesamtliste.

Abb. 8.7: Sie haben die Möglichkeit, die Filme nach unterschiedlichen Kriterien zu recherchieren

Die Eingabe der ersten Buchstaben des Titels reicht für die Suche vollkommen aus. Der Begriff wird vom System automatisch trunkiert und findet so in den meisten Fällen direkt den gewünschten Film.

Abb. 8.8: Es reicht die Eingabe der ersten Buchstaben des Titels zur Suche der Filmkritik

Das System gibt in diesem Beispiel sofort die gesamte Filmkritik aus. Wenn Ihre Titel-, oder Schauspielerangabe noch weitere Filme finden sollte, so erhalten so vorab eine Titelliste.

> Jack Lemmon and Walter Matthau go together like a couple of old shoes, broken in and comfortable, but still able to take a shine. Their rhythms of speech and their body language create a kind of harmony. Each fills in for the other. "The Odd Couple" could have been written for them, and "Grumpy Old Men" probably was.
> They play a couple of neighbors in a snowbound Wabasha, Minn., neighborhood. They've been feuding for years, mostly because they like each other so much. They trade insults, dismissals, snubs and dire imprecations. Then they go ice-fishing together. When they go fishing together, that means they go separately, but adjacently, so they can glower at one another.
> They live in the kind of neighborhood where everybody spends all of their time either out in front of the house, shoveling snow, or inside the house, peering out through the curtains. Neither John Gustafson (Lemmon) nor Max Goldman (Matthau) seems to have much actually INSIDE the house to hold their attention. Their lifeblood is gossip and jealousy.
> Things heat up nicely when a woman named Ariel moves into the neighborhood.

Abb. 8.9. Sie erhalten die komplette Filmkritik von Roger Ebert zum Film »Grumpy Old Men«

Wenn Sie gerade in der Datenbank von Roger Ebert recherchieren, dann testen Sie doch einmal die Datenbank, und geben einen Schauspieler Ihrer Wahl ein- Vorteil der Datenbank ist, daß auch Schauspieler, die eine nicht so tragende Rolle spielten, teilweise in den Kritiken mit aufgeführt sind – Sie können so sehr einfach nach Filmen auch etwas unbekannterer Schauspieler suchen.

Im Beispiel wurde ein etwas bekannterer Name gewähltette Filmkritik von Roger Ebert zum Film »Grumpy Old Men«

Wenn Sie gerade in der Datenbank von Roger Ebert recherchieren, dann testen Sie doch einmal die Datenbank, und geben einen Schauspieler Ihrer Wahl ein. Vorteil der Datenbank ist, daß auch Schauspieler, die eine nicht so tragende Rolle spielten, teilweise in den Kritiken mit aufgeführt sind. Sie können so sehr einfach nach Filmen auch etwas unbekannterer Schauspieler suchen. Im Beispiel wurde ein etwas bekannterer Name gewählt: *Kevin Costner*.

```
         Search Results: 12 movies
 Actor/Actress beginning ["Costner"]
 Title                              Rating
 Perfect World, A                   ****
 Bodyguard, The                     ***
 JFK                                ****
 American Flyers                    ** 1/2
 Bull Durham                        *** 1/2
 Dances With Wolves                 ****
 Field of Dreams                    ****
 No Way Out                         ****
 Revenge                            ** 1/2
 Robin Hood: Prince of Thieves      **
 Silverado                          *** 1/2
 Untouchables, The                  ** 1/2
```

Abb. 8.10: Alle Filme von Kevin Costner werden aufgelistet, die sich in der Datenbank von Roger Ebert befinden

Einen Nachteil hat die Datenbank bei der Suche nach dem Schauspieler. Da Sie nur den Nachnamen des Schauspielers eingeben können, würden Ihnen bei der Eingabe von *Sutherland* alle Filme von Donald und Kiefer Sutherland aufgelistet (Vater und Sohn).

Soap-Operas: Wissen was läuft

Neben den Filmen im Kino spielt sicherlich das Fernsehen eine ebenso große Rolle. Eine Vielzahl der Fernsehserien im deutschen Fernsehen sind Importe aus den USA.

Mit CompuServe bekommen Sie einen Einblick, welche Ereignisse bekannter US-Serien bei Ihnen über den Bildschirm flimmern werden. Mit GO SOAPS erhalten Sie die Zusammenfassung der jeweils aktuellen Folge einer bekannten Fernsehserie.

8 • CompuServe nur als Hobby

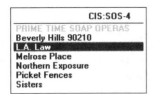

Abb. 8.11: Wollen Sie wissen, wie es in den Soap Operas weitergeht?

Das Menü unterscheidet zwischen Serien, die täglich ausgestrahlt oder Prime-Time Soap Operas, die nur einmal die Woche ausgestrahlt werden. Bekannter sind bei uns die Prime-Time Serien, wie L.A. Law oder Beverly Hills 90210.

```
***L.A. Law*
Arnie represents a mathematician whose estranged wife seeks to use his theories to
advance her lover's career. Eli endures a rash of cannibalism jokes from his partners when
he signs on to defend two mountain climbers accused of voluntary manslaughter after they
killed and devoured their injured companion. Denise becomes the object of desire for
squabbling father and son clients of Leland's. On the stand, Richard testifies how he and
his partner were stranded in a cave without food for more than two weeks before they made
the decision to suffocate their comatose friend. Under Tommy's cross examination, Richard
suddenly admits that he heard Vaughn call out his wife's name while Sam was in the
process of smothering him. Later, Sam defends his actions in sacrificing one life to save
two. Arnie employs an unorthodox method to boost Carl's self-confidence and persuade him
to fight back. Richard is acquitted but the jury finds Sam guilty of manslaughter.
```

Abb. 8.12: Die Ereignisse der aktuellen L.A. Law-Folge können Sie in CompuServe mitverfolgen

Aber seit dem Einzug der Bundies in die deutschen Wohnzimmer, erfreuen sich die täglich ausgestrahlten Soap-Operas immer größerer Beliebtheit. Dabei werden die letzten 14 Tage berücksichtigt, aus denen Sie sich das Datum der Folge heraussuchen. Da wir in Deutschland noch kein US-Fernsehen empfangen können, ist dies noch nicht relevant für den deutschen CompuServe-Nutzer. Aber echte »General Hospital-Fans« lassen sich davon nicht beeindrucken.

```
***General Hospital 2/2/94***
Determined to protect himself and his parents from prosecution, A.J. offers Luke one hundred thousand
dollars to remove certain evidence from Damien's safe. Although reluctant at first to get involved, Luke
becomes intrigued by the scent of a brewing Quartermaine scandal and agrees to scope out Smith's hotel
room. Later, on the pretext of discussing Frank's business, Luke visits Damien and checks out the lay of
the land. Ned and Brenda renew their campaign to make A.J. jealous. At Kelly's, Karen laughingly fills
Jagger in about Brenda's suspicion that they've already eloped. Rhonda reacts badly to the news of her
daughter's engagement. Ned attempts to dissuade A.J. from hiring The Idle Rich. After awakening to
find himself dressed in Ryan's hospital garb, Kevin tries desperately to explain to the skeptical orderlies
that his murderous twin has escaped and is loose on the streets of Port Charles. Meanwhile, Felicia
innocently invites Ryan into her home, where she thanks him for helping her overcome her paralyzing
fear of his brother. As they chat, Felicia realizes something is different about her friend but chalks it up
to his recent visit to the hospital. Ryan's doctors sedate Kevin for 24 hours.
```

Abb. 8.13: Eine Zusammenfassung der letzten Ereignisse aus der Serie »General Hospital«

Magill's Kino-Datenbank

Mit dem Zugriff auf die Datenbank von Magill stehen nähere Informationen zu Filmen seit dem Jahre 1902 zur Verfügung. Nach dem Kapitel Datenbankrecherche dürfte Ihnen die Suche innerhalb von Magill nicht schwerfallen.

Die Recherche ist nach unterschiedlichen Kriterien möglich, und empfehlenswert ist die Suche nach dem Titel und der Einschränkung über den Schauspieler. Im Beispiel sollen Sie nach dem Film »Zardoz« suchen, in dem Sean Connery mitgewirkt hat.

```
                 * MAGILL'S SURVEY OF CINEMA *
   PRESS   TO SELECT

      1   by title words
      2   by subject words
      3   by name of person listed in the film credits
      4   by character name

      H   for Help,   C   for Commands
```

Abb. 8.14: Die Suche in der Datenbank von Magill läßt sich nach verschiedenen Kriterien durchführen

Nach der Eingabe von *Zardoz* als Filmtitel schränken Sie die Suche noch mit der Eingabe *Connery* ein.

```
   There are 1 item(s) that satisfy your search phrase.
   You may wish to print or capture this data if possible.


   Heading #1          Search: 02-18-1994  16:11
   ^S/^Q: start/stop;    ^C/<ESC>: interrupt;     ^T: Paging ON/OFF
   0009771
   ZARDOZ.
      MPAA RATING: R
   Press <return> to continue.
```

Abb. 8.15: Sie erhalten einen Treffer in der Suche nach dem Film Zardoz

Die Datenbank gibt Ihnen in einem Free-Format immer den Titel des Filmes aus. Sie können auf diese Weise entscheiden, ob die Suche richtig verlaufen ist. Für den vorliegenden Fall scheint der einzige Eintrag zu »Zardoz« der richtige Treffer zu sein. Sie können sich den gesamten Eintrag der Datenbank ausgeben lassen.

Die Datenbank eignet sich für Recherchen nach Hintergründen zu Schauspielern oder der Filmindustrie. Durch die Menüvorgabe recherchieren Sie immer etwas kanalisiert, aber für die notwendigsten Suchschritte ist das Menü vollkommen ausreichend.

```
ZARDOZ.  1974  COLOR/BW: c   104 min.
     COUNTRY: Great Britain
     MPAA RATING: R
DIRECTOR:   John   Boorman  PRODUCER:   John   Boorman;  released by Twent
     Century-Fox.
                         CAST
     Zed -- Sean Connery
     Consuella -- Charlotte Rampling
     May -- Sara Restleman
     Friend -- John Alderton
     Avalow -- Sally Ann Newton

SCREENPLAY BY: John Boorman.
CINEMATOGRAPHER: Geoffrey Unsworth
EDITOR: John Merrit
OTHER  CREDITS:  Music,  David  Munrow.  Set  Decoration, John Hoesli
     Martin Atkinson. Production Design, Anthony Pratt.

ABSTRACT: A futuristic story about society and human interaction in 22
DESCRIPTORS: Class  Conflict; Corruption; Future; Heroism; Individual
     Martyrdom; Oppression; Science Fiction; Self-Discovery; Violence
```

Abb. 8.16: Der Eintrag in der Datenbank Magill zum Film »Zardoz«

Eliot Stein's Hollywood Hotline

Wenn Sie an den aktuellen Neuigkeiten aus Hollywood interessiert sind, dann ist die Hotline von Elliot Stein als Hollywood Ticker für Sie von Interesse.

Der Service ähnelt den Nachrichtendiensten unter CompuServe (s. Kapitel 10) und liefert aktuelle Meldungen aus der Filmbranche rund um Hollywood (siehe Abbildung 8.17).

Entertainment-Foren im Überblick

Nachfolgend einen Gesamtüberblick über alle Foren, die sich mit dem Thema Unterhaltung, Kino, Film, usw. befassen und in denen Sie wertvolle Informationen erhalten können.

Associated Press Online (GO APO)

In der Rubrik Entertainment erhalten Sie aktuelle Meldungen aus dem Bereich der Unterhaltung. Aktuellere Meldungen als aus diesem Nachrichtenticker können Sie kaum anderswo beziehen (vgl. Abbildung 8.18).

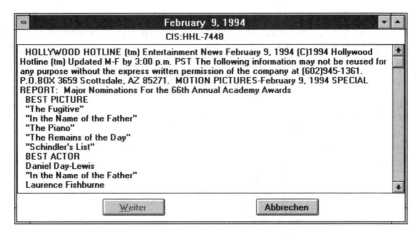

Abb. 8.17: Aktuelle Meldungen aus Hollywood mit GO HOLLYWOOD

Abb. 8.18: Im Bereich »Entertainment« der Associated Press erhalten Sie aktuelle Meldungen zum internationalen Unterhaltungsgeschäft

Broadcast Professional Forum (GO BPFORUM)

Interessieren Sie sich mehr für die technische Seite des Unterhaltungsgeschäfts ist dieses Forum die Anlaufstelle. Hier finden Sie Profis aus dem Radio- und Fernsehbereich. Ebenfalls werden Video- und Kommunikationstechnologien besprochen.

8 • CompuServe nur als Hobby   235

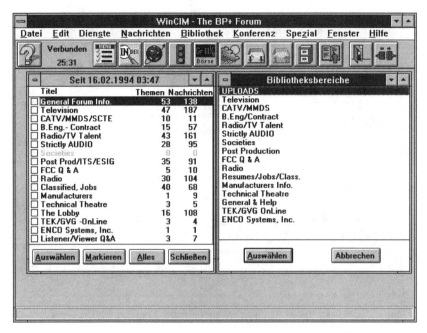

Abb. 8.19: Das Broadcast Professional Forum (GO BPFORUM) im Überblick

Journalisten Forum (GO JOURNALISM)

Mehr als 20.000 Journalisten aus aller Welt sind in diesem Forum eingetragen. Hier können Sie mit Fachleuten aus der Presseszene rund um den Film, Unterhaltung und deren Stars diskutieren. Für jeden Journalisten der CompuServe nutzt, ist dieses Forum ein Muß!

Für den Bereich Printmedien, Radio und Fernsehen ist eine gesonderte Sektion eingerichtet (siehe Abbildung 8.20).

Kauf Dir einen Dino!

Die Dino-Welle hatte auch CompuServe fest im Griff. Dies führte zu Aufbau des Dinosaurier Forums, das mehr ist, als nur ein Forum zum Film *Jurassic Park*, sondern ein Treffpunkt interessierter Naturkundler geworden ist (vgl. Abbildung 8.21).

Im Dino-Forum werden neben dem immer noch diskutierten Film von Steven Spielberg auch die biologischen und erdgeschichtlichen Themen diskutiert.

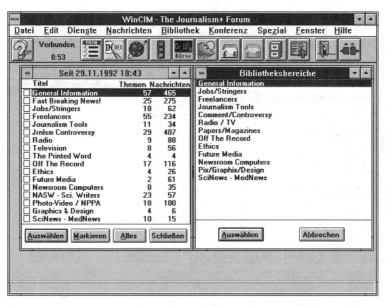

Abb. 8.20: Das Journalistenforum ist eine gute Quelle, wenn Sie weitere Hintergrundinformationen benötigen

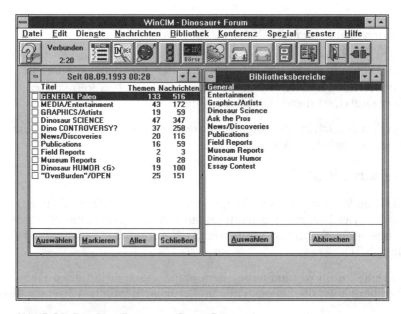

Abb. 8.21: Das Dino-Forum von CompuServe

Spiele: Für eine Handvoll Dollar

Wenn Sie die neuesten Shareware-Hits auf dem Spielemarkt suchen, dann sind Sie bei CompuServe genau richtig. Die Softwarebibliotheken sind ein riesiges Archiv, gefüllt mit tausenden von Spielen namhafter Shareware-Anbieter.

Auch wenn Sie nur die Lösung für eine vertrackte Situation im neuesten Adventure suchen, finden Sie hier den richtigen Kontakt.

Die besten Spiele-Foren

Eine Reihe von Foren unter CompuServe haben sehr gute Spiele in den Softwarebibliotheken abgelegt. Die Schwierigkeit besteht sehr oft darin, daß ein Download einen gewissen Überraschungseffekt mit sich bringt. Sehr oft wissen Sie auch nicht, ob das Spiel wirklich so gut ist, wie es in der Beschreibung dargestellt wird.

Wenn Sie etwas Geduld aufbringen können, dann fragen Sie im Forum einfach vorsichtshalber nach, welche Erfahrungen einzelne Nutzer mit den verschiedenen Spielen gemacht haben. Geben Sie dabei immer den Dateinamen, Titel des Spieles und die Nummer der Softwarebibliothek an, aus der Sie das Spiel bezogen haben.

Das Gamers Forum

In der Softwarebibliothek des Gamers Forum finden Sie alle Spiele auf dem Sharewaremarkt die Rang und Namen haben. Mit dem Navigator können Sie sich sehr leicht einen guten Überblick über die derzeit aufgelegten Spiele machen.

Ziel ist es, einen Überblick über die in den beiden letzten Monaten geladenen Spiele zu erhalten. Wählen Sie die Option *Since* im Skript-Editor und setzen Sie die Suchanweisung einmal nur auf eine bestimmte Sektion, die Sie interessiert. Im vorliegenden Beispiel wurden 183 Einträge erfaßt (siehe Abbildung 8.22).

Neben den Spielen liefert das Forum eine Vielzahl an Informationen, Karten und Utilities zu den bekanntesten Sharewarehits. Selbst wenn Sie also ein Spiel aus einer benachbarten Mailbox geladen haben, lohnt sich immer der Weg in das Gamers Forum. Sie finden dort sehr oft Updates mit neuen Leveln oder abgespeicherte Spielstände, die Sie dann weiter spielen können.

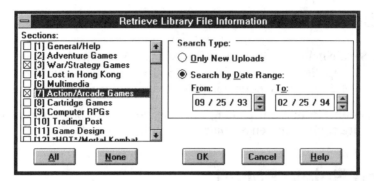

Abb. 8.22: Eingabe der Suchanweisung in das Menü im Navigator von CompuServe

Forum der Spiele Hersteller (GO GAMPUB)

Bevor Sie ein Spiel kaufen, wollen Sie wissen, was Sie erhalten. Die eine Seite sind Spielekritiken aus den gängigen Computerzeitschriften. Die andere Möglichkeit bietet dieses Forum in dessen Softwarebibliothek Sie Demos und den direkten Kontakt zu den Spieleherstellern aufnehmen können.

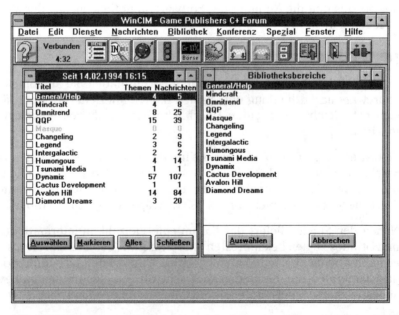

Abb. 8.23: Das Forum bekannter Herstellerfirmen von Computerspielen (GO GAMPUB)

Folgende Hersteller sind derzeit in diesem Forum vertreten:

Accolade	Activision
Bethesda	Softworks
Disney	Interplay
Konami	Lucasfilm
Masque	Merit Software
Mindcraft	Micropose
Mindscape	New World Computing
Origin	QQP
Sierra OnLine	Sir-Tech
Spectrum Holobyte	SSI
SubLOGIC	Three-Sixty Pacific

Suchen Sie sich einen Gegner

Alleine vor dem Rechner zu sitzen und stundenlang in fernen Galaxien zu kämpfen oder geheimnisvolle Rätsel zu lösen ist out. Auch auf dem Spiele-Sektor hat die Vernetzung begonnen. Viele Computerspiele bieten mittlerweile die Möglichkeit gegen einen anderen Gegner zu spielen, obwohl dieser nicht mit am gleichen Rechner sitzt. Verbunden sind die Kontrahenten über die Telefonleitung. Das Modem verschickt dabei die notwendigen Systemdaten zwischen den Gegnern.

Ein Modem haben Sie und Sie sind auch im Besitz eines Spieles, daß eine Modem-zu-Modem-Option unterstützt. Nun fehlt Ihnen jedoch ein Gegner mit ebenfalls diesem Spiel und einem Modem.

Auf CompuServe finden Sie ein Forum für genau die Suche nach einem gleichwertigen Gegner, der gegen Sie antreten möchte.

```
MTM Challenge Board(sm)

MTM CHALLENGE BOARD(sm)
 1 Instructions
 2 Add/Change Your Profile
 3 Delete Your Profile

SEARCH BY:
 4 Game Titles
 5 Phone Number
 6 Name
```

Abb. 8.24: Im Modem-zu-Modem Spiele Forum finden Sie den Gegner für interessante Spieleabenteuer

Modem Spiele Forum

Sie haben aber kein Spiel, daß ein Modem unterstützt? In der Softwarebibliothek des Modem Spiele Forums werden Sie ausreichend mit Shareware versorgt. Zusätzlich ist das Forum eine weitere Möglichkeit potentielle Spielegegner kennenzulernen.

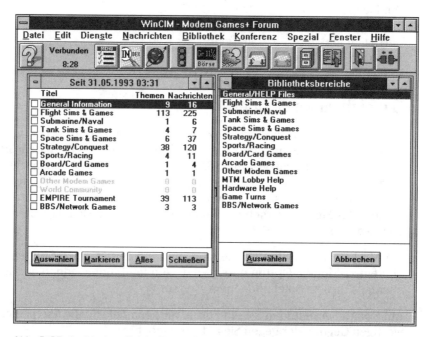

Abb. 8.25: Im Modem Spiele Forum finden Sie eine Auswahl an guten Spielen zum Download

Schnell finden Sie Anschluß an andere Nutzer in diesem Forum. Regelmäßig werden Wettbewerbe veranstaltet, in denen die Spieler gegeneinander antreten müssen. Hier eine Auswahl der interessantesten Spiele in diesem Forum:

MTMLIST.TXT (33 KB) Gesamtliste aller Modem-zu-Modem-Spiele. Es werden sowohl Shareware als auch professionelle Spiele aufgelistet.

GRWAR2.ZIP (112 KB) Panzersimulation mit ausgezeichneten Graphiken.

LWR152.ZIP (79 KB) Die aktuellste Version des 3-D-Weltraumspiels.

MEGTRN.ZIP (533 KB) Suchen Sie in einem Labyrinth Ihren Gegner. Sie können entweder gegen den Computer oder einen Gegner über Modem spielen.

Kontakte zu Sammlern in aller Welt

Wer hätte damals zu Anfang der Telefonkarte oder den Swatch Uhren gedacht, daß manches Einzelstück für mehrere tausend Mark gehandelt wird.

CompuServe hat mit dem Sammler Forum einen eigenen Treffpunkt von Sammlern der unterschiedlichsten Dinge.

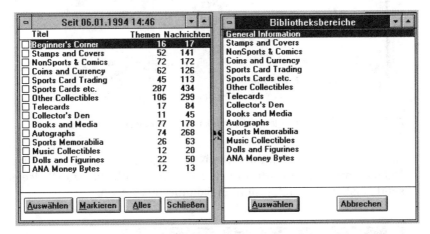

Abb. 8.26: Das Forum für den Sammler (GO COLLECT)

Da gerade sehr oft Sammlerstücke aus dem Ausland einen sehr hohen Wert haben, lohnt es sich den Kontakt mit Gleichgesinnten aufzunehmen, um die eigene Sammlung zu vervollständigen oder einen guten Käufer zu finden.

Die Softwarebibliothek liefert eine Vielzahl von Informationen und ist einen Besuch wert. Sie finden in der Bibliothek GIF-Bilder von seltenen Sammlerstücken, Kataloge oder Sammlerhinweise.

Sind Sie beispielsweise Sammler von Telefonkarten, dann haben Sie die Möglichkeit Telefonkarten als GIF-Image zu laden. Alle Karten, die in der Bibliothek zu finden sind, stehen meist zum Tausch oder Kauf zur Verfügung. Sehr oft ist mit auf dem Bild ein Hinweis zum CompuServe-Nutzer angegeben (siehe Abbildung 8.27).

Ein weiterer Weg Kontakt zu einem Sammler im Ausland aufzunehmen, ist neben der Nachricht in der entsprechenden Sektion, die Suche im Mitgliederverzeichnis des Forums. Geben Sie ein Suchwort im Feld für die Interessen ein.

Abb. 8.27: Sammler von Telefonkarten können sich Einzelstücke als GIF-Bild ansehen

Als nächsten Schritt wählen Sie Nutzer aus der Liste aus und kopieren die Nutzerkennung in Ihr Adreßbuch. Sie können sich auf diese Weise eine umfassende Liste von gleichgesinnten Sammlern erstellen.

Abb. 8.28: Von diesem Sammler stammt auch die Telefonkarte von Abb. 8.27

Ahnenforschung auf CompuServe (GO ROOTS)

Hatten Sie einen Großonkel dritten Grades, der vor ca. 80 Jahren in die USA ausgewandert ist und von dem Ihre Familie nie wieder etwas gehört hat? Wenn Sie etwas mehr über Ihre Familiengeschichte herausfinden wollen, dann sollten Sie mit GO ROOTS in das Forum für die Ahnenforschung wechseln.

In diesem Forum finden Sie ebenfalls nach den Wurzeln Ihrer Herkunft forschende Menschen. Das Forum ist ein Treffpunkt für Fachleute aus Bibliotheken und Archiven, die bei Fragen zur Ahnenforschung Rede und Antwort stehen.

In der Softwarebibliothek findet man neben zahlreichen Programmen für die Erstellung eines Familienstammbaums, auch nützliche Tools. Ein Beispiel ist das Programm AUTFN2.ZIP mit dem Sie das Phone*File von CompuServe automatisch durchsuchen lassen können.

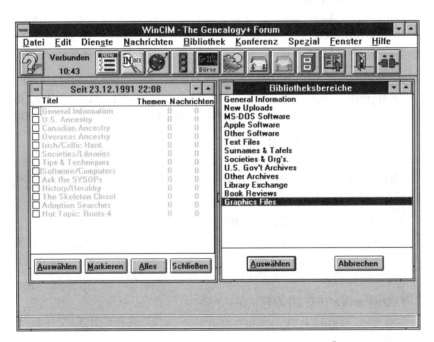

Abb. 8.29: Das Forum für die Ahnenforschung (GO ROOTS) im Überblick

Weitere Hobby-Foren

Alle Foren innerhalb von CompuServe vorzustellen, würde den Rahmen eines Buches sprengen. Die weiteren Foren daher nur im Kurzüberblick.

Aquarium Forum (GO FISHFORUMS)

In diesem Forum treffen sich die Aquarianer und Fischzüchter.

Automobil Forum (GO AUTO)

Liebhaber von Automobilen jeglicher Art, ob Oldtimer oder Rennwagen treffen sich in diesem Forum. Sie finden Experten, die Ihnen Tips beim Kauf eines Wagens oder der Restaurierung geben. Wollen Sie ein US-Fabrikat kaufen, finden Sie in der Softwarebibliothek Pannenstatistiken und Testberichte einzelner Fahrzeugtypen.

Bachus Weinforum (GO WINEFORUM)

Die echten Weinliebhaber haben in diesem Forum einen Treffpunkt. Empfehlen Sie anderen Nutzern Ihren Spitzenwein oder lassen Sie sich mal ein gutes Tröpfchen empfehlen!

Behinderten Forum (GO DISABILITIES)

Treffpunkt behinderter Menschen, aber auch für Angehörige, die Hilfe im Alltag und der Versorgung eines behinderten Menschen benötigen.

Comic Forum (GO COMICS)

Die neusten Meldungen aus der Comic-Szene erfahren Sie in diesem Forum. Ein idealer Treffpunkt neben dem Sammler Forum, um die Comic-Sammlung zu vervollständigen.

Eisenbahn Forum (GO TRAINNET)

Wenn Ihnen das Basteln an Ihrer Modelleisenbahn nicht ausreicht, dann finden Sie hier Gleichgesinnte aus aller Welt. Die Softwarebibliothek liefert nützliche Hilfsprogramme für die Planung Ihrer Modelleisenbahnanlage.

Foto Forum (GO PHOTOFORUM)

Das Foto Forum ist innerhalb von CompuServe durch die gut bestückte Softwarebibliothek bekannt. Sie finden hier die gescannten Bilder zahlreicher Fotografen aus dem Hobby- und Profibereich.

Garten Forum (GO GARDENING)

Ärgert Sie ein Maulwurf? Dann holen Sie sich hier die Hilfe anderer Nutzer, die vor dem gleichen Problem standen.

Gesundheitsforum (GO GOODHEALTH)

Haben Sie Fragen zu Gesundheit und Fitneß? Sie finden in diesem Forum Hinweise zu gesunder Ernährung und Lebensweise.

Bastel Forum (GO CRAFTS)

Hobby-Bastler finden in diesem Forum Gleichgesinnte aus aller Welt. Materialien und Techniken für den Bastler werden besprochen. In der Softwarebibliothek finden Sie Bauanleitungen und Muster für die Erstellung neuer Werke.

Haustier Forum (GO PETS)

In diesem Forum dreht sich alles um das Haustier. Fragen der Pflege und Haltung werden diskutiert. Welches Haustier Sie auch immer haben, Sie werden hier jemanden anderes finden, der ein gleiche Tier hält.

Literatur Forum (GO LITFORUM)

Autoren und Leser treffen sich in diesem Forum. Legen Sie Ihre eigenen Gedichte oder Geschichten in der Softwarebibliothek ab.

Koch Forum (GO COOKS)

Hobbyköche oder Profis treffen sich in diesem Forum, um interessante Rezepte oder die letzten Kniffe zur Verfeinerung einer Sauce auszutauschen.

Musik & Kunst Forum (GO MUSICARTS)

In diesem Forum finden Sie Musik- und Kunstbegeisterte. Alle Kunst- und Musikrichtungen sind vertreten. In einer Sektion des Forum finden Sie die neuesten Termine bekannter Künstler.

RockNet (GO ROCK)

Pop und Rockfans haben hier das Forum um ganz nah an den Rockgrößen zu sein.

Segel Forum (GO SAILING)

Der elektronische Yacht-Club bringt Sie in Kontakt mit anderen Seglern. Fachsimpeln Sie über Ihre letzte Fahrt auf den Meeren dieser Welt.

Sporttaucher Forum (GO DIVING)

Wo findet man die besten Stellen, um in kristallblauen Wasser zu tauchen? Taucher aus dem Hobby- und Profibereich treffen sich in diesem Forum. Themen wie Unterwasserfotografie oder Medizin werden ebenfalls in den Foren behandelt.

Science Fiction Forum (GO SCIFI)

Der Treffpunkt von Science Fiction Fans aus aller Welt. Wie geht die Star Wars Saga weiter? Fragen nach Büchern oder dargestellten Charakteren werden in diesem Forum diskutiert. In der Softwarebibliothek finden Sie GIF-Bildern zu bekannten Science-Fiction Figuren.

Umwelt Forum (GO EARTH)

Jeder kann persönlich noch sehr viel zum Umweltschutz beitragen. Was man alles tun kann, erfährt man in den Diskussionen mit Umweltexperten, die in diesem Forum anzutreffen sind.

Hinweis: *Einen kompletten Überblick auf alle Foren bietet Ihnen die Liste im Anhang. Entdecken Sie für sich das richtige Forum mit dem Sie arbeiten können und das Ihre Interessen abdeckt.*

Kapitel 9
Reisen mit CompuServe

Reiseplanung mit CompuServe

Über die Deutschen sagt man, sie wären das reiselustigste Volk der Erde. Kaum ein anderes Land gibt so viel Geld für die Urlaubsreise aus und hat dann noch zu allem Überfluß einen oberen Hitparadenplatz, wenn es um die Anzahl der Urlaubstage im internationalen Vergleich geht. Der Trend, einen Urlaub selber individuell zu planen, hat zudem zugenommen. Die pure Pauschalreise ohne jeglichen Reiz lehnen mittlerweile viele ab und wollen nun aktiv in die Freizeitgestaltung eingreifen.

Mit CompuServe wird man zum eigenen Reisebüro, verfügt über eine große Literatur- und Berichtsbibliothek und trifft auf eine große Anzahl Gleichgesinnter, die das Land der Träume schon einmal besucht haben. CompuServe kann eine Reiseplanung erheblich erleichtern und man kann in mancher Hinsicht Geld sparen. In Verbindung mit dem WinCIM und dem CISNav lernen Sie die Reiseplanung zu einigen ausgewählten Zielen kennen. Die Anwendung auf andere Fernziele ist dann recht einfach. Mit der Festlegung Fernziele merkt man schnell, an wen sich das Angebot von CompuServe richtet. Fernreisende oder auch der Geschäftsreisende können CompuServe für eine Reiseplanung nutzen. Für den Urlaub im Schwarzwald oder, Lüneburger Heide ruft man immer noch am besten das örtliche Verkehrsamt an. Wie will man aber das örtliche Touristenbüro am Grand Canyon auf preiswerte Art erreichen, ohne die Telefonkosten übermäßig zu strapazieren? Kein Fax, um wenigstens preiswert ein Hotel buchen zu können? Sie sehen, es wird Zeit, CompuServe zu nutzen.

Damit das Lesen so richtig Spaß macht, werden Sie kennenlernen, wie Sie Reisen sehr schnell und einfach mit CompuServe planen können.

Neben den Foren mit dem Schwerpunkt Reise haben Sie sicherlich schon die unterschiedlichsten Dinge über das Buchen eines Fluges mit dem CompuServe-System gehört. Die einen sagen, dies wäre viel zu teuer, und die anderen halten mehr vom Weg zum Reisebüro. Was daran ist, lesen Sie selbst.

Praxisbeispiel: Australien und USA

Anhand von zwei Praxisbeispielen können Sie den Weg durch die Dienste zum Thema Reise und Urlaub verfolgen. Die Reise nach Australien hatten Sie sich ungefähr so vorgestellt, daß Sie wenn möglich von Frankfurt nach Sydney fliegen wollten. In Sydney wollen Sie dann mit einem Mietwagen das Land erkunden. Wo es genau hingehen soll, wissen Sie noch nicht.

Reise Nummer 2 ist eigentlich die Reise des imaginären guten Freundes, den der Autor hier einsetzen muß. Denn wer fliegt schon in einem Jahr nach Australien und dann noch in die USA in den Urlaub? Die Reise soll ein wenig abenteuerlicher zugehen, denn Ihr Freund will mit dem Rucksack den Grand Canyon aus nächster Nähe erleben. Auch von den Fahrten mit den Flößen auf dem Colorado River etwas gehört, weiß aber nicht, wie man an einen Veranstalter vor Ort herankommt.

Damit Sie und Ihr Freund die Reise richtig planen können, sollten Sie die Reiseforen unter CompuServe in Anspruch nehmen. Dort liegen zahlreiche Reiseberichte und Zusammenstellungen über Unterkünfte aus, die Ihnen kaum eine Bibliothek oder ein Reisejournal liefern kann. Hier haben Leute wie Sie und ich Ihre Meinung geschrieben, und das ist meist interessanter als ein Reiseführer.

Travel Forum (GO TRAVEL)

Es geht nichts über Erfahrungswerte, die andere schon einmal gemacht haben. Viele Fehler lassen sich so vermeiden, und der eine oder andere gute Tip ist immer zu erhalten. Mit dem Travel Forum sollte man sich als erstes auseinandersetzen, bevor man mit der eigentlichen Planung einer Reise beginnt.

Mit dem Navigator können Sie sehr einfach und schnell das Travel Forum nach Dateien absuchen. Für eine erfolgreiche Suche sollte der Navigator schon die Daten des Forums aus einem vorherigen Login beziehen, da Sie die Recherche weitaus besser mit dem Suchmenü steuern können.

Zusätzlich ist das Plazieren einer Anfrage im Forum zu empfehlen, um noch mit einigen Nutzern über Ihre Reisen zu diskutieren. Für die Suche nach Textdateien ergeben sich für die erste Suche folgende Schlagworte:

Reise Australien: Australia

Reise USA: Grand Canyon
                    Park

9 • Reisen mit CompuServe

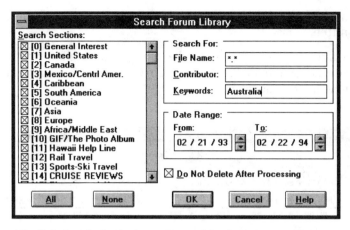

Abb. 9.1: Für die Suche legen Sie zwei Suchschritte an (Beispiel Australien)

Der Rest ist für Sie ein Kinderspiel. Der Navigator loggt sich bei CompuServe ein, und Sie erhalten die gewünschten Daten.

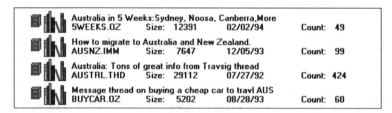

Abb. 9.2: Zahlreiche Dateien findet der Navigator zu Australien

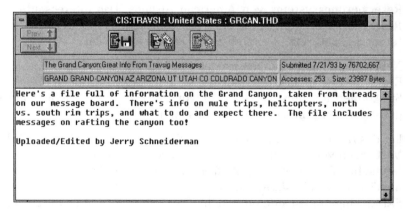

Abb. 9.3: Auch zum Thema Grand Canyon und Park wurde der Navigator fündig

Nach dem Login hat der Navigator viele Dateien zu Australien und den USA mitgeschnitten.

Über die Offline Library können Sie die bezogenen Dateiinformationen noch effektiver durchsuchen, da Sie die Möglichkeit haben, den Abstrakt ebenfalls in eine Suche mit einzubeziehen.

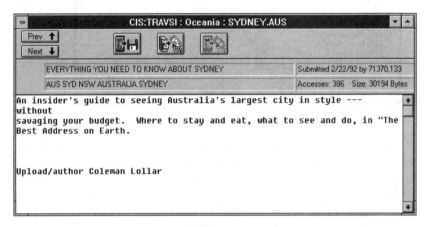

Abb. 9.4: Die Suche in der Offline Library des Navigators ermöglicht die Suche innerhalb der Dateibeschreibungen

EAASY SABRE: Schauen, was der Spaß kostet

Dieser Service unter CompuServe ist die vereinfachte Form des SABRE Online-Reservierungssystems von American Airlines. Das interessante an diesem Reservierungssystem ist die Unterbringung in den Basic Services. Dies bedeutet für Sie, daß keine weiteren Zusatzkosten entstehen.

Neben den Flugbuchungen ist das Buchen von Mietwagen und Hotels über EAASY SABRE möglich. Gerade die letzten beiden Optionen haben es in sich. Sie können auf diese Weise sehr gut die Preise vergleichen und sich das günstigste Unternehmen vor Ort aussuchen.

Für das Beispiel der Australienreise sollen Sie sich einmal näher die Preise der Mietwagen vor Ort ansehen, um beurteilen zu können, ob die Angebote von Deutschland aus preiswerter wären. Mit GO SABRE kommen Sie in das Grundmenü von EAASY SABRE, in dem zuerst festgestellt wird, ob Sie bereits bei SABRE eingetragen sind oder nicht. Diesen Eintrag sollten Sie ausfüllen, wenn Sie wirklich vorhaben, eine Buchung über CompuServe durchzuführen. Man

9 • Reisen mit CompuServe   251

hat dies als zusätzliche Sicherung eingebaut, damit jemand nicht auf Ihre Kosten einen teuren Flug oder ein teures Hotel bucht. Sie können dies aber übergehen und direkt das Hauptmenü anwählen.

```
                        EAASY SABRE MAIN MENU

    1  System Quick Tips                 6  Profile Review and Change
    2  Travel Reservations and Information  7  Travelers Access
    3  Weather Information               8  Official Recreation Guide
    4  AAdvantage                        9  Sign Off
    5  Application to use EAASY SABRE

    To select one of the options above, enter the number:

    ** Quick Tip:  These system navigation commands are always available:
       /Help or  ? for assistance
       /Res  or /R to go to the Reservations Menu
       /Top  or /T to return to the Main Menu
       /Exit or /E to return to your System Operator
```

Abb. 9.5: Das Hauptmenü von EAASY SABRE

Bevor Sie nun weitermachen, schauen Sie sich nachfolgend die Befehle für die Bedienung von EAASY SABRE an.

/HELP	oder	?	Online-Hilfe
/RES	oder	/R	Zurück zum Reservierungsmenü
/TOP	oder	/T	Zurück zum Hauptmenü Abb. 9.5
/EXIT	oder	/E	EAASY SABRE verlassen

Das Hauptmenü mag Sie auf den ersten Blick etwas verwirren, da Sie eigentlich nichts buchen wollten. Aber Sie können die Angabe mit ruhigen Gewissen ignorieren und direkt mit der Option 2 weitergehen. Im folgenden Menü sind für Sie die Mietwagen interessant. Wählen Sie den Menüpunkt »Rental Cars« (siehe Abbildung 9.6).

Nachfolgend müssen Sie die Daten für den Mietbeginn, Abgabe und in welcher Stadt Sie den Wagen mieten wollen, angeben. Sie bekommen dann die zur Verfügung stehenden Unternehmen angezeigt. Wählen Sie eines der Unternehmen mit der jeweiligen Ziffer aus (vgl. Abbildung 9.7).

Sehr oft kann es vorkommen, daß die Verleiher mehrere Niederlassungen in einer Stadt haben. Da man sich meist nicht in der Stadt auskennt, sollten Sie vielleicht der Niederlassung am Flughafen den Vorzug geben. Denn dort kommen Sie in der Regel auch an. Sie erhalten nach der Auswahl ein Angebot der zur Verfügung stehenden Fahrzeuge mit den jeweiligen Preisen (vgl. Abb. 9.8).

252 CompuServe

```
                          RESERVATIONS MENU
    1  Flight Reservations and Availability   5  Airline Fares
    2  Flight Arrival/Departure Information   6  Itinerary Review and Change
    3  Hotels                                 7  Sign On for Reservations
    4  Rental Cars                            8  Flight Schedules
                                              9  Specific Flight Details

    To select one of the options above, enter the number:

    Quick Tip: The following system navigation commands are always available:
               /Help or  ? for assistance, or
               /Res  or /R to return to this menu or
               /Top  or /T to return to the MAIN MENU or
               /Exit or /E to return to the System Operator
```

Abb. 9.6: Die Angebote der Mietwagen wählen Sie mit »Rental Cars«

```
    Car Company Preference

    NOTE:  @ Indicates Car Companies That Provide FAST Confirmation Numbers

       1 @ AVIS
       2 @ BUDGET
       3 @ DOLLAR
       4 @ HERTZ
       5   JL TEST
       6 @ THRIFTY

    For car company selection, enter line number, or

      13   View more car companies
      14   New car request
```

Abb. 9.7: EAASY SABRE schlägt Ihnen mehrere Autoverleiher vor

```
    HERTZ       rentals in SYDNEY, AUSTRALIA
    Pick up-Drop off Dates: APR 01, 1994 - MAY 01, 1994
              Location: IN-TERMINAL      SYDNEY
              Rate Type:                                    Rates in USD
    --------------------------------------------------------------------
         Vehicle Type       Monthly Rate  Free Miles  Mileage Charge  Status
         ------------       ------------  ----------  --------------  --------
         CAR:
      1  Economy             1088.81       UNL KM       .00/km        Available
      2  Intermed            1124.27       UNL KM       .00/km        Available
      3  FullSize            1159.74       UNL KM       .00/km        Available
      4  Luxury              1408.00       UNL KM       .00/km        Sold out
         *End of Rates Display*

    --------------------------------------------------------------------
    For reservations or details, enter line number, or
      10   Display RULES          14   Change PICK UP location
      11   More vehicle TYPES     15   NEW car request
      12   Change car COMPANY
      13   Change RATE TYPE
```

Abb. 9.8: EAASY SABRE zeigt Ihnen die Preise für die unterschiedlichen Modelle an

Selber buchen – lohnt sich das?

Die Frage ist wirklich sehr berechtigt, und man sollte vorher genau abwägen, ob sich eine direkte Buchung über CompuServe lohnt. Sinnvoll ist das Ermitteln der Preise, um vergleichen zu können. Wenn dann Ihr Reisebüro teurer sein sollte, können Sie die Buchung über EAASY SABRE vornehmen.

EAASY SABRE Mitgliedschaft

Wenn Sie im Eingangsmenü den Antrag ausfüllen, erhalten Sie ein Kennwort und die komplette Anleitung zu EAASY SABRE zugeschickt. Gerade für die direkte Eingabe einer Anweisung, um mehrere Menüs zu überspringen, benötigen Sie eine Reihe von Codes, die Sie komplett in der Anleitung erhalten. Weitere Kosten entstehen Ihnen durch die Mitgliedschaft nicht.

Weitere Buchungsdienste unter CompuServe

Mit GO TRAVEL erhalten Sie einen umfassenden Überblick, welche Dienste auf CompuServe zum Thema Reisen vorhanden sind.

```
                    CIS:REISEN
BASIS-REISEDIENSTE
Flug-/ Hotel-/ Auto-Reservierungen
The Electronic Mall (R) (GRATIS)
Lanier Golf-Datenbank
Travel Britain Online
U.S. Dept. of States Advisories
Tips zum Einreisevisa
Zagat Restaurantführer
PROFI-REISEDIENSTE
Fluginformationen/Reservierungen
Hotelführer
USA-Informationen
Informationen für Weltreisende
Reise-Foren
Luftfahrt
```

Abb. 9.9: Mit GO TRAVEL erhalten Sie einen Überblick zum Thema Reisen auf CompuServe

Weitere Dienstleister sind *OAG Travel Service* und *Worldspan Travelshopper*. Diese Dienste kosten aber noch Zusatzgebühren und sind Konkurrenten zu EAASY SABRE.

Adventure in Travel (GO AIT)

Dieser Service liefert die Reiseberichte von Lee Foster, einem bekannten Schriftsteller aus den USA. Die Suche nach bestimmten Reiseberichten ist sehr einfach über die Menüführung möglich. Alle Berichte sind in Ländergruppen eingeordnet worden.

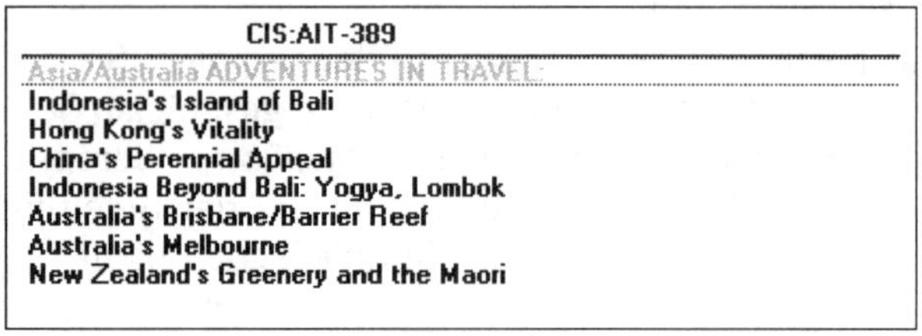

```
                      CIS:AIT-389
          Asia/Australia ADVENTURES IN TRAVEL
          Indonesia's Island of Bali
          Hong Kong's Vitality
          China's Perennial Appeal
          Indonesia Beyond Bali: Yogya, Lombok
          Australia's Brisbane/Barrier Reef
          Australia's Melbourne
          New Zealand's Greenery and the Maori
```

Abb. 9.10: Die Berichte sind in Ländergruppen eingeordnet

Um das Australienbeispiel weiter auszuführen, schauen Sie einmal nach, ob Sie etwas über Australien finden.

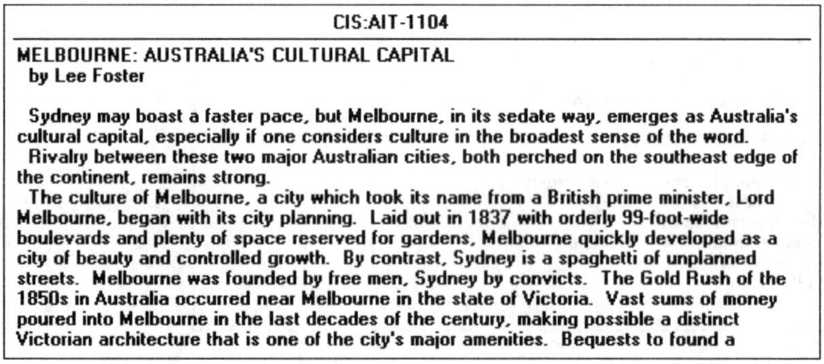

```
                      CIS:AIT-1104
          MELBOURNE: AUSTRALIA'S CULTURAL CAPITAL
          by Lee Foster

            Sydney may boast a faster pace, but Melbourne, in its sedate way, emerges as Australia's
          cultural capital, especially if one considers culture in the broadest sense of the word.
            Rivalry between these two major Australian cities, both perched on the southeast edge of
          the continent, remains strong.
            The culture of Melbourne, a city which took its name from a British prime minister, Lord
          Melbourne, began with its city planning.  Laid out in 1837 with orderly 99-foot-wide
          boulevards and plenty of space reserved for gardens, Melbourne quickly developed as a
          city of beauty and controlled growth.  By contrast, Sydney is a spaghetti of unplanned
          streets.  Melbourne was founded by free men, Sydney by convicts.  The Gold Rush of the
          1850s in Australia occurred near Melbourne in the state of Victoria.  Vast sums of money
          poured into Melbourne in the last decades of the century, making possible a distinct
          Victorian architecture that is one of the city's major amenities.  Bequests to found a
```

Abb. 9.11: Ein Reisebericht über Australien

Outdoors Forum (GO OUTDOORS)

Sind Sie jemand, der gerne in der Natur mit oder ohne Rucksack unterwegs ist? Das Forum ist der Treffpunkt von naturverbundenen Menschen, die sich gerne in die Wildnis begeben oder einfach mit offenen Augen die Natur beobachten.

Das Outdoors Forum liefert zahlreiche Informationen für Adventure-Urlauber. Lassen Sie sich nicht von der Rubrik »Firearms« stören. Jagen gehört in den USA und Kanada zum Freizeitvergnügen.

9 • Reisen mit CompuServe

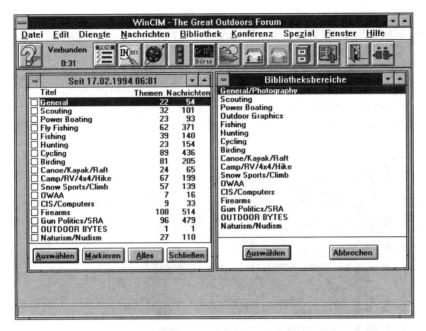

Abb. 9.12: Das Outdoors Forum für den naturverbundenen Urlauber oder Interessierten

Besonders interessant sind die GIF-Bilder, die Sie in der Softwarebibliothek finden. Einige sehr schöne Naturaufnahmen sind dort abgelegt.

Abb. 9.13: Im Outdoors Forum finden Sie sehenswerte GIF-Bilder

Nun wollen Sie Ihrem Freund noch etwas Gutes tun und suchen die Softwarebibliothek im Outdoors Forum nach Dateien zum Grand Canyon und den Colorado ab.

Die nachfolgende Trefferzahl ist beeindruckend. Woher bekommen Sie sonst so schnell die Anschriften sämtlicher Rafting-Anbieter für Fahrten auf dem Colorado? Sinnvoll wird es sein, eine Anfrage in das Forum zu setzen, ob jemand Erfahrungen mit Rafting auf dem Colorado gemacht hat.

```
    Colorado 4 Wheeling
    CO4WD.TXT      Size:  39594      12/28/93         Count:  23
    Commercial Rafting Companies - Grand Canyon
    GCRAFT.TXT     Size:   3046      11/25/91         Count: 118
    NEWSLETTER - 10TH MOUNTAIN DIVISION HUT ASOC.
    NEWS.TXT       Size:  17483      12/21/91         Count:  36
    The Colorado OHV Trail User
    OHVTRA.ASC     Size:  37927      01/21/94         Count:   3
    COLORADO FOURTEENER CLIMB -- QUANDARY PEAK
    PEAK.TXT       Size:   3068      01/05/92         Count: 146
Retrieved 6 file abstracts
    Canoe and kayak the Grand Canyon
    GC0389.AWA     Size:  14288      03/01/89         Count:  67
    Commercial Rafting Companies - Grand Canyon
    GCRAFT.TXT     Size:   3046      11/25/91         Count: 118
    Hiking in the Grand Canyon
    GRNDCN         Size:   8687      06/30/89         Count: 286
```

Abb. 9.14: Sie erhalten eine große Zahl an Informationen über den Colorado und Grand Canyon

Foren für die Reiseplanung

Eine Vielzahl von Foren sind geeignet für die Planung Ihrer Reise. Prinzipiell kann man bald jedes Forum unter CompuServe verwenden. Schwerpunkte setzen aber die auf Reise ausgerichteten Foren, die eine Vielzahl Gleichgesinnter nutzen.

Florida Forum (GO FLORIDA)

Das Forum liefert Informationen über den US-Bundesstaat Florida und wendet sich an Reisende, die eine Reise nach Florida planen. In den einzelnen Sektionen erhalten Sie Informationen über Veranstaltungen und Attraktionen in Florida. Ebenso sind Informationen über Unterkünfte, Erholungsgebiete und Freizeitmöglichkeiten zu erhalten.

Japan Forum (GO JAPAN)

Noch recht neu ist das Japan Forum, und es hatte gerade in den ersten Wochen einen sehr regen Zulauf. Das Japan Forum ist eines der besten Quellen, wenn es um Kontakte zu Japanern geht. Informationen aus erster Hand erhält man hier, wenn es um Kultur, Essen und weitere wichtige Reiseinformationen geht.

U.K.Forum (GO UKFORUM)

Sie wollen mehr über Großbritannien erfahren? Dann finden Sie alles Wissenswerte in diesem Forum. Erfahren Sie mehr über die Mentalität der »Inselmenschen« in Europa.

U.S.Department of State Advisories

Diese Datenbank veröffentlicht die Reiseinformationen des US-Außenministeriums. Sie können sich mit dieser Datenbank informieren, ob gewisse Länder derzeit zu unsicher für eine Reise sind. Sie erhalten zusätzlich Informationen über VISA- und Einreisebestimmungen.

West Coast Travel

Mit West Coast Travel führt Sie Lee Foster (Adventure Travel) durch die Regionen der US-Westküste. Wenn Sie Ihren nächsten Surf-Urlaub in Kalifornien planen wollen, kommen Sie an diesem Forum nicht vorbei.

Kapitel 10
News und aktuelle Informationen aus CompuServe

Zum morgendlichen Kaffee gehört die Tageszeitung. Das diese Zeitung eventuell in den nächsten Jahren nicht mehr vom Zeitungsjungen, sondern von Ihrem PC geliefert wird, ist schon jetzt keine Zukunftsmusik mehr.

Abb. 10.1: Über den WinCIM gelangen Sie sehr schnell zu den Nachrichtenagenturen unter CompuServe

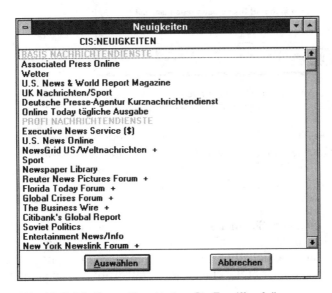

Abb. 10.2: Mit CompuServe haben Sie Zugriff auf die führenden Nachrichtenagenturen in der Welt

CompuServe bietet Ihnen mit zahlreichen Nachrichtentickern einen umfassenden Zugriff auf die Welt der Nachrichten. Diese werden laufend aktualisiert, wie Sie es von einem Redaktionsbüro einer Zeitung kennen.

Eine komplette Übersicht der auf CompuServe erreichbaren Tickerdienste erhalten Sie mit GO NEWS.

Associated Press

Sie meinen, das kostet wieder unnötig viel Geld? Der Ticker von Associated Press (AP) gehört zu den Basic Services und ist daher für Pfennigsbeträge (je nach Verbindungsart) zu beziehen. Wenn Sie nun meinen, Sie könnten das große Informationsgeschäft eröffnen, werden Sie schnell enttäuscht. Sie dürfen die Nachrichten aus den Tickern nur für Ihren eigenen Bedarf verwenden.

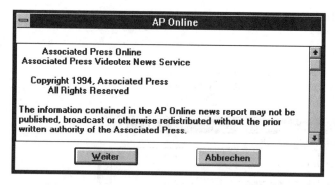

Abb. 10.3: Sie dürfen die Informationen aus den Nachrichtendiensten nicht gewerblich verkaufen

Hinweis: *Aufgrund der allgemeinen Nutzungsbedingungen der Nachrichtendienste unter CompuServe haben Sie keine Nutzungsrechte an den Meldungen. Dies bedeutet, daß eine gewerbliche Weitergabe nicht gestattet ist.*

Mit GO APO gelangen Sie in das Menü von Associated Press. Das Menü unterteilt die Nachrichten in zahlreiche Themenbereiche. Wenn man bedenkt, wieviele Meldungen täglich über den Ticker gehen, ist dies eine große Erleichterung, daß Sie an dieser Stelle eine erste Vorauswahl treffen können.

10 • News und aktuelle Informationen 261

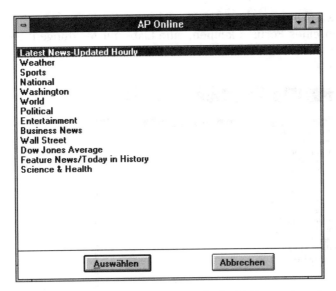

Abb. 10.4: Associated Press unterteilt die Meldungen in mehrere Rubriken

Die erscheinende Liste mit den Zeiten gibt Ihnen die Zeitintervalle an, von denen Sie die Nachrichtenblöcke lesen wollen.

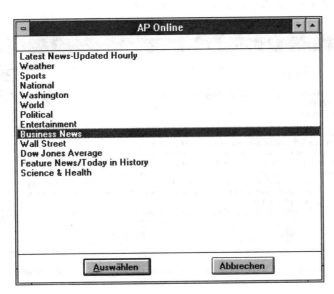

Abb. 10.5: Wählen Sie einen bestimmten Nachrichtenblock aus dem Zeitintervall aus

Bei der Auswahl eines entsprechenden Zeitblocks erhalten Sie, wie Sie es von einer Sektion eines Forums kennen, eine Liste mit Meldungen, die Sie nach Anwahl komplett lesen können.

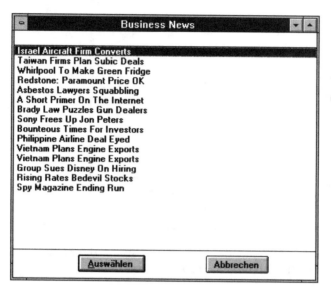

Abb. 10.6: Wählen Sie die Meldungen mit Hilfe der Titelliste aus

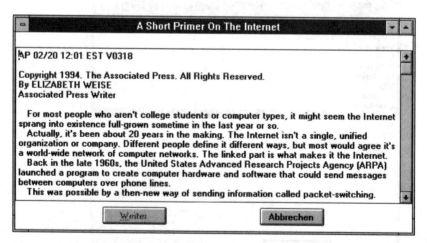

Abb. 10.7: Eine komplette Meldung aus dem Nachrichtenticker von Associated Press

Die gesamten Texte können wie gewohnt mit dem WinCIM unter einem Dateinamen gespeichert werden. Der Zugriff über den Navigator wäre nur im Terminalmodus möglich, und dies würde keine Zeitersparnis bedeuten.

Die weiteren Tickerdienste sind nach dem gleichen Schema aufgebaut und können mittels der einfachen Menüführung bedient werden.

Reuters Ticker

Der Ticker der weltbekannten Nachrichtenagentur verbirgt sich hinter dem unscheinbaren Menüpunkt UK-NEWS. Wie die Associated Press gehört der Reuters Ticker ebenfalls zu den Basic Services.

```
65 stories selected

 1 RTw   02/20 1440   SERBS ATTEMPTING TO COMPLY WITH DEADLINE - PERRY
 2 RTw   02/20 1427   YUGOSLAVIA-PERRY -2 LONDON
 3 RTw   02/20 1427   U.S. CARRIER ON ALERT FOR BOSNIAN AIRSTRIKES
 4 RTw   02/20 1420   SERBS SERIOUSLY TRYING TO COMPLY WITH NATO ...
 5 RTw   02/20 1413   REUTER WORLD NEWS HIGHLIGHTS 1900 GMT FEB 20
 6 RTw   02/20 1402   BRITISH FILM DIRECTOR JARMAN DIES OF AIDS
 7 RTw   02/20 1352   BALLADUR SAYS FRANCE STANDS FIRM ON ULTIMATUM
 8 RTw   02/20 1342   U.S. CARRIER ON ALERT FOR BOSNIAN AIR STRIKES
 9 RTw   02/20 1315   AFGHAN GUNMEN RAISE DEMANDS FOR FREEING CHILDREN
10 RTw   02/20 1306   CHAMPION BRITISH SAUSAGE MADE WITH DROP OF GIN
11 RTw   02/20 1304   NATO HOPES AIR STRIKES AGAINST SERBS WON'T BE NEEDED
12 RTw   02/20 1230   GAY FILM-MAKER TOOK PLEASURE IN SHOCKING
13 RTw   02/20 1225   ORDER FOR FIRST AIR STRIKES RESTS WITH U.N.
14 RTw   02/20 1207   DEFENCE MINISTERS SAY AIR STRIKES DEADLINE STANDS
15 RTw   02/20 1157   BRITISH FILM DIRECTOR JARMAN DIES OF AIDS
```

Abb. 10.8: Die Nachrichtenagentur von Reuters auf CompuServe

Nachrichtenbilder von Reuters

Text ist immer sehr schön, aber ein Bild sagt mehr als tausend Worte. Ob sich die Herren genau diese Gedanken gemacht hatten, als Sie die Nachrichtenbilder auf CompuServe in einem eigenen Forum unterbrachten, ist fraglich. In Zusammenarbeit mit einem der größten Computerbildanbieter (Bettmann Archives) der USA liegen im Reuters Picture Forum mehrere tausend gescannte Bilder auf. Die Bilder werden in den Formaten GIF und JPG angeboten.

Gerade bei der Suche nach aktuellen Bildern ist der Einsatz des Navigators auf die Dauer bei weitem preiswerter als die langwierige Suche im Online-Modus mit dem WinCIM.

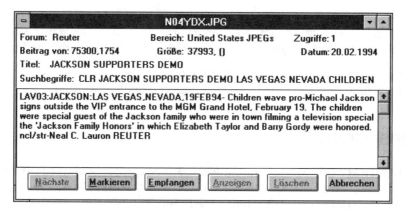

Abb. 10.9: Eintrag eines Bildes im Reuters Picture Forum (GO NEWSPIX)

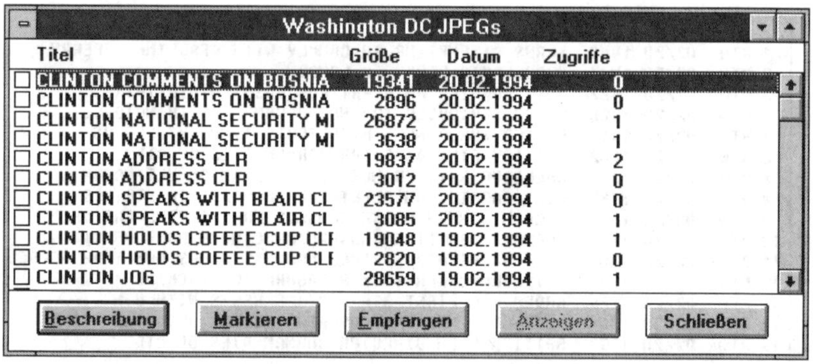

Abb. 10.10: Die Suche im Online-Modus mit dem WinCIM kann auf die Dauer sehr teuer werden

Zusätzlich können Sie sich mit Hife der eingebauten Offline-Library Ihre eigene Bildverwaltung des Forums aufbauen. Eine kontinuierliche Aktualisierung der Bildeinträge hält Ihre Offline-Library auf dem neusten Stand.

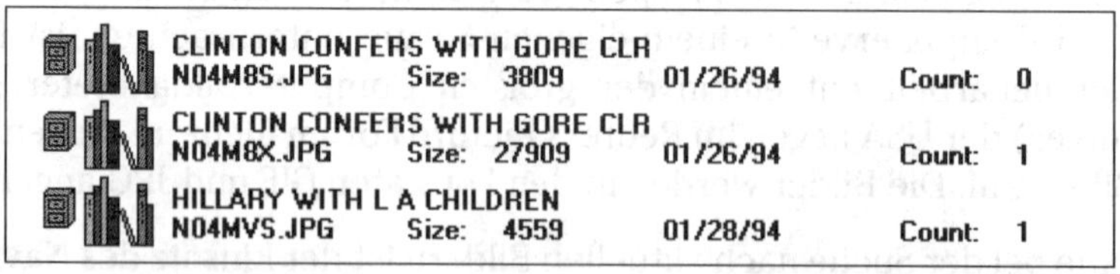

Abb. 10.11: Mit dem Navigator können Sie weitaus preiswerter die Informationen der einzelnen Bilder beziehen.

10 • News und aktuelle Informationen 265

Zudem ist die Suche innerhalb der Offline-Library auch in der Kurzzusammenfassung der Datei möglich. Verlagern Sie die Suche nach einem Bild einfach an Ihren Schreibtisch und nehmen Sie das Forum als Lieferant von Datenmaterial.

Bei der Auswahl der Bilder für die Offline-Library sollten Sie nur eine Einschränkung über das Datum wählen. Denn die Suche über das Schlagwort eines Eintrages in der Softwarebibliothek ist recht grob. Wenn Sie beispielsweise Clinton als Suchwort eintragen, werden Sie hunderte von Dateien erhalten. So sollten Sie einen Zeitpunkt als Starttermin für das Bildarchiv wählen und dann die kontinuierliche Aktualisierung starten. Eine Grobeinteilung können Sie schon recht gut mit der Auswahl der einzelnen Sektionen vornehmen.

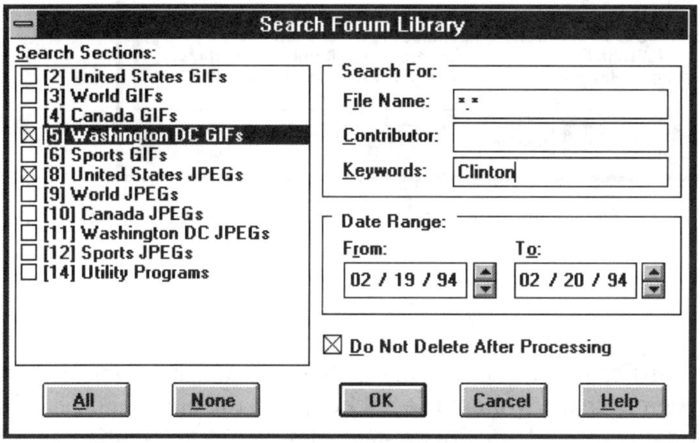

Abb. 10.12: Formulieren Sie die Suchaufgabe offline für den Navigator

Sinnvoll wäre eine Lösung, die Sie von der Microsoft Knowledge Base kennen. Die Zuweisung einer Dateinummer innerhalb eines Expertenmodus könnte die Möglichkeit einer intensiveren Suche schaffen. Vielleicht werden die Reutersmeldungen in Zukunft parallel mit einem Bildhinweis versehen?

Hinweis: Beachten Sie bei der Arbeit mit den Reuters Bildern und den Bildern des Bettmann Archives die Copyright- Bestimmungen!

Deutsche Presseagentur

Besser als gar nichts, wird mancher Nutzer gesagt haben, als endlich die deutsche Presseagentur auf CompuServe angeboten wurde. Damit die Sache noch einen kleinen Hacken hat, ist die Agentur nur mit Kurzmeldungen vertreten. Die Abfrage erfolgt wie gewohnt mit der üblichen Menüführung von CompuServe.

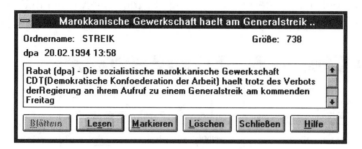

Abb. 10.13: Die Deutsche Presseagentur erreichen Sie direkt mit GO NEWS

Newsgrid

Sehr oft wird es Ihnen passieren, das Sie eine Meldung gehört haben, zu der Sie etwas mehr lesen wollen. Die Suche durch die einzelnen Nachrichtendienste wird dann schnell zur Suche nach der Nadel im Heuhaufen. Schaut man sich schon das Menü von Associated Press mit den einzelnen Zeitintervallen an, so wird man keine genaue Aussage treffen können, hinter welchem Menüpunkt sich die entsprechende Meldung verbirgt.

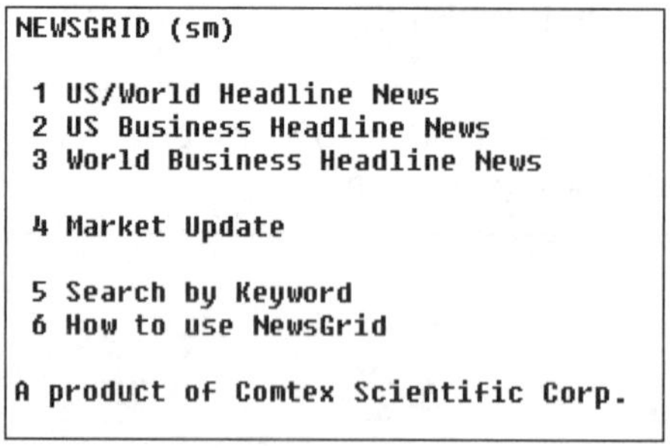

```
NEWSGRID (sm)

1 US/World Headline News
2 US Business Headline News
3 World Business Headline News

4 Market Update

5 Search by Keyword
6 How to use NewsGrid

A product of Comtex Scientific Corp.
```

Abb. 10.14: Newsgrid wird im Terminalmodus unter CompuServe bedient

Mit GO NEWSGRID haben Sie Zugriff auf eine Datenbank, in der die Tickermeldungen für eine Woche abgelegt werden. Die Datenbank läßt sich über eine Schlagwortsuche recherchieren.

ENS-Nachrichten für die Profis

Die Suche mittels des Durchstöberns der einzelnen Menüs ist recht aufwendig, wenn man bedenkt, daß mehrere tausend Meldungen über die Nachrichtendienste am Tag ausgegeben werden. Desweiteren sind für Ihren Bedarf nur ein bestimmter Thementeil an Meldungen interessant.

Viele Entscheidungsträger sind zudem darauf angewiesen, Meldungen bestimmter Branchen immer im Visier zu haben. Ein schier unmögliches Auswahlverfahren müßte einsetzen, wenn man die gesamten Meldungen der Nachrichtendienste unter CompuServe manuell durchsuchen müßte.

ENS ist die Abkürzung für Executive News Service. Im wesentlichen ist dieser Service ein weiteres Menü mit noch zusätzlichen Nachrichtendiensten:

- United Press International
- Over the Counter News Alert
- Washington Post

Den grossen Nutzen beziehen Sie bei ENS mit dem Clipping Service. Dies ist ein elektronischer Schnipseldienst, der alle eingehenden Meldungen nach Ihren Vorgaben sichtet und selektiert. Damit Sie den Clipping Service nutzen können, müssen Sie in der Executive Option eingetragen sein.

Anmelden der Executive Option

Die Erweiterung Ihres Vertrages mit CompuServe in die Executive Option können Sie selbstverständlich online durchführen.

Gehen Sie mit GO EXECUTIVE in den Anmeldebereich (siehe Abbildung 10.15).

Wählen Sie *Add Executive Option*. Und CompuServe trägt Sie automatisch ein (vgl. Abbildung 10.16).

Austragen aus dem Service können Sie sich mit der Wahl von *Remove Executive Option*.

```
            CIS:EXECUTIVE
EXECUTIVE SERVICE OPTION
What is the Executive Service Option?
Add the Executive Service Option
Remove the Executive Service Option
```

Abb. 10.15: Vor der Nutzung des ENS-Clipper Services müssen Sie die Executive Option anmelden

```
            Add the Executive Service Option
                    CIS:BIL-362
Your account currently carries the Executive Option.
```

Abb. 10.16: Tragen Sie sich mit Add Executive Option ein

Wechseln Sie nun mit GO ENS in den Executive News Service. Innerhalb des Services haben Sie zwei Ordner zur Verfügung. Den persönlichen und den öffentlichen Ordner. Wichtig für Sie ist der persönliche Ordner, da Sie in diesem die Auswahl für Ihre Nachrichten festlegen werden. Im öffentlichen Ordner finden Sie Meldungen, die nach dem gleichen Schema abgelegt sind, wie Sie von den Menüs der Nachrichtenticker kennen.

```
        Ordner auswählen
            Persönlich


            Öffentlich
Current News                   1932
News by Company Ticker
Bosnia                          109

 Übersicht   Suchen   Löschen   Schließen
```

Abb. 10.17: Neben den öffentlichen Ordnern können Sie die persönlichen Ordner anlegen

Der nächste Schritt wird die Erstellung Ihres elektronischen Filters sein, der die eingehenden Nachrichten nach von Ihnen vorgegebenen Kriterien selektiert. Die aufgeführten Schalter am rechten Rand des Desktops verfügen über alle Funktionen, die Sie für die Arbeit mit dem Clipping Service benötigen (siehe Abbildung 10.18).

10 • News und aktuelle Informationen 269

Ihr elektronischer Filter muß genau wissen, welche Meldungen er für Sie auswählen und wo er diese deponieren soll. Gehen Sie auf den Schalter für *Ordner anlegen*. Mit *Ordner anlegen* stellen Sie eine Aufgabe für den Clipping Service ein. In diesem Ordner formulieren Sie Ihre Suchanweisung und in diesem Ordner werden auch die eintreffenden Meldungen abgelegt.

Abb. 10.18: Über die Schalter des WinCIM können Sie die Einstellungen für Ihren elektronischen Schnipseldienst leicht vornehmen

Der Ordnername darf höchstens 10 Zeichen lang sein, und Sie sollten einen Namen wählen, der eine Aussage über den möglichen Inhalt wiedergibt. Maximal können Sie 3 Ordner anlegen. Der Ordner legt automatisch ein Ablaufdatum fest (immer 1 Jahr später) und wann die auflaufenden Nachrichten automatisch aus dem Ordner gelöscht werden sollen. Hier wird ein Wert von 14 Tagen gesetzt.

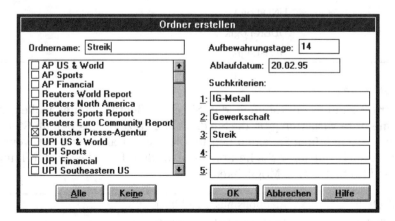

Abb. 10.19: Legen Sie einen neuen Ordner an

Das Ausfüllen des Ordners ist über den WinCIM kein grosses Problem. Wählen Sie die Nachrichtenticker aus, die überwacht werden sollen und geben Sie die Suchwörter an. Die Suchwörter sind der wesentlichste Teil dieser Arbeit. Sie müssen eine sinnvolle Kombination finden, um so viel wie möglich Treffer und so wenig wie möglich Ballast zu erhalten.

Eingabe der Suchstrategie

Die Eingabe der Suchwörter ohne eine Einschränkung oder Erweiterung würde Ihnen eine Unmenge an Nachrichten bescheren. Der Ordner wäre dann übervoll und Sie müßten online eine Auswahl aus mehreren hundert Meldungen treffen.

Fangen Sie zum besseren Verständnis einfach an und überlegen Sie sich, was passiert, wenn Sie in jede Reihe des Ordners (5 Reihen sind angegeben) ein Suchwort eingeben. Leicht nimmt man an, daß die einzelnen Reihen die Aufgabe haben, Meldungen herauszusuchen, in denen alle angegebenen Suchwörter vorkommen. Dem ist bei diesem Ordner nicht so. Hier sind die einzelnen Reihen gesonderte Anweisungen. Dies bedeutet, daß Sie unter dem Ordner *Wirtschaft* fünf verschiedene Recherchen durchführen lassen können. Jede einzelne Recheche entspricht somit einer Reihe im Ordner.

Innerhalb einer Rerchercheanweisung stellt Ihnen der Clipping Service noch ein paar Besonderheiten zur Verfügung, mit denen Sie die Abfrage der Meldungen viel gezielter formulieren können. Hier die Zeichen mit den einzelnen Funktionen:

*	Trunkierung eines Suchbegriffes
+	UND-Logik
|	ODER-Logik
–	NOT-Logik

Trunkierung

Sehr oft kann es vorkommen, daß Sie einen Begriff nehmen wollen, von dem es mehrere Varianten gibt, die Sie dann alle einzeln eingeben müßten. Mit der Trunkierung öffnen Sie einen Begriff. Dies ist vor allem wichtig, wenn Sie den Plural auch mit Ihrer Suche abdecken wollen. Der Einsatz der Trunkierung beim ENS bietet zwei Möglichkeiten:

Alkohol*	Alkoholismus, Alkohilker
*Alkohol	Methylalkohol, Restalkohol

UND-Logik

Die UND-Logik ermittelt die Schnittmenge zweier Begriffe. Dies bedeutet, daß beide Begriffe im Suchtext an irgendeiner Stelle vorkommen müssen. Für den Ordnereintrag würde die Eingabe wie folgt aussehen:

```
Alkohol + Arbeitsplatz
```

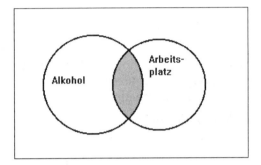

Abb. 10.20: UND-Logik geben Sie mit »+« ein

ODER-Logik

Bei der ODER-Logik muß einer der gesuchten Begriffe im Text auftauchen. Für den Ordnereintrag wird dann folgende Syntax gewählt:

```
Alkohol | Arbeitsplatz
```

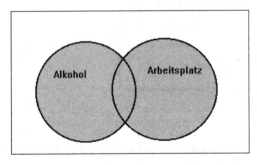

Abb. 10.21: Die ODER-Logik geben Sie mit einem »|« ein

NOT-Logik

Bei der NOT-Logik wird ein Teil der Datensätze, der unter NOT steht, aus der Menge ausgeschlossen. Für den Ordnereintrag sieht die Syntax wie folgt aus:

```
Alkohol - Arbeitsplatz
```

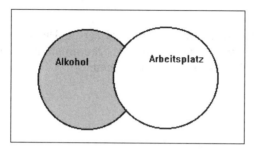

Abb. 10.22: Die NOT-Logik geben Sie mit »-'ein

Da Sie 80 Zeichen in einer Reihe mit der Suchanweisung ausfüllen dürfen, gibt es viele Möglichkeiten, komplexe Suchanfragen zu formulieren. Zum besseren Verständnis schauen Sie sich das Beispiel genauer an.

Für die Suche nach Meldungen zu Autoschiebern in Polen und den Ostblockstaaten sieht Ihre Anfrage wie folgt aus:

```
(AUTOSCHIEBER|AUTODIEB*) + POLEN|OST*
```

Die Klammern müssen Sie einsetzen, da sonst die Suche nicht richtig durchgeführt würde.

Der Ordner ist mit den Anweisungen gefüllt. Speichern Sie mit OK den Ordner ab. Passieren wird dann folgendes!

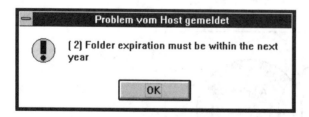

Abb. 10.23: Sie sind es nicht Schuld! Ein Fehler beim WinCIM verursacht den Fehler

Im ersten Moment, verständlicherweise ein Ärgernis, da auch in der Brochüre von CompuServe das Beispiel genauso vom Format aussieht, wie das Ihre.

Den Fehler beheben Sie schnell! Geben Sie ein anderes Format für das Datum ein. Aus *1995* machen Sie *95* und schon funktioniert der Clipping Service.

10 • News und aktuelle Informationen 273

Nachrichtenkontrolle

Natürlich wollen Sie möglichst schnell nachsehen, wann die ersten Meldungen in Ihrem Ordner eingetroffen sind. Lassen Sie den Agenturen ein wenig Zeit. Zum einen ist ein großer Teil der Agenturen aus den USA und somit noch in den Federn und dann wird es zu Ihrer Fragestellung nicht alle 10 Minuten eine Meldung geben. Empfehlenswert ist das Nachschauen alle 2 Stunden.

Wenn Sie in den ENS wechseln, bekommen Sie angezeigt, wieviele Meldungen bereits in Ihrem Ordner aufliegen.

Abb. 10.24: Im ENS bekommen Sie angezeigt, wie viele Meldungen in Ihren Ordnern aufliegen

Mit einem einfachen Anklicken öffnen Sie Ihren Ordner und die darin befindlichen Nachrichten. Dies ist eigentlich kein anderer Vorgang als die Arbeit in den Foren. Sinnvoll ist es, die Nachrichten in dem vorangestellten Kästchen zu markieren und dann gesammelt zu laden. Lesen sollten Sie wie immer alles zu Hause.

Abb. 10.25: Laden Sie die Nachrichten und lesen Sie diese später offline

Beim Download legt der WinCIM automatisch ein Verzeichnis an, in dem die Meldungen abgelegt werden. In Ihrer Dateiablage unter dem WinCIM werden für jeden erstellten Ordner die Meldungen in die dazugehörige Ablage kopiert.

Tips und Tricks zum ENS Clipping Service

Um das Maximum mit einem minimalen Kostenanteil aus dem ENS zu holen, sollten Sie die folgenden Hinweise berücksichtigen.

Alles was geht: Offline

Meldungen sollten Sie grundsätzlich offline lesen. Wenn Sie diesen Hinweis bei den Foren schon lange beherzigen, werden Sie mit dem ENS keine großen Kosten verursachen.

Seien Sie wählerisch

Laden Sie nicht alle Meldungen wahllos in Ihren Rechner. Suchen Sie die Meldungen anhand der Titel aus und laden Sie dann nur diese. Manche Meldungen haben 3 KB und mehr. Bei 20 Meldungen sind dies schon einige Minuten Download, wenn Sie mit einem 2400 bps Modem diesen Service nutzen.

Alles auf einen Streich!

Wenn Sie Meldungen markieren, dann können Sie auch in andere Ordner wechseln. Die Markierung bleibt bestehen und Sie können zum Schluß alle Meldungen in einem Paket laden. Dies ist schneller, als jeden einzelnen Ordner oder jede einzelne Mitteilung mit der aufwendigen Menübestätigung zu laden.

Ordnung ist das halbe Leben!

Was für Ihren Schreibtisch gilt, das sollten Sie auch in Ihrem ENS-Ordner berücksichtigen. Alle Meldungen, die Sie bezogen haben, oder die Sie nicht interessieren, löschen Sie am besten direkt. Sie verlieren dann nicht den Überblick, wenn neue Meldungen im Ordner angelangt sind und müssen sich nicht durch einen Berg alter Meldungen scrollen, bis Sie an die neuen herankommen.

Probieren geht über studieren!

Zwischen Theorie und Praxis sind meist Welten. Sie werden schnell feststellen, wie Sie Ihre Suchanfrage noch besser formulieren können. Meist fallen Ihnen zu Artikeln weitere Hinweise auf, die Sie dann berücksichtigen sollten. Experimentieren Sie ruhig ein wenig mit den Anfragen, bis Sie ein Optimum für sich entdeckt haben.

Tanzen Sie nicht auf allen Hochzeiten!

Bei der Auswahl der zu überwachenden Agenturen sollten Sie ebenfalls sorgsam vorgehen. Denn wichtige Meldungen werden fast immer von allen Agenturen gebracht und diese fließen dann in Ihren Ordner. Es macht keinen Sinn, wenn Sie von allen Agenturen die Meldungen im Ordner haben, daß Deutschland Fußballweltmeister geworden ist.

Journalist: Die Zukunft hat begonnen

Softwareprodukte rund um CompuServe waren bisher immer Lösungen zum preiswerteren Ausnutzen der CompuServe-Möglichkeiten. Journalist von PED Software Coporation ist die erste Software, die einen anderen Weg geht. Die Software macht sich die Informationen aus den Nachrichtenagenturen zunutze und erstellt Ihnen direkt eine eigene Zeitung.

Abb. 10.26: Stellen Sie sich mit Journalist Ihre eigene Tageszeitung zusammen

Zeitung Just in Time

Journalist ist bis zu einem gewissen Teil ein Navigator, der aber nur auf den Bereich der Nachrichtenagenturen ausgerichtet ist.

Bis zum fertigen Ausdruck einer eigenen Zeitung bedarf es selbstverständlich einiges an Vorbereitungen. Die Software muß wissen, welche Art Meldungen Sie in Ihrer Zeitung haben wollen und wie diese dann auf dem Ausdruck aufgebaut werden sollen. Für den Aufbau sorgt die Arbeitsoberfläche, auf der Sie die Positionen der einzelnen Artikel festlegen.

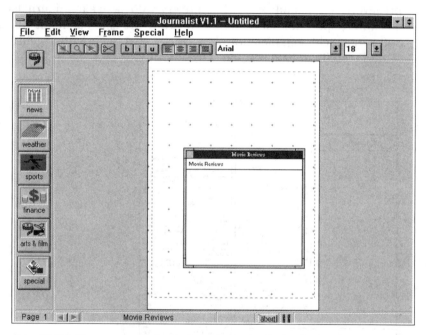

Abb. 10.27: Sie erstellen sich mit der Arbeitsoberfläche das Layout der Zeitung

Über die eingebauten Schalter können Sie verschiedene Themenbereiche von Nachrichten festlegen, die der Navigator empfangen soll. An dieser Stelle bemerkt man die noch sehr große Ausrichtung der Software in Richtung USA. So ist DPA (Deutsche Presseagentur) nicht direkt über einen Schalter zu erreichen. Man findet diese nur direkt in der ENS-Konfiguration.

Das Erstellen einer eigenen Zeitung hat man auch als Anfänger in kürzester Zeit erlernt. Das Prinzip ist dabei denkbar einfach. Jeweiligen Nachrichten-

10 • News und aktuelle Informationen

schalter anklicken, einen Rahmen ziehen und die Zeitung ist fertig. Die Schalter reichen von Sportnachrichten bis zur individuellen Einstellung von Börsenwerten, die ebenfalls auf der Arbeitsoberfläche eingebunden werden können.

Abb. 10.28: Über die Schalter legen Sie die Nachrichtentypen fest, die auf Ihrer Zeitung erscheinen sollen

Haben Sie Ihre Zeitung fertig, loggt sich Journalist in CompuServe ein und bezieht Meldungen zu den von Ihnen gewählten Themen. CompuServe ist diesem Moment nichts anderes als ein Navigator, der mit einem festen Auftrag die Nachrichtenagenturen durchsucht.

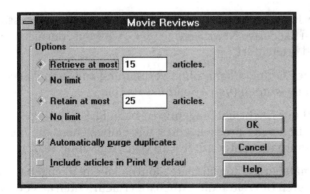

Abb. 10.29: Journalist loggt sich bei CompuServe ein und bezieht die Meldungen aus den Agenturen

Alle eingehenden Meldungen auf einer Seite unterzubringen wäre unmöglich. Journalist hängt die Meldungen auf weiteren Seiten an, oder Sie wählen einzelne Nachrichten aus der Verwaltung aus.

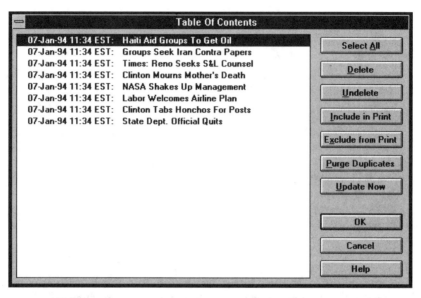

Abb. 10.30: Journalist verwaltet die eingehenden Meldungen

Journalist für den ENS Clipping Service

Journalist dürfte für die Nutzer des ENS Clipping-Service interessant sein, denn die Arbeit im Executive News Service (ENS) wird mit Journalist erheblich automatisiert und erleichtert.

Die Erstellung eines Ordners kann ohne Verbindung zu CompuServe in Journalist vorgenommen werden (vgl. Abbildung 10.31).

Über die Auswahl der Nachrichtenagenturen beim ENS Clipping Service können Sie auch die Deutsche Presseagentur mit einbeziehen, die bisher noch nicht direkt von Journalist unterstützt wird (vgl. Abbildung 10.32).

Für den vollautomatisierten Zugriff bietet Journalist einen eingebauten Timer an, der zu festgelegten Uhrzeiten die aktuellsten Nachrichten aus CompuServe bezieht (siehe Abbildung 10.33).

10 • News und aktuelle Informationen

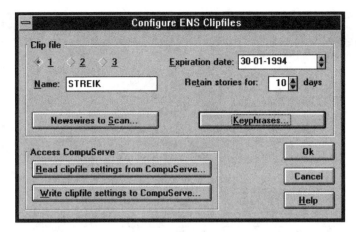

Abb. 10.31: Alle Einstellungen im Ordner für den ENS Clipping Service können Sie offline unter Journalist einstellen

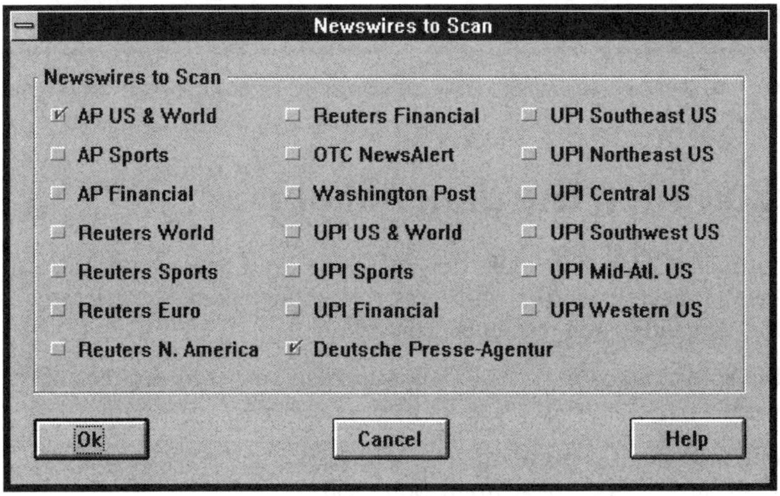

Abb. 10.32: Mit den Einstellungen für den Executive News Service unter Journalist können Sie auch Nachrichten aus der DPA beziehen

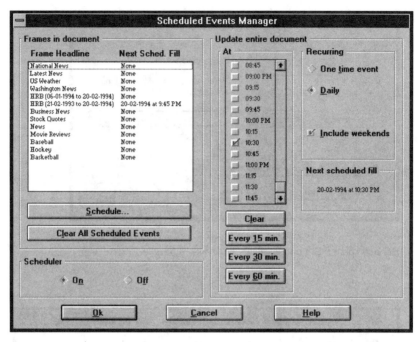

Abb. 10.33: Der eingebaute Timer von Journalist sorgt für eine automatische Aktualisierung

Wo bekommen Sie Journalist?

Journalist ist das Produkt der PED Software Corporation. Die Software muß bei PED bestellt werden und wird recht schnell per Federal Express zugesandt. Die Versandkosten tragen Sie zusätzlich!

Die Software kostet 129 US-Dollar und kann unter folgender Anschrift bestellt werden:

PED Software Corporation
1340 Saratoga-Sunnyale Road, Suite 203
San Jose, California 95129
USA
Tel. +1-408-253-0894
Fax +1-408-253-1062
CompuServe 71333,2163

Mit GO PED kommen Sie in das Support-Forum von Journalist, das als Sektion im Windows Third-Party Forum-E untergebracht ist. Dort erhalten Sie nähere Auskünfte und Hilfe, wenn Sie Journalist als Nutzer anwenden.

Journalist: Lohnt sich das?

Journalist erleichtert die Arbeit mit den Nachrichtenagenturen auf einfachste Weise. Sie ersparen sich den sonst langwierigen Weg durch die einzelnen Menüs bei Nutzung von WinCIM und anderen Programmen. Sie können festlegen, wieviel Meldungen Journalist zum Thema beziehen soll und haben mit der eingebauten Nachrichtenverwaltung einen leichten Überblick über die erhaltenen Meldungen.

Wer mit ENS arbeitet, sollte überlegen, ob sich die Anschaffung von Journalist nicht lohnen könnte. Neben der Kostenersparnis durch den automatischen Transfer der Meldungen aus dem ENS-Ordner, hat man mit Journalist keine Nachbearbeitung vorzunehmen. Lediglich der Drucker ist einzuschalten.

Kapitel 11
Diskette

Installation des WinCIM

Wenn Sie schon einmal eine Software unter Windows installiert haben, dürfte die Installation des WINCIM Ihnen keine Probleme bereiten.

Windows Programm-Manager

Starten Sie Microsoft Windows. Legen Sie die Diskette in Ihr Diskettenlaufwerk ein. Starten Sie den Programm-Manager und klicken Sie mit der linken Maus auf das Diskettenlaufwerk, in dem sich Ihre Diskette befindet.

Abb. 11.1:Führen Sie die Datei SETUP.EXE auf der Diskette aus

Führen Sie nun die Datei SETUP.EXE mit einem Doppelklick der linken Maustaste aus.

Der Installationsvorgang beginnt nun. WinCIM schlägt Ihnen ein Verzeichnis vor, in dem alle Dateien abgelegt werden. Wenn Sie schon eine CompuServe-Software installiert haben (DOSCIM ab Version 2.01), können Sie den WinCIM und den DOSCIM gemeinsam weiter benutzen. Haben Sie noch keine Software von CompuServe installiert, so übernehmen Sie den Verzeichnisvorschlag des Installationsmenüs.

Anmelde-Dateien kopieren

Wenn Sie schon CompuServe-Mitglied sind, brauchen Sie die nachfolgenden Schritte nicht durchzuführen.

Wählen Sie die Option *Anmeldedateien kopieren*. Sie werden nun menügeführt als CompuServe-Mitglied eingetragen. Folgende Daten sollten Sie vor sich liegen haben, da Sie nach diesen gefragt werden:

- Ihre Anschrift
- Ihre Telefonnummer
- Ihre Bankverbindung oder Kreditkartennummer
- Seriennummer auf der Diskette
- Vertragsnummer auf der Diskette

Sie sind schon Mitglied

Wenn Sie schon CompuServe-Nutzer sind, dann kopieren Sie auf keinen Fall die Anmeldedateien! Sie müssen nur noch in den WinCIM Ihre Daten eintragen (Nutzerkennung und Passwort).

Abb. 11.2: Tragen Sie Ihre Nutzerkennung (User-ID) und das Paßwort in das Menü ein

Weitere Dateien auf der Diskette

Sie finden im Verzeichnis \OZCIS folgende Dateien:

- OZ2REQ.COM
- OLREIN.EXE
- OZ2GER.TXT

OZ2REQ.COM

In dieser Datei erfahren Sie noch mehr zu den Hardwarevoraussetzungen von OzCIS 2.0. Diese Informationen sind sehr wichtig, da ein Download aus CompuServe einiges an Zeit in Anspruch nimmt und Sie vorab wissen sollten, ob das Programm auf Ihrem Rechner lauffähig ist.

OLREIN.EXE

Diese Datei liefert Ihnen weitere Informationen über die Offline-Reader für CompuServe.

OZ2GER.TXT

Diese Textdatei ist das elektronische Bestellformular für deutsche Nutzer, die OzCIS beziehen wollen.

Anhang
Die meist gestellten Fragen

Frage: Wie kann ich sehr einfach eine Liste aller Foren auf CompuServe erhalten?

Antwort: Mehrere Möglichkeiten führen zu einer kompletten Forenliste von CompuServe. Mit dem Information Manager nutzen Sie die Option FIND und setzen Ihren Interessensschwerpunkt ein, wie FIND MICROSOFT usw. Im Practice Forum haben Sie die Möglichkeit, eine komplette Liste aller Foren als gepacktes Textfile zu laden. Mit GO PRACTICE gelangen Sie in das Forum. Unter anderem können Sie dort auch Dateien mit einer Übersicht aller Foren mit Sektionen und Softwarebibliotheken laden (SECTNS.ARC).

Frage: Sehr oft wird in den Forennachrichten von Library 2 usw. gesprochen. Was hat diese Numerierung auf sich?

Antwort: Libraries bzw. Softwarebibliotheken werden unter CompuServe mit einer namentlichen und einer numerierten Bezeichnung versehen. Gerne sprechen Nutzer, deren Software die Numerierung der Bibliotheken auflistet, von der Library 2, da dies weniger Schreibarbeit ist und man davon ausgeht, daß es jeder versteht.

Frage: Ist es richtig, daß für Internet-Mitteilungen, die ich nicht gelesen habe, sondern direkt aus dem Postfach lösche keine Gebühr anfällt?

Antwort: Mitteilungen, die nicht gelesen werden, werden auch nicht berechnet. Es ist oft sehr sinnvoll, sich den Inhalt seines Postfaches vor Augen zu führen, bevor man »junk-mails« lädt, für die man bezahlen muß.

Frage: Kann ich eine CompuServe-Mail in das Fido-Netz schicken?

Antwort: Laut den Informationen aus dem Practice Forum geht dies über das Internet. Hat der Fido-Netz-Empfänger den Namen Karl Mueller mit dem Node 1:2/3.4, ist die Zieladresse: INTERNET:karl.mueller@p4.f3.n2.z.1.fidonet.org

Frage: Ich habe eine neue Kredikarte von einer neuen Bank. Wie ändere ich dies bei CompuServe?

Antwort: Mit GO BILLING kommen Sie in den Bereich, in dem die Angaben über Ihre Zahlungsweise gespeichert sind. Gehen Sie in den Menüpunkt »Changing Your Billing Information« und wählen Sie dann im nächsten Untermenüpunkt »Update Your Credit Card Information«. Wollen Sie generell neu mit einer Kreditkarte bezahlen, wählen Sie den Menüpunkt »Change To Credit Card«.

Frage: Kosten E-Mails in andere Netze mehr als Mails innerhalb von CompuServe?

Antwort: CompuServe-Mails in andere Netze, wie Internet, Bitnet, werden mit einem Aufschlag berechnet. Einen genauen Überblick erhalten Sie mit GO MAILRATES.

Frage: Wie lautet meine Netzadresse für E-Mails aus dem Internet?

Antwort: Der Versender aus dem Internet braucht Ihre CompuServe-Kennung als Adresse. Hier die genaue Adressierung:

`CIS-Kennung@compuserve.com`

Beispiel: `100023.572@compuserve.com`

Frage: Alle Dateien in den Softwarebibliotheken haben überwiegend Endungen wie .ZIP, .LHZ, .ARJ und .ARC. Was hat dies zu bedeuten?

Antwort: Größere Dateien in den Softwarebibliotheken werden gepackt, d.h. komprimiert. Auf diese Weise verringert sich die Transferzeit je nach Programmtyp bis zu 50%. Die aktuellen Entpacker und Komprimierungsprogramme finden Sie im IBM Programmier Forum (GO IBMPRO) in der Softwarebibliothek »Data Compression«.

Frage: Ich suche ein ganz bestimmtes Sharewareprogramm, wie finde ich dies auf CompuServe?

Antwort: Nutzen Sie die File Finder unter CompuServe. Die Arbeit mit den File Findern ist in Kapitel 5 ausführlich beschrieben.

Frage: Ist der Versand einer Datei in die Softwarebibliothek eines Forums wirklich kostenlos?

Antwort: Aufpassen! Der Versand einer Datei in eine Softwarebibliothek ist generell kostenlos und CompuServe berechnet dafür keine Gebühren. Aber für Netzwerke, die Ihnen den Zugang zu CompuServe ermöglicht haben (Datex-P in Deutschland), werden weiterhin die Gebühren erhoben. Es empfiehlt sich daher zu prüfen, ob der Transfer über einen CompuServe-Knoten eventuell preiswerter ist.

Frage: Wo erhalte ich die aktuellen Preise von CompuServe?

Antwort: Mit GO RATES können Sie einen Überblick über die aktuellen Preise von CompuServe erhalten. Alle Texte sollten online mitgeschnitten und dann in Ruhe ohne Verbindung gelesen werden. Dies ist der erste Schritt, um wirksam die entstehende Kosten einzuschränken.

Frage: Ich habe nun endlich ein neues Modem mit 14400 bps gekauft und bekomme aber keinen Login in CompuServe zustande. Wer kann mir auf CompuServe weiterhelfen?

Antwort: Setzen Sie eine Mitteilung in folgende Foren:

The Telecommunications Issue Forum	(GO TELECOM)
The Modem Vendor Forum	(GO MODEMVEN)
The Hayes Forum	(GO HAYES)
Deutsches Computer Forum	(GO GERNET)
Dr. Neuhaus Forum	(GO NEUHAUS)
Markt & Technik Forum	(GO MUTFOR)

Frage: Welche Suchmöglichkeiten habe ich mit dem Member-Directory von CompuServe?

Antwort: Die Suchmöglichkeiten beschränken sich auf das Land, die Stadt und selbstverständlich auf den Namen. Die Erstellung einer kompletten Liste aller Nutzer in Frankreich ist nicht möglich, da immer ein Name in der Eingabe erwartet wird. Wissen Sie eine bestimmte Angabe nicht, lassen Sie diese einfach frei oder geben die ersten 5 Buchstaben des Namens der Stadt ein (wenn Sie die Schreibweise nicht genau wissen).

Frage: Kann man die Reihenfolge der Forenliste im Information Manager auch unter anderen Kriterien sortieren als nur alphabetisch?

Antwort: Mit einem einfachen Trick kann man seine eigene Sortierung vornehmen. Geben Sie vor den Forennamen einfach eine Nummer ein. (Beispiel: 1. Deutsches Computer Forum)

Wörterbuch

Abstrakt

Der Abstrakt ist die Kurzbeschreibung eines Artikels oder Fachbuches. Diese finden zumeist in Datenbanken eine Anwendung, um Literaturstellen noch umfassender zu beschreiben.

ASCII

ASCII setzt sich aus »American Standard Code for Information Interchange« zusammen. Es handelt sich um einen Code für die Zeichendarstellung in Computern. ASCII kann bis zu 256 Zeichen codieren. Fast jeder Computer versteht diesen Code, deshalb ist er Standard bei der DFÜ.

BBS

Die Abkürzung für *Bulletin Board System*. Gemeint sind hiermit Mailboxen. Der Begriff findet in US-Foren eine häufige Anwendung.

Baud

Maßeinheit für die Geschwindigkeit der Datenübertragung; entspricht in der Regel der Einheit Bit/s.

Bit

Ein Bit ist die kleinste Informationseinheit in der Computertechnik. Die Information eines Bits ist »0« oder »1«. Alle Daten setzen sich aus Bits zusammen. 8 Bit ergeben 1 Byte.

Byte

Ein Byte ist ein Datenblock aus 8 Bit. Ein Byte enthält z.B. alle Informationen, um einen Buchstaben zu definieren.

BPS

Internationale Schreibweise für Bit/s. Im Buch wird der Begriff *bps* verwendet.

CIM

Die Abkürzung für *CompuServe Information Manager*.

CIS

Die CompuServe Information System. Viel verwendete Abkürzung für das gesamte CompuServe-System.

DFÜ

Abkürzung für **D**aten**fernü**bertragung.

DIALOG

US-Datenbankhost und gleichzeitig Bezeichnung der Retrievalsprache des gleichnamigen Hosts.

Datenbank

Systematische Organisation von Dateien für zentrale Zugriffe, Suchoperationen und Änderungen.

Datex-P-Knoten

Zentrale Stellen im Datex-P-Netz u.a. auch mit PAD-Einrichtungen für den Übergang aus dem Fernsprech- in das Datex-P-Netz.

Datex-P-Netz

Datenleitungsnetz mit Paketvermittlung der Deutschen Bundespost. Daten werden in Paketen zu 128 Zeichen übermittelt. Dadurch ist Datex-P sehr günstig. Mit einer NUI können Sie über ein normales Telefon und die örtlichen PADs (Vermittlungsstellen) in das Datex-P-Netz eindringen.

Download

»Download« bedeutet auf deutsch »herunterladen«. Dabei ist das Kopieren eines Programmes oder Textes aus einer Mailbox oder Filebox auf einen eigenen Datenträger gemeint. Meist geschieht ein Download unter Nutzung eines Übertragungsprotokolls.

E-Mail

Abkürzung für *Electronic Mail*. Nachricht, die im elektronischen Format (ASCII etc.) an Rechnersysteme verschickt wird.

GO-Befehl

Die Dienste innerhalb von CompuServe werden über einen *GO-Befehl* angesteuert. Die Bedeutung ist keine andere wie *Gehe zu*.

Host

»Host« ist der Begriff für einen angerufenen Computer, der einen Zugriff gestattet.

ISDN

Integrated Services Digital Network. ISDN ist ein Dienste-integrierendes digitales Fernmeldenetz.

LOGIN

Der LOGIN ist der Verbindungsaufbau mit einem anderen Rechnersystem in der Datenfernübertragung.

LOGON

siehe LOGIN.

LOGOFF

Prozedur zum Beenden der Übertragung.

Mall

Eine Mall ist ein Einkaufszentrum in den USA. Auf CompuServe haben Sie die Möglichkeit, elektronisch einzukaufen. Die *Shopping Mall* erreichen Sie mit *GO MALL*.

Message

Als Message bezeichnet man die Mitteilung innerhalb eines Forums von CompuServe. Bei einem privaten Schreiben spricht man von einer Mail. Sehr oft werden von den Amerikanern Terminologien wie *request, posted message* oder *thread* verwendet.

MNP

MNP ist ein Übertragungsverfahren der Firma Microcom das Fehler bereits im Modem erkennt und durch eine Kompression der Daten die Übertragungsrate erhöht.

Modem

Abkürzung für Modulator-Demodulator. Ein Modem ist ein Gerät zur Verbindung eines digitalen Gerätes mit der Telefonleitung. Es codiert und decodiert serielle Bits in bzw. aus Frequenzen. Ein Akustikkoppler ist eine besondere Art von Modem.

NUA

Eine NUA ist eine Nummer zum Anwählen eines Datex-P-Teilnehmers mit einem Datex-P-Hauptanschluß.

NUI

Eine NUI ist ein zweiteiliger Code für den Zugang zum Datex-P-Netz über das Telefonnetz.

Online

»Online« ist der Zustand, in dem sich ein Computer befindet, wenn er mit einem anderen System kommuniziert.

Packer

Mit den sogenannten Packern komprimieren Sie Dateien für den elektronischen Versand. Die Dateien werden je nach Aufbau bis zu 50% und mehr verkleinert.

PAD

Packet Assembly/Disassembly Facility; Einrichtung für das Datex-P-Netz in den Datex-P-Einrichtungsstellen, eine Schnittstelle z.B. zwischen dem Telefonnetz und dem Datex-P-Netz. Über eine Telefonverbindung ist eine solche Verbindungsstelle anwählbar, um in das Datex-P-Netz zu gelangen. Zum einen fungiert das PAD dabei als Puffer, um die hohen Datenfern-übertragungsgeschwindigkeiten des Datex-P-Netzes auszugleichen. Es speichert Daten zwischen und gibt sie in der langsameren Geschwindigkeit über das Telefon weiter. Zum anderen werden die Daten vom Rechner am Knoten in Paketen verschickt. Der Knotenrechner setzt diese Pakete in den Standard für das Datex-P-Netz um (OSI-Modell). Der von außen einge-wählte Nutzer benötigt so keine spezielle Karte (X.25) für das Datex-P-Netz.

Parameter

Die Parametereinstellung legt technische Bedingungen für die Datenfernübertragung fest, wie z.B. für den Mailboxverkehr.

Baudrate: 1200

Datenbits: 8 (oder 7)

Parität: N(none (keine)), E (even(gerade)), O (odd(ungerade))

Stoppbits: 1 (oder 2)

Sektion

Als Sektion (engl.Section) wird der Bereich eines Forums bezeichnet, der thematisch auf ein bestimmtes Gebiet oder Unternehmen festgelegt wurde. Die Auswahl der richtigen Sektion für eine Anfrage in einem Forum ist manchmal sehr schwer zu entscheiden. Haben Sie Fragen zu den einzelnen Sektionen eines Forums, fragen Sie den Sysop.

SIC-Code

*S*tandard *I*ndustrial *C*lassification teilt Produkte und Dienstleistungen festgelegten Codes zu. Der *SIC-Code* wird in Firmenverzeichnissen und Produktführern als Klassifizierung verwendet.

Sysop

»Sysop« ist die Abkürzung von *Systemoperator*. Der Sysop ist für den reibungslosen Ablauf des jeweiligen Systems verantwortlich.

Terminalemulation

Ein Programm, mit dessen Hilfe der Rechner den Terminal eines anderen Systems nachbilden kann.

Thread

Die Diskussion innerhalb einer Sektion zu einem bestimmten Thema, die unter einer Überschrift abgelegt ist, bezeichnet man auf CompuServe als *thread*.

Übertragungsprotokoll

Das Übertragungsprotokoll wird beim Upload bzw. Download verwendet. Gebräuchlich sind z.B. Kermit, X-Modem und Z-Modem.

Upload

Upload bedeutet etwa »heraufladen«. Es wird darunter das Kopieren eines Programmes oder Textes vom eigenen Computer in den der Mailbox verstanden.

User

»User« bedeutet »Benutzer« oder »Anwender«. Der Begriff wird oft im Zusammenhang mit der Benutzung einer Mailbox verwendet.

WinCIM

Abkürzung für den *CompuServe Information Manager* unter Microsoft Windows.

X-Modem

Mit einem Alter von 16 Jahren ist das X-Modem der Senior unter den Übertragungsprotokollen. Durch das hohe Alter ist die Leistungsfähigkeit schon erheblich unter dem, was man sich von einem guten Protokoll verspricht. Der Versand einer Datei erfolgt unter X-Modem immer in Blöcken zu je 128 Kilobyte. Durch die separate Bestätigung über Vollständigkeit und Richtigkeit der Blöcke verliert X-Modem erheblich an Geschwindigkeit. Zusätzlich dazu sorgt die Prüfmethode der einzelnen Blöcke für keine garantiert fehlerfreie Datenübertragung. X-Modem macht es sich dabei recht einfach. Es überprüft lediglich nur die Quersumme der Bytes. Auf diese Weise können vertauschte Bytes recht schnell übersehen werden, selbst wenn die Prüfsumme stimmt. Obwohl X-Modem mittler-weile technisch völlig überholt ist, gehört es immer noch zu den am weit verbreitetsten Übertragungsprotokollen.

Z-Modem

Eines der sichersten Übertragungsprotokolle ist das Z-Modem. Z-Modem ist sehr schnell, da es immer die höchstmögliche Übertragungsrate wählt. Im Gegensatz zum X-Modem, das mit einer konstanten Blockgröße arbeitet, arbeitet das Z-Modem mit einer variablen Blockgröße. So setzt das Z-Modem die Blockgröße herunter, wenn die Blöcke durch Störungen defekt im Rechner eintreffen.

Terminplan CompuServe-Konferenzen

Alle Zeiten sind in US-Zeit (Eastern Time). Stand der Liste Juni 1993

Sonntag

12:00 pm	Science Fiction & Fantasy Forum (GO CIS:SCI-FI)
3:00 pm	UK Forum (GO CIS:UKFORUM)
3:30 pm	UK Computing Forum (GO CIS:UKCOMPUTING)
4:30 pm	California Forum (GO CIS:CALFORUM) Happy Hour in der Cantina California
4:30 pm	Students Forum (GO CIS:STUFORUM)
8:00 pm	Issues Forum (GO CIS:ISSUES) Paranormal Issues
9:00 pm	Amiga User's Forum (GO CIS:AMIGAU) Letzte Produktmeldungen, Neuigkeiten-Konferenz
9:00 pm	Atari 8-Bit Forum (GO CIS:ATARI8)
9:00 pm	Comics/Animation Forum (GO CIS:COMIC) Japanische Comics
9:00 pm	Commodore Applications Forum (GO CIS:CBMAPP) Informations-Konferenz
9:00 pm	Diabetes Forum (GO CIS:DIABETES) Informations-Konferenz
9:00 pm	Gardening Forum (GO CIS:GARDEN) Garten »Talk«
9:00 pm	Graphics Developers Forum (GO CIS:GRAPHDEV) Virtual Reality Group (cyberspace)
9:00 pm	Multi-Player Games Forum (GO CIS:MPGAMES) Megawars I Konferenz
9:00 pm	New Age Forum (GO CIS:NEWAGE) Virtual Bar & Grille
9:00 pm	Safetynet Forum (GO CIS:SAFETY) Sicherheitsfragen-Konferenz
9:30 pm	Astronomy Forum (GO CIS:ASTROFORUM)
9:30 pm	Health & Fitness Forum (GO CIS:GOODHEALTH) Anonyme Alkoholiker

9:30 pm	Multi-Player Games Forum (GO CIS:MPGAME) Spielediskussion: Island of Kesmai Conference
10:00 pm	Aquarian/Fish Forum (GO CIS:FISHNET) Marine-Treff jeden 4.Sonntag im Monat
10:00 pm	Coin/Stamp Collect. Forum (GO CIS:COLLECT) Music Collectible Meeting
10:00 pm	Computer Club Forum (GO CIS:CLUB) Adam Computer Users
10:00 pm	Epson Forum (GO CIS:EPSON) Epson Forum Town Meeting
10:00 pm	Outdoor Forum (GO CIS:OUTDOOR) Offene Themen-Konferenz
10:00 pm	Pets Forum (GO CIS:PETS) Pferdebesitzer Konferenz (jeden 4. Sonntag)

Montag

5:30 am	California Forum (GO CIS:CALFORUM)
4:30 pm	California Forum (GO CIS:CALFORUM) Fröhliche Stunde in der »Cantina California«
9:00 pm	Coin/Stamp Collect. Forum (GO CIS:COLLECT) Puppen und Figuren-Konferenz
9:00 pm	Coin/Stamp Collect. Forum (GO CIS:COLLECT) Early American Coppers (jeden 2. Montag)
9:00 pm	Gamers Forum (GO CIS:GAMERS) Spiele-Design-Konferenz
9:00 pm	Modem Games Forum (GO CIS:MODEMGAMES) Modem-to-Modem Flugsimulations-Konferenz
9:00 pm	ShowBiz Forum (GO CIS:SHOWBIZ) Theater-Konferenz
9:00 pm	Students Forum (GO CIS:STUFORUM) Online-Debatten und Diskussionen
9:30 pm	Health & Fitness Forum (GO CIS:GOODHEALTH) Anonyme »Fettsüchtige und Übergewichtige«
9:30 pm	Motor Sports Forum (GO CIS:RACING) SCCA Conferences (jeden 2. und 4. Montag)

9:30 pm	Science Fiction & Fantasy Forum (GO CIS:SCI-FI) Star Trek-Konferenz
10:00 pm	Broadcast Pro Forum (GO CIS:BPFORUM) Theater-Konferenz
10:00 pm	Coin/Stamp Collect. Forum (GO CIS:COLLECT) Münzsammler-Konferenz
10:00 pm	Issues Forum (GO CIS:ISSUES) Schwulen-Konferenz
10:00 pm	Multi-Player Games Forum (GO CIS:MPGAMES) Megawars III Konferenz
10:00 pm	Texas Instruments Forum (GO CIS:TIFORUM)
10:00 pm	Travel Forum (GO CIS:TRAVSIG)

Dienstag

5:30 am	California Forum (GO CIS:CALFORUM)
4:30 pm	California Forum (GO CIS:CALFORUM) Fröhliche Stunde in der »Cantina California«
6:30 pm	California Forum (GO CIS:CALFORUM) Late Night with Lindsey in Poolside Room
9:00 pm	Cancer Forum (GO CIS:CANCER) Informal Conference
9:00 pm	Coin/Stamp Collect. Forum (GO CIS:COLLECT) NonSport & Comics Meeting
9:00 pm	Diabetes Forum (GO CIS:DIABETES) Informations-Diskussion
9:00 pm	Florida Forum (GO CIS:FLORIDA) Disney Quiz
9:00 pm	Gamers Forum (GO CIS:GAMERS) Cartridge Spieler-Treff
9:00 pm	Gamers Forum (GO CIS:GAMERS) Adventure Spieler-Treff
9:00 pm	Modem Games Forum (GO CIS:MODEMGAMES) Spaß und Rätsel-Treff

9:30 pm	Education Forum (GO CIS:EDFORUM) Wöchentliches Treffen
9:30 pm	Health & Fitness Forum (GO CIS:GOODHEALTH)
10:00 pm	Coin/Stamp Collect. Forum (GO CIS:COLLECT) Allgemeines Sammler-Treffen
10:00 pm	Crafts Forum (GO CIS:CRAFTS)
10:00 pm	Genealogy Forum (GO CIS:ROOTS) Regelmäßige Diskussion
10:00 pm	Literary Forum (GO CIS:LITFORUM)
10:00 pm	Outdoor Forum (GO CIS:OUTDOOR) Allgemeine Konferenz
10:00 pm	Outdoor Forum (GO CIS:OUTDOOR) Pfadfinder-Treffen
10:00 pm	Pets Forum (GO CIS:PETS) Hunde-Benimm-Konferenz (1. und 3.Dienstag)
10:00 pm	Role Playing Games Forum (GO CIS:RPGAMES)
10:00 pm	Students Forum (GO CIS:STUFORUM) Allgemeine Diskussion

Mittwoch

5:30 am	California Forum (GO CIS:CALFORUM)
4:30 pm	California Forum (GO CIS:CALFORUM) Fröhliche Stunde in der »Cantina California«
5:30 pm	California Forum (GO CIS:CALFORUM) Terese's Tub Hour in the Hot Tub
8:00 pm	Blyth Forum (GO CIS:BLYTH)
8:00 pm	Students Forum (GO CIS:STUFORUM) Kinder-Club-Konferenz
9:00 pm	Coin/Stamp Collect. Forum (GO CIS:COLLECT) Sport-Sammler-Treffen
9:00 pm	Comics/Animation Forum (GO CIS:COMIC) jeden Mittwoch
9:00 pm	Court Reporters Forum (GO CIS:CRFORUM)

9:00 pm	Gamers Forum (GO CIS:GAMERS) Sport-Spiele-Stunde
9:00 pm	Gamers Forum (GO CIS:GAMERS) Computer-Rollenspiel-Stunde
9:00 pm	Gardening Forum (GO CIS:GARDEN)
9:00 pm	Religion Forum (GO CIS:RELIGION) Christentum
9:00 pm	Safetynet Forum (GO CIS:SAFETY) Feuerwehrleute in der Diskussion
9:00 pm	TrainNet Forum (GO CIS:TRAINNET)
9:30 pm	Bacchus Wine Forum (GO CIS:WINEFORUM)
9:30 pm	Health & Fitness Forum (GO CIS:GOODHEALTH) Anonyme Alkoholiker
9:30 pm	Motor Sports Forum (GO CIS:RACING) Motorcycle Racing Conference
9:30 pm	Science Fiction & Fantasy Forum (GO CIS:SCI-FI) Society for Creative Anachronism (SCA)
9:30 pm	VAX Forum (GO CIS:VAXFORUM)
9:45 pm	Religion Forum (GO CIS:RELIGION) Pagan/Occult
10:00 pm	CD-Rom Forum (GO CIS:CDROM) Informations-Konferenz
10:00 pm	Aquaria/Fish Forum (GO CIS:FISHNET) Der *runde Tisch* für Anfänger (jeden 2.Mittwoch)
10:00 pm	Coin/Stamp Collect. Forum (GO CIS:COLLECT) Briefmarkensammler-Treffen
10:00 pm	Computer Club Forum (GO CIS:CLUB)
10:00 pm	Crafts Forum (GO CIS:CRAFTS) Informations- und Einsteiger-Diskussion
10:00 pm	Epson Forum (GO CIS:EPSON)
10:00 pm	Multi-Player Games Forum (GO CIS:MPGAMES)
10:00 pm	Pets Forum (GO CIS:PETS) Tier Therapie-Konferenz (jeden 2.Mittwoch)
10:00 pm	Pets Forum (GO CIS:PETS) Katzenhalter-Konferenz (jeden 3.Mittwoch)

10:00 pm	Pets Forum (GO CIS:PETS) Hundehalter-Konferenz (jeden 4.Mittwoch)
10:00 pm	Science Fiction & Fantasy Forum (GO CIS:SCI-FI) Blakes_7-Konferenz (engl.Fernsehreihe)
10:00 pm	Science Fiction & Fantasy Forum (GO CIS:SCI-FI) Katherine Kurtz« »Deryni«-Diskussion
10:00 pm	Students Forum (GO CIS:STUFORUM) Spiele-Nacht

Donnerstag

3:00 pm	Collectors Forum (GO CIS:COLLECT) Briefmarkensammler-Konferenz
4:30 pm	California Forum (GO CIS:CALFORUM) Fröhliche Stunde in der »Cantina California«
5:30 am	California Forum (GO CIS:CALFORUM)
8:00 pm	Commodore Arts/Games Forum (GO CIS:CBMART) Anfänger-Konferenz
9:00 pm	Aviation Forum (GO CIS:AVSIG)
9:00 pm	Coin/Stamp Collect. Forum (GO CIS:COLLECT) Sport-Karten Club-Treffen
9:00 pm	Commodore Arts/Games Forum (GO CIS:CBMART) Informations-Konferenz
9:00 pm	Diabetes Forum (GO CIS:DIABETES) Diabetes und andere Krankheiten
9:00 pm	Military Forum (GO CIS:MILITARY)
9:00 pm	Practical Peripherals Forum (GO CIS:PPIFORUM) Informations-Konferenz
9:30 pm	Gamers Forum (GO CIS:GAMERS) Kriegs- und Strategie-Spiele-Treffen
9:30 pm	Health & Fitness Forum (GO CIS:GOODHEALTH) Anonyme Abhängige (Tabletten usw.)
9:30 pm	Motor Sports Forum (GO CIS:RACING) Auto-Motor-Sport-Treffen
9:30 pm	Multi-Player Games Forum (GO CIS:MPGAMES) Spielertreffen: Island of Kesmai Novices

9:30 pm	Multi-Player Games Forum (GO CIS:MPGAMES) British Legends Hilfe-Konferenz
9:30 pm	Science Fiction & Fantasy Forum (GO CIS:SCI-FI) Einsteiger- und Informations-Konferenz
10:00 pm	ACIUS Forum (GO CIS:ACIUS) 4th DIMENSION User
10:00 pm	Aquaria/Fish Forum (GO CIS:FISHNET) CICHLID »runder Tisch« (jeden 3.Donnerstag)
10:00 pm	Aquaria/Fish Forum (GO CIS:FISHNET) Produkte »runder Tisch« (jeden 1.Donnerstag)
10:00 pm	Coin/Stamp Collect. Forum (GO CIS:COLLECT) Bücher und andere Medien
10:00 pm	Graphics Support Forum (GO CIS:GRAPHSUPPORT) Newcomer-Konferenz
10:00 pm	Outdoor Forum (GO CIS:OUTDOOR) Waffen-Konferenz

Freitag

Auch die Amerikaner lieben den Freitag. Viele Diskussionen laufen unter dem Titel »Thanks Goodness It's Friday« TGIF.

4:30 pm	California Forum (GO CIS:CALFORUM) Fröhliche Stunde in der »Cantina California«
5:30 am	California Forum (GO CIS:CALFORUM)
6:30 pm	California Forum (GO CIS:CALFORUM) Teresa und Lindsey in der »Cantina«
9:00 pm	Coin/Stamp Collect. Forum (GO CIS:COLLECT) Autograph Club Meeting
9:00 pm	Commodore Arts/Games Forum (GO CIS:CBMART) Anfänger-Treffen
9:00 pm	Modem Games Forum (GO CIS:MODEMGAMES) 'Thank Goodness It's Friday« TGIF-Konferenz
9:30 pm	Multi-Player Games Forum (GO CIS:MPGAMES) Wöchentliche Konferenz
9:30 pm	Role-Playing Games Forum (GO CIS:RPGAME)

10:00 pm	Apple II Users Forum (GO CIS:APPUSER) Informations-Konferenz
10:00 pm	Aquaria/Fish Forum (GO CIS:FISHNET) Friday Night *LIVE* an der Sushi Bar & Grill
10:00 pm	Macintosh Community/Club Forum (GO MACCLUB) Informations-Club-Treffen
10:00 pm	Pets Forum (GO CIS:PETS) TGIF Conference
10:00 pm	Show Business Forum (GO CIS:SHOWBIZ) Drehbuchschreiber-Konferenz
11:00 pm	Role-Playing Games Forum (GO CIS:RPGAME) Crystal Goblet Tavern

Samstag

11:00 am	Graphics Developers Forum (GO CIS:GRAPHDEV) Morphing Workgroup Konferenz
4:30 pm	California Forum (GO CIS:CALFORUM) Fröhliche Stunde in der »Cantina California«
9:00 pm	Cancer Forum (GO CIS:CANCER) Informations-Konferenz
9:30 pm	ShowBiz Forum (GO CIS:SHOWBIZ) Offene Konferenz ohne Thema
10:00 pm	Aquaria/Fish Forum (GO CIS:FISHNET) 'Frischwasser-Badehaus Konferenz«
10:00 pm	Crafts Forum (GO CIS:CRAFTS) Schreinern, Arbeiten mit Holz Konferenz
10:00 pm	Science Fiction & Fantasy Forum (GO CIS:SCI-FI) Anne McCaffrey's Pern (TM) Conference

Alle Foren im Überblick

Abacus	ABACUS
ABC weltweiter Hotelführer	ABC
Abrechnungs-Infomationen	BILLING
Abrechnungsart ändern	BILOPT
Access Softek	WINAPA
Acer America	ACER
ACI US-Forum	ACIUS
Activision (Tenpointo)	MACVEN
Adobe Forum	ADOBE
Advanced Gravis Computer Technology	PCVENB
Adventures in Travel	AIT
Advertures in Food	AIF
AI EXPERTen-Forum	AIEXPERT
AIDS-Menüseiten	AIDS
AIDS-Nachrichtentelegramm	AIDSNEWS
Aimtech	MULTIVEN
Air France	AF
Aktien/Fonds-Menüseite	SECURITIES
Aktuelle Gebühren	RATES
Aladdin Systems, Inc.	MACCVEN
Alaska Peddler	AK
Aldus-Kundendienst-Forum	ALDSVC
Allgemeines zur Rechnungstellung	BILINF
Alpha Software	PCVENE
Altsys Corporation	MACBVEN
Alysis	MACCVEN
American Cybernetics	CYBERNET
American Express	AE
American Power Conversion	APCSUPPORT
American Clothing	AC

Amerikanische Wissenschaftliche Enzyklopädie	ENCYCLOPEDIA
AMIA-Medizin-Forum	MEDSIG
Amiga & Commodore-User-Netzwerk	CBMNET
Amiga-Anbieter-Forum	AMIGAVENDOR
Amiga-Arts-Forum	AMIGAARTS
Amiga-Datei-Detektiv	AMIGAFF
Amiga-Technik-Forum	AMIGATECH
Amiga-User-Forum	AIMGAUSER
Anleger-Forum	INVFORUM
AP Online	APO
APPC-Info-Austausch-Forum	APPC
Apple II-Anbieter-Forum	APIIVEN
Apple II-Anwender-Forum	APPUSER
Apple II-Programmierer-Forum	APPROG
Apple II/III-Foren	APPLE II/III
Apple-Macintosh-Foren	MACINTOSH
Appel-Nachrichtentelegramm	APPLENEWS
Aquarium & Fisch-Menüseiten	FISHFORUMS
Aristosoft	ARISTOSOFT
Articulate Systems	MACAVEN
Artisoft	ARTISOFT
ASDG	AMIGAVENDOR
AshlarIncorporated	CADDVEN
Ashton-Tate-Support-Bibliothek	ASHTON
Ask 3Com	ASK
ASP/Shareware-Forum	ASPFORUM
Associated Press-Sporttelegramm	APSPORTS
Astronomie-Forum	ASTROFORUM
Asymetrix Corporation (Multimedia)	MULTIVENDOR
Asymetrix Corporation (Windows)	ASYMETRIX
AT&T Toll-Free 800 Directory	TFD
Atari 8-Bit-Forum	ATARI8

Atari ST-Arts-Forum	ATARIARTS
Atari ST-Produktivitäts-Forum	ATARIPRO
Atari-Anbieter-Forum	ATARIVEN
Atari-Datei-Detektiv	ATARIFF
Atari-Portfolio-Forum	APORTFOLIO
Atari-User-Netzwerk	ATARINET
ATI	AMIGAVENDOR
ATI Technoligies Inc.	ATITECH
Attitash	ATTITASH
Australien/Neuseeland-Firmendatenbank	ANZCOLIB
Auszüge aus Dissertationen	DISSERTATION
Autodesk-AutoCAD-Forum	ACAD
Autodesk-Produkt-Forum	ARETAIL
Autodesk-Software-Forum	ASOFT
Automated-Design-Systems	ADSINFO
Automobil-Forum	CARS
Automobil-Menüseiten	AUTO
Automobile Information Center	AI
Autoquot-R	AQ
Auto Vantage Online	ATV
Avant-Garde Software Inc.	AMIGAVENDOR
Avatar Corp.	MACCVEN
Avery Dennison	AVERY
Bachus-Weinforum	WINEFORUM
Banyan Systems	BANYAN
Banyan-Forum	BANFORUM
Barnes & Noble	AN
Baseline Publishing (Macintosh)	MACCVEN
Baseline Publishing (Windows)	WINAPD
BASIS International-Forum	BASIS
Basis-Börsenkurse	BASICQUOTES

BCD Associates	MULTIVEN
Befehlsverzeichnis / Anwendungsbeispiele	COMMAND
Behinderten-Datenbank	HUD
Behinderten-Forum	DISABILITIES
Bell Atlantic	THINX
Bentley Systems	MSTATION
Berkeley Systems (Macintosh)	ADMAC
Berkeley Systems (Windows)	ADWIN
Bestellen im CompuServe-Store	ORDER
Beyond Inc.	BEYOND
Big Noise Software Inc.	MIDIAVENDOR
Bildende Kunst-Forum	FINEART
Bildungs & Erziehungs-Forum	EDFORUM
Biorhythmus-Diagramm	BIORHYTHM
Bitstream	BITSTREAM
Biz File	BIZFILE
Black Belt Systems	AMIGAVENDOR
Black Dragon	BLACKDRAGON
Blitz-Kurse	QQUOTE
BLOC Publishing Corporation	BLOCPUB
Blyth-Software-Forum	BLYTH
BMG Comact Disc Club	CD
Bonds-Verzeichnis	BONDS
Books On Tape	BOT
Borland Applikations-Forum B	BORAPB
Borland C++/DOS-Forum	BCPPDOS
Borland C++/Windows-Forum	BCPPWIN
Borland Deutschland	BORGER
Borland GmbH-Forum	BORGMBH
Borland International	BORLAND
Borland-Applikatons-Forum	BORA
Borland-Datenbankprodukt-Forum	BORDB

Borland-dBASE-Forum	DBASE
Borland-Entwicklungswerkzeug-Forum	BDEVTOOLS
Borland-Pascal-Forum	BPASCAL
Borland-Progammier Forum A	BPROGA
Borland-Quattro-Pro-Forum	QUATTROPRO
Börsenkurse/Markttrends	QUOTES
Bose Express Music	BEM
Breton Harbor Basket & Gifts	BH
Brightwork Development	BRIGHT
Britische Sagen	LEGENDS
Broderbund (DOS)	PCVENA
Broderbund (Macintosh)	MACAVEN
Broderbund Software	BB
Brooks Brothers	BR
Bücher-Vorschau	BOOKS
Buchkritiken-Katalog	BOOKREVIEW
Buick Magazine	BU
Büro zuhause-Forum	WORK
Business Dateline	BUSDATE
Business Incorporating Guide	INC
Business Management-Menüseiten	MANAGEMENT
Button Ware, Inc.	PCVENA
CA-Anwendungs-Entwicklungs-Forum	CAIDEV
CA-Clipper-Deutschland-Forum	CLIPGER
CA-Clipper-Forum	CLIPPER
CA-Micro-Deutschland-Forum	CAMICRO
CA-Vax/Unix-Forum	CAIMINI
CA-Pro-Lösungs-Forum	CAIPRO
CabletronSystems, Inc.	CTRON
CADD/CAM/CAE-Anbieter-Forum	CADDVEN
Cadkey,Inc.	CADKEY

Campbell Services	ONTIME
Canon-Support-Forum	CANON
Canopus-Research-Forum	CANOPUS
CASE-DCI-Forum	CASEFORUM
CASEWORKS	CASEW
Casio Inc.	PALMTOP
Castle Quest	CQUEST
CB-Band A	CB-1
CB-Band B	CB-2
CB-Club	BCLUB
CB-Forum	CBFORUM
CB-Gesellschaft-Cupcake's Kolumne	CUPCAKE
CB-Profile	CBPROFILES
CB-Simulator	CB
CDROM-Forum	CDROM
CE Software	MACAVEN
CENDATA Service des Stat. Bundesamtes der USA	CENDATA
Central Coast Software	AMIGAVENDOR
Central Point Software-Windows & Macintosh-Forum	CPSWINMAC
Central Point-Software-DOS-Forum	CPSDOS
Checkfree Corporation	CF
Chef's Catalog	CC
ChipSoft	MACAVEN,PCVENB, WINAPB
CIM-Support-Forum	CIMSUP
Cobb Group-Applikations-Forum	ZNT:COBBAPP
Cobb Group-Programmier-Forum	ZNT:COBBPROG
Coda Music Software	MIDIBVEN
Code Head Software	ATARIVEN
Cofee anyone	COF
Cognetics	COGNETICS
Color-Computer-Forum	COCO
Columbia House	FREECD

Comic/Animations-Forum	COMICS
Command Software Systems	PCVENF
Commerce Business Daily	COMBUS
Commodore Newsletter	CBMNEWS
Commodore-Applikations-Forum	CBMAPP
Commodore-Art & Spiele-Forum	CBMART
Commodore-Service-Forum	CBMSERVICE
Communication Intelligence Corp.	COMINT
Compaq-Forum	CPQFORUM
Compaq-Menüseiten	COMPAQ
Compendex Engineering Index	COMPEN
Complementary Solutions Inc.	PCVEND
CompuAdd-Forum	COMPUADD
CompuBooks	CBK
CompuServe Elektronische Post	MAIL
CompuServe Magazine Details zu Inserenten	OLI
CompuServe Shop	ORDER
CompuServe-Hilfe-Forum	HELPFORUM
CompuServe-Kleinanzeigen	CLASSIFIEDS
CompuServe-Mail-Hub-Dienst	MHS
CompuServe-Software	CISSOFT
CompuServe-Tour	TOUR
Computer Express	CE
Computer Shopper	CS
Computer-Art-Forum	COMART
Computer-Club-Forum	CLUB
Computer-Datenbank Plus	COMPDB
Computer-Shopper-Forum	ZNT:COMPSHOP
Computer-Sprachen-Forum	CLMFORUM
Computer-Trainings-Forum	DPTRAIN
Computer-Verzeichnis	COMPDIR
CONGRESSgramm	CONGRESS

Connectix	MACAVEN
Contact Lens Supply	CL
Contact Software International	CONTACT
Convention-Tagungszentrum	CONVENTION
Cool Shoes Software	MIDIBVEN
Corel-Forum	COREL
Cosmetics Express	CM
CoStar Corporation	COSTAR
Court Pharmacy	RX
Covox	MIDIBVEN
CP/M-Forum	CPMFORUM
Crosstalk-Forum	XTALK
Ctrlalt Associates	PCVENA
Cumulus Corporation	PCVEND
Custom Applications	DTPVENDOR
Custom Technologies	PCVENA
D & B Dun's Firmendatenbanken	DUNS
DacEasy	PCVENB
Dalco Computer Electronics	DA
Das Elektronische Einkaufszentrum	MALL
Das Spiele-Zentrum	ECENTER
Das Wirtschaftstelegramm	TBW
Data Access Corporation	DAC
Data Access Corporation-Forum	DACCESS
Data Based Advisor	DB
Data Based Advisor-Forum	DBADVISOR
Databook Incorporated	DATABOOK
Dataquest Online	DATAQUEST
Datastorm Technologies-Support-Forum	DATASTORM
DaVinci-Forum	DAVINCI
Daystar Digital	MACAVEN

DBMS-Forum	DBMSFORUM
DEC-PC-Forum	DECPC
DEC-User-Netzwerk	DECUNET
Dell-Forum	DELL
Delrina Technology	DELRINA
DeltaPoint	MACAVEN
Deneba Software	MACBVEN
Der runde Tisch	PARTI
Desktop Direct	DD
Desktop-Publishing-Forum	DTPFORUM
Deutsche Firmendatenbank	GERLIB
Deutsche Presse-Agentur	ENS
Deutsches Computer-Forum	GERNET
Diabetes-Forum	DIABETES
Die Qual der Wahl	TMC
Diese Woche neu	NEW
Digital Vision	DIGVIS
Digital's PC-Integration-Forum	DECPCI
Digitalk-Forum	DIGITALK
Direct Micro	DM
DISCLOSURE II	DISCLOSURE
Disk-Count Software	PCVENE
Dividenden Splittings Anleihezinsen	DIVIDENDS
Double Click Software	ATARIVEN
Dr. Dobb's Journal	DDJ
Dr. Neuhaus-Forum	NEUHAUS
Dreyfus Corp.	DR
DTP-Anbieter-Forum	DTPVENDOR
Dun's Elektronisches Wertpapierverzeichnis	EXAMINE
Dun's Elektronisches Firmenverzeichnis	DYP
Dvorak Dvelopment	FORCE

E*TRADE Amerikas Elektronischer Maklerdienst	ETRADE
E*TRADE-Börsenspiel	ETGAME
E-Mu Systems	MIDIAVENDOR
E-Span-Stellenvermittlung	ESPAN
EAASY SABRE	SABRE
EAASY SABRE (CIM)	SABRECIM
EDV-Berater-Forum	CONSULT
EDV-Newsletter	DPNEWS
EETNet	EETNET
Eicon-Forum	EICON
Eifel	PCVENE
Eisenbahn-Forum	TRAINNET
Electronic Frontier Foundation-Forum	EFF
Electronic Gamers Archive	TEG
Elektronische Ausgabe des OAG Travel Service	OAG
EMI-Flugdienste	EMI
EMI-Radarkarte	AERORAD
Enable Software Inc.	PCVENA
Engineering Automation Productivity-Forum	LEAP
Entrepreneur Magazine	ENT
EPost-Spiele-Forum	PBMGAMES
Epson-Forum	EPSON
ERIC-Pädagogikforschung	ERIC
Erraten	YGI
Erträge und Erwartungen	EARNINGS
Essen & Trinken	FOOD
Europa-Forum	EURFORUM
Europäische Firmendatenbank	EUROLIB
Eventide	EVENTIDE
Evolution Computing	EVOLUTION
Ex Machina Inc.	MACAVEN

Executive Service Option beantragen	EXECUTIVE
Executive Stamper	EX
Farallon (DOS)	FARAPC
Farallon (Macintosh)	FARAMAC
Feedback an CompuServe	FEEDBACK
Fernseh-Manuskriptdienst	TRANSCRIPTS
Fernsehserien-Vorschau	SOAPS
Fifth Generation Systems	FIFTH
Finanzdienste/Gebühren	FINHELP
Finanz-Foren	FINFORUM
Firmen/Ticker/CUSIP suchen	LOOKUP
Florida Fruit Shipppers	FFS
Florida-Forum	FLORIDA
Flower Stop	FS
Fluginformationen/Buchungen	FLIGHTS
Flugsimulator-Forum	FSFORUM
FocServices-FocForum	FOCSERVICES
FOCUS Connection	FOCUS
FocWizards-FocForum	FOCWIZARDS
Föderation Internationaler Distributoren-Forum	FEDERATION
FontBank	FONTBANK
Ford Motor Company	FMC
Ford-Automobil-Ausstellung	FORD
Foren	FORUM
Foresight Corporation	PCVENA
Forth-Forum/Creative Solutions	FORTH
Foto-Forum	PHOTOFORUM
Fragen an den Kundendienst	QUESTIONS
Freimaurer-Forum	MASONRY
Fremdsprachen-Forum	FLEFO
Führungskräfte Online	ZNT:EXEC

FundWatch Online	MONEYMAG
Funk Software	FUNK
FUSE-Forum	FUSE
Future Soft Engineering	DYNACOMM
Futures Focus	ACI
Gadgets By Small Inc.	ATARIVEN
Gammalink	PCVEND
Garrett Wade Woodworking	GW
Garten-Forum	GARDENING
Gateway 2000	GATEWAY
GB-Börsenkurse	UKPRICE
GB-Computer-Forum	UKCOMP
GB-Firmenverzeichnis	UKLIB
GB-Forum	UKFORUM
GB-Marketing-Bibliothek	UKMARKETING
GB-Nachrichtentelegramm	UKNEWS
GB-Shareware-Forum	UKSHARE
GB-Shopper-Forum	UKSHOPPER
GB-Sportnachrichten	UKSPORTS
GB-Warenzeichen-Bibliothek	UKTRADEMARK
GB-Wertpapierverzeichnis	SEDOL
GB-Wetter	UKWEATHER
GB-Zeitungsarchiv	UKPAPERS
GCC Technologies	MACBVEN
Gebühren/Nutzungsdaten ansehen	CHARGES
Genealogie-Forum	ROOTS
Genus Inc.	ENUS
Geographix	WINAPA
Geschäftsbedingungen/Urheberrecht	RULES
Gesundheit/Fitness-Menüseiten	HEALTH
Gesundheits & Fitness-Forum	GOODHEALTH

Gesundheits-Datenbank Plus	HLTDB
GFA Software	WINAPC
Gift Sender	FS
Gilbert & Associates	VIEWZ
Gimmee Jimmy's Cookies	GIM
Global Report der Citi Bank	GLOREP
Global Softworks Ltd.	GSLSUPPORT
Glockenspiel	GLOCK
GO Corporation	GOCORP
Gold Disk	GOLDDISK
Gold Hill	WINAPC
Grafik Corner	CORNER
Grafik-Anbieter-Foren	GRAPHVEN
Grafik-Datei-Detektiv	GRAPHFF
Grafik-Entwicklungs-Forum	GRAPHDEV
Grafik-Foren	GRAPHICS
Grafik-Plus-Forum	GRAPHPLUS
Grafik-Support-Forum	GRAPHSUPPORT
Graphics Software Inc.	BIGD
Greenleaf Software	PCVENB
Gribnif Software	ATARIVEN
GRID Systems	GRID
H & R Block	HRB
Hammacher Schlemmer	HS
Ham Net (Ham Radio)-Forum	HAMNET
Handarbeits & Bastel-Forum	CRAFTS
Hangman	HANGMAN
Hardware-Foren	HARDWARE
Harvard Associates Inc.	LOGOFORUM
Haustie-Forum	PETS
hDC Computer Corp.	WINAPA

Health Net	HNT
Health Comany	HTH
Heimelektronik-Forum	CEFORUM
Hewlett Packard-Menüseiten	HP
Hi-Q International	WINAPA
Hilgraeve	HILGRAVE
Holabird Sports Discounters	HB
Hollywood-Hotline	HOLLYWOOD
HomeFinder Service	HF
Honey Baked Hams	HAM
Hooper International	PCVENC
Hotel-Informationen	HOTELS
HP-Peripherie-Forum	HPPER
HP-System-Forum	HPSYSTEMS
HSC Software	HSCSOFTWARE
Hyperkinetix Inc.	PCVEND
Hyphen	HYPHEN
Hyundai	PCVENE
I/B/E/S-Ertragsprognosen	IBES
IBM-Applikations-Forum	IBMAPP
IBM-Bulletin Board-Forum	IBMBBS
IBM-CAD	PCVENC
IBM-Datei-Detektiv	IBMFF
IBM-Einsteiger/Gute-Laune-Forum	IBMNEW
IBM-Hardware-Forum	IBMHW
IBM-Kommunikations-Forum	IBMCOM
IBM-OS/2-Entwickler-Forum 1	OS2DF1
IBM-OS/2-Entwickler-Forum 2	OS2DF2
IBM-OS/2-Support-Forum	OS2SUPPORT
IBM-OS/2-User-Forum	OS2USER
IBM-PC-User-Netzwerk	IBMNET

IBM-Programmier-Forum	IBMPRO
IBM-Spezialanwendungs-Forum	IBMSPECIAL
IBM-Systeme/Utilities-Forum	IBMSYS
IBM-ThinkPad-Forum	THINKPAD
ICD, Inc.	ATARIVEN
ICOM Simulations	ICOM
Image-In Incorporated	IMAGEIN
Impulse Inc.	AMIGAVENDOR
Indexsymbol nachschlagen	INDICATORS
Infinite Technologies	PCVENF
Information USA	INFOUSA
Information der US-Bundesregierung	GOVERNMENT
Inline Design	MACCVEN
INMAGIC	INMAGIC
Innovative Data Concepts	PCVENC
Innovatronics	AMIGAVENDOR
Inseln von Kesmai	ISLAND
Inset Systems Ind.	INSET
Int. Unternehmer-Forum	USEN
Intel-Forum	INTELFORUM
Intel-Software-Entwickler-Forum	NTELACCESS
Internationale Unternehmensdaten	COINTL
INTERSECT Software Corporation	ATARIVEN
Investext	INVTEXT
Investitions-Analysen	ANALYSIS
Ioblomega Corporation DOS(Mac)	PCVENE(MACCVEN)
IQINT-Unternehmensdaten	IQINT
Iquest	IQUEST
IQuest-Ausbildungs-Info-Zentrum	IQEDUCATION
IQuest-Business Managent Info Zentrum	IQBUSINESS
IQuest-Medizin-Info-Zentrum	IQMEDICNE
IQuest-Technik-Info- Zentrum	IQENGINEER

ISD Marketing	ATARIVEN
ISICAS Inc.	ISICAD
J.P.Software	JPSOFT
Jasik Designs	MACBVEN
Javelin/EXPRESS-Forum	IRIFORUM
JCPenney	JCP
JDR Microdevices	JDR
Jensen-Jones	JJSUPPORT
JL Cooper Electronics	MIDIAVENDOR
Journalismus-Forum	JFORUM
Jovian Inc.	JOVIAN
Juristen-Datenbanken	LEGALRC
Juristen-Forum	LAWSIG
Justice Records	JR
K & B Camera Center	KB
Kalkulieren Sie selbst	FINTOL
Kapitalanlagen finden	SCREEN
Katalogverzeichnis	DTC
Kidasa	KIDASA
Klassisches Abenteuer-Spiel	CLADVENT
Knowledge Garden	KNOWLEDGE
Korenthal Associates Inc.	PCVENB
Krebs-Forum	CANCER
Kultur-Menüseiten	ARTS
Kunst-Gallerie-Forum	ARTGALLERY
Kurs-/Umsatz-Diagramme	TREND
Kursstatistik	PRISTATS
Kurzweil Music Systems	MIDIAVENDOR
Kurzwort-Liste	QUICK

LAN-Technologie-Forum	LANTECH
Land's End	LA
Laser's Edge	LE
LDOS/TRSDOS 6-Forum	LDOS
Legato Systems Inc.	LEGATO
Lenel Systems	MULTIVENDOR
Lexicor Software (Atari)	ATARIVEN
Lexicor Software (MIDI)	MIDIBVEN
Lieferanten im Einkaufzentrum	MALLDIRECT
Lincoln Electronic Showroom	LM
Literatur-Forum	LITFORUM
Live Sound	MIDIBVEN
Logitech-Forum	LOGITECH
Logo Computer Systems Inc.	LOGOFORUM
Logo-Forum	LOGOFORUM
Lotus GmbH-Forum	LOTGMBH
Lotus-Tabellen-Forum	LOTUSA
Lotus-Technik-Bibliothek	LTL
Lotus-Textverarbeitungs-Forum	LOTUSWP
Lotus-Welt	LOTUS
Lotus-Wort & -Pixel-Forum	LOTUSB
Luftfahrt-Forum	AVSIG
Luftraumüberwachung	ATCONTOL
Lust & Liebe-Foren	HUMAN
M-USA Business Systems	PCVENC
Mac Zone/PC Zone	MZ
Mac-Anbieter-Forum A	MACAVEN
Mac-Anbieter-Forum B	MACBVEN
Mac-Anbieter-Forum C	MACCBEN
Mac-Anbieter-Forum D	MACDVEN
Mac-Applikations-Forum	MACAP

Mac-Datei-Detektiv	MACFF
MacCIM-Support-Forum	MCIMSUP
Mac Donald Associates	ATARIVEN
Macintosh-Clubhaus-Forum	MACCLUB
Macintosh-Einsteiger & Hilfe-Forum	MACNEW
Macintosh-Entwickler-Forum	MACDEV
Macintosh-Hypertext-Forum	MACHYPER
Macintosh-Kommunikations-Forum	MACCOMM
Macintosh-Spiel & Spaß-Forum	MACFUN
Macintosh-Systemsoftware-Forum	MACSYS
Mackie Designs	MIDIBVEN
Macromedia-Forum	MACROMEDIA
MacUser	MC
MacUser-Forum	ZMC:MACUSER
MacWarehouse	MW
MacWEEK-Forum	ZMC:MACWEEK
Magazin-Datenbank Plus	MAGDB
Magee Enterprises Inc.	MAGEE
Magill's Kino-Übersicht	MAGILL
Magma Systems	PCVEND
Magnetic Music	MAGMUSIC
Mainstay	MACAVEN
Mansfield Software Group	PCVENA
Marketing/Management-Datenbanken	MGMTRC
Markt & Technik AG	MUT
Marktdaten vom Tage	SNAPSHOT
Markttrends vom Vortag	MARKET
Marquis Who's Who	BIOGRAPHY
Matesys Corp.	MATESYS
Math./Wiss. Bildungs-Forum	SCIENCE
Mathematica, Inc.	TEMPRA
Max Ule Discount Brokerage	TKR

Maxwell CPU	ATARIVEN
McAfee-Virus-Foum	VIRUSFORUM
McGraw Hill Book Comany	MH
MECA Software-Forum	MECA
Media Vison	MEDIAVISION
Media-Menüseite	MEDIA
Medien-Newsletter	MEDIANEWS
Megahertz	MEGAHERTZ
MegaWars I: Der intergalaktische Konflikt	MEGA1
Mega Wars III: Das neue Imperium	MEGA3
Mein Thema	ISSUESFORUM
Meister-Abenteuer	ENADVENT
Meisterköche	COOKS
MENSA-Forum	MENSA
Mentor Technologies	MN
Mercury Electonic Showroom	LM
Metagraphics Inc.	METAGRAPHICS
Metz Sofware	METZ
Michtron	ATARIVEN
Micro Engineering Solutions	MESOLUTIONS
Micrografx	MICTOGRAFX
Micropolis Corporation	PCVEND
Microseeds Publishing	MACBVEN
Microsoft-Anwender-Support-Foren	MSUSER
Microsoft-Applikations-Forum	MSAPP
Microsoft-Basic-Forum	MSBASIC
Microsoft Benelux	MSBEN
Microsoft-Benelux-Forum	MSBF
Microsoft-Client-Server-Forum	MSNETWORKS
Microsoft-DOS-Forum	MSDOS
Microsoft-Entwickler-Netzwerk	MSDNLIB
Microsoft-Entwickler-Service-Bereich	MSDS

Microsoft-Entwickler-Support-Foren	MSDEV
Microsoft-Entwickler-Treff	MSDR
Microsoft-Entwickler-Knowledge-Base	MDKB
Microsoft-Exel-Forum	EXCEL
Microsoft-Fox-Forum	FOXFORUM
Microsoft-Menüseiten	MICROSOFT
Microsoft-Mitteleuropa-Forum	MSF
Microsoft-Progammier-APPS-Forum	PROGMSA
Microsoft-Service-Anfrage	MSR
Microsoft-Software-Bibliothek	MSL
Microsoft-Sprachen-Forum	MSLANG
Microsoft-SQL-Server-Forum	MSSQL
Microsoft-Win 32-Forum	MSWIN32
Microsoft-Windows-Einsteiger-Forum	WINNEW
Microsoft-Windows-Extensions-Forum	WINEXT
Microsoft-Windows NT-Forum	WINNT
Microsoft-Windows-SDK-Forum	WINSDK
Microsoft-Wissensbasis	MSKB
Microsoft-Word-Forum	MSWORD
Microsoft-Workgroup-Forum	MSWRKGRP
Micro Warehouse	MCW
Midiman	MIDIBVEN
MIDI-Anbieter-Forum A	MIDIAVEN
MIDI-Anbieter-Forum B	MIDIBVEN
MIDI/Musik-Forum	MIDIFORUM
Militär-und Veteranen-Forum	MILITARY
MIP F und Accounting	PCVENF
Mirror Technologies	MACCVEN
Mission Control Software	MCS
Mitgliederemfehlung	FRIEND
Mitgliederverzeichnis	DIRECTORY
Mitgliedschaft ändern	MEMBER

MMS Internationale Finanzberichte	MMS
Model-100-Forum	M100SIG
Modelflug-Forum	MODELNET
Modem-Anbieter-Forum	MODEMVENDOR
Modem-Spiele-Forum	MODEMGAMES
Modem zu Modem Herausforderer	MTMCHALLENGE
Modem zu Modem Spielhalle	MTMLOBBY
Motorsport-Forum	RACING
MQDATA Kurse, Dividenden etc.	MQDATA
Mqint – Wertpapierkurse	MQINT
MS-Windows-Kenner-Forum	WINADV
Multi-Player Spiele-Forum	MPGAMES
Multimedia-Anbieter-Forum	MULTIVENDOR
Multimedia-Forum	MULTIMEDIA
Multisoft Corporation	PCVENA
Music Alley Online	MAO
Music Quest	MUSICQUEST
Musik & Kunst-Forum	MUSICARTS
Mustang Software	PCVENA
Nachrichtenagenturen	ENS
Narada Productions	NP
Natur & Freizeit-Forum	OUTDOORFORUM
Natur & Umwelt-Telegramm	OUTNEWS
Navigator-Support-Forum	NAVSUP
NBI	LEGACY
NCAA College-Sportnetzwerk	NCAA
Net FRAME Systems	PCVENC
Neues in den Atari-Foren	ATA
New Age-Forum	NEWAGE
New Car Showroom	NEWCAR
New Horizons	AMIGAVENDOR

New Media Graphics	MULTIVENDOR
News-A-Tron-Marktberichte	NAT
NewsGrid	NEWSGRID
NewsNet	NN
NewTek	AMIGAVENDOR
NeXT-Forum	NEXTFORUM
NORD-Services/Datenbank seltener Erkrankungen	NORD
Northgate Computer Systems Inc.	NORTHGATE
Norton/Symantec-Foren	SYMANTEC
Novell NetWire	NOVELL
Novell-Anbieter-Forum	NOVVEN
Novell-Bibliothek	NOVLIB
Novell-DTSG-Forum	NDSG
Novell-Foren	NOVFORUM
Novell-Forum A	NOVA
Novell-Forum B	NOVB
Novell-Forum C	NOVC
Novell-NetWare 2.*-Forum	NETW2X
Novell-NetWare 3.*-Forum	NETW3X
nTergaid	NTERGAID
NTIS-Staatlich geförderte Forschung	NTIS
NWS-Flugwetter	AWX
Olduvai Corporation	MACBVEN
Omaha Steaks	OS
Online Broker-Menüseiten	BROKERAGE
Online mit Hayes	HAYES
Online mit Hayes-Forum	HAYFORUM
Online Today	OLT
Online-Privatfach	PER
Opcode Systems Incorporated (MIDI)	MIDIVENDOR
Optionsprofile	OPRICE

Oracle-Forum	ORACLE
OS-9 Forum	OS9
Pacific Data Products Inc.	PACDATA
Packard Bell-Forum	PACKARDBELL
Pädagogik-Forum	EDRESEARCH
Palmtop-Forum	PALMTOP
PaperChase	PCH
Parsons Technology	PA
Parsons Technology inc.	PCVENC
Paßwort ändern	PASSWORD
Patent-Zentrum	PATENT
Paul Fredrick Shirts Company	PFS
Paul Mace Software	GRASP
Pazifik-Forum	PACFORUM
PC Catalog	PCA
PC Maganzine	PM
PC MagNet-Foren von PC Magazine	ZNT:PCMAGNET
PC Plus/PC Answers Online	PCPLUS
PC Plus/PC Answers-Forum	PCPFORUM
PC Publications	PCB
PC Software-Schnittsellen	INTERFACES
PC Sources-Forum	ZNR:SOURCES
PC Week	ZNT:NEWS
PC Week Extra PC Week-Forum	ZNT:PCWEEK
PC-Anbieter-Forum A	PCVENA
PC-Anbieter-Forum B	PCVENB
PC-Anbieter-Forum C	PCVENC
PC-Anbieter-Forum D	PCVEND
PC-Anbieter-Forum E	PCVENE
PC-Anbieter-Forum F	PCVENF
PC/Computing	CMP

PC/Computing Forum	ZNT:PCCONTACT
PCMCIA	PCVENF
PDP-11-Forum	PDP11
Peachtree Software	PEACHTREE
Pen Magazine	PENFORUM
Pen-Technologie-Forum	PENFORUM
Penny Wise Office Products	OW
Personics Corporation	PCVENB
Personics Custom Cassettes	PS
Peterson's College-Datenbank	PETERSON
Peterson's Connexion	PBX
PG Music	PGMUSIC
Physicans Data Query	PDQ
PKWare	PKWARE
Playroom Software	PLAYROOM
Polaris Software	POLARIS
Poqet Computer	POQET
Portfolio Systems	MACAVEN
Portfolio-Bewertung	PORT
Portierbare-Programmiersprachen-Forum	CODEPORT
Powercore Inc.	PCVENB
PR&Marketing-Forum	PRSIG
Practical Peripherals-Forum	PPIFORUM
PRC Database Publishing	PRC
Precision Software (Atari)	ATARIVEN
Presidio Software	PRES
Primavera Systems Inc.	PCVENB
Prisma GmbH-Forum	PRISMA
Privatvermögen/Versicherungen	FINANCE
PRO-C Corporation	PCVENB
Procom Technology Inc.	PTINC
Prolog-Entwicklungszentrum	PCVENB

Proview	PROTOVIEW
Psion Inc.	PALMTOP
PsyclINFO-Psychologische Abhandlungen	PSYCINFO
Public Brand Software-Anwendungs-Forum	ZNT:PBS
Public Brand Software-Arcade-Forum	ZNT:PBSARCADE
Publishing Technologies	PUBTEC
Pure Data Limited	PUREDATA
QMS	QMSPRINT
Qualitas	QUALITAS
Quality Assurance Instiute (QAI)	FORQAI
Quarterdeck-Forum	QUARTERDECK
Quercus	QUERCUS
Quick Way	QWK
Quick-Pictues-Forum	QPICS
Quicksoft Inc	PCVENB
Radius Incorporated	MACBVEN
Rategram	RATEGRAM
Raumfahrt-Forum	SPACEFORUM
Raumfahrt/Astronomie-Menüseiten	SPACE
Read USA	READ
Rechnungsanschrift'ändern	ADDRESS
Regionale statistische Daten	NEIGHBORHOOD
Reise-Forum	TRAVSIG
Reisen an die Westküste	WESTCOAST
Reisetips des US-Innenministeriums	STATE
Religions-Forum	RELIGION
Relocation Network	RELO
Renditen-Analyse	RETURN
Rent Mother Nature	RM
REP Magazine	REPMAGAZINE

Revelation Tech-Forum	REVELATION
Right Answer	AMIGAVENDOR
Rix Softworks	RIXSOFT
Rick Net (Rockmusik)-Forum	ROCKNET
RockNet-Menüseite	ROCK
Roger Ebert's Filmkritiken & Reportagen	EBERT
Rollenspiele-Forum	RPGAMES
Rundfunk-Forum	BPFORUM
Rundfunk-Menüseiten	BPF
Rupp Corporation	RUPP
S&P Online	S&P
SafetyNet	SAFETYNET
Safeware Computer Insurance	SAF
Salient Software	FIFTHGEN
Sammler-Forum	COLLECT
Saros	SAROS
Schach-Forum	CHESSFORM
Schemers Inc.	LOGOFORUM
Science-Fiction/Fantasy-Forum	SCIFI
Scitex America Corp.	SCITEX
Segel-Forum	SAILING
SemWare	SEMWARE
Seybold Newsletter und Seminar	ZNT:SEYBOLD
Shareware Depot	SD
Sharp Electronics Corporation	SHARP
SHOPPERS ADVANTAGE Club	SAC
Showbiz-Forum	SHOWBIZ
SHOWBIZQUIZ	SBQ
Sierra Online	SI
Sigma Designs	SIGMA
Silicon Beach/Adus-Forum	SBSALD

Slate Corp.	SLATE
Small Computer Book Club	BK
SNIPER	SNIPER
Soft-Logik Publishing (Amia)	AMIGAVENDOR
Soft-Logik Publishing (Atari)	ATARIVEN
Softbride	SOFTBRIDGE
Soft Craft	WINAPB
Softdisk Publishing	SP
SOFTEX Software-Katalog	SOFTEX
Softsync Inc	SOFTSYNC
Software Publishing Corporation	SPC
Software Ventures	MACBVEN
Software-Foren	SOFTWARE
Software-Hersteller-Forum	SPAFORUM
Softwood	AMIGAVENDOR
Sonderangebote/Wettbewerbe	SPECIALS
Spear Rees & Company	SPEAR
Spectra Publishing	PCVENB
Specular International	MULTIVENDOR
Spiele-Forum	GAMERS
Spiele-Hersteller-Forum	GAMPUB
Spinnaker-Forum	SPINNAKER
Sport-Forum	FANS
Sport-Menüseiten	SPORTS
Sportmedizin	INFOUSA
Sporttaucher-Forum	DIVING
STAC Electronics	STACKER
Stag II -Two Stage Trivia	STAGE II
Standard Microsystems-Forum	SMC
Statistik-Menüseiten	DEMOGRAPHICS
STB SYSTEMS	STBSYS
Stirling Group	STIRLING

Storage Dimensions	PCVENF
Störungsfreie Datenübertragung	FILTRN
Studenten-Forum	STUFO
Suchen von Themen	INDEX
Sunglasses Shavers & More	SN
Super Mac Technology	MACBVEN
SUPERSITE	UPERSITE
Support-On-Site (SOS) Online	ZNT:ONSITE
Supra Corporation	ATARIVEN
Survivor Software	MACAVEN
Sweetwater Sound	MIDIBVEN
SWFTE International	SWFTE
Symantec-Forum	SYMANTEC
Syndesis	AMIGAVENDOR
T/Mader Company	MACBVEN
Tactic Software	MACBVEN
Tageskurse	QSHEET
Tagespreise	PRICES
Tandy Corporation Newsletter	TRS
Tandy-Professional-Forum	TRS80PRO
Tandy-User-Netzwerk	TANDYNET
TAPCIS-Forum	TAPCIS
Tech III	PCVEND
TEGL Systems Corp	TEGL
Telebit Corporation	TBC
Telefon-Zugangsnummern	PHONES
Telekommunikation-Heute-Forum	TELECO
Terminal-Einstellungen/Bildschirm-Profil	TERMINAL
Terrapin Inc.	LOGOFORUM
Texas Instruments Newsletter	TINEWS
Texas Instruments-Forum	TIFORUM

The Metropolitan Museum of Art	MMA
The Travel Club	TTC
The Whiz Quiz	WHIZ
Thomas Unternehmen & Produkte Online	THOMAS
Thomas-Conrad	TCCFORUM
Tierschutz-Forum	HSUS
Timeslips Corporation	PCVEND
Timworks	TIMEWORKS
Titel/Symbol nachschlagen	SYMBOLS
TMS Peripherals	MACCVEN
Tochtergesellschaften	AFFILIATIONS
Toshiba GmbH-Forum	TOSHGER
Trainings-Forum	PRACTICE
Traveling Software Inc	PALMTOP
Trend Micro Devices	TRENDMICRO
TRIUS	TRIUS
Truevision	TRUEVISION
TRW-Firmenprofile	TRWREPORT
TurboPower Software	PCVENB
Turtle Beach Systems (MIDI)	TURBEACH
Turtle Beach Systems (Multimedia)	MULTIVENDOR
Twelve Tone Systems	MIDIAVENDOR
Twentieth Century Mutual-Funds	TC
Ultimedia Tools Series-Forum A und B	ULTIATOOLS/ULTIBTOOL
Umwelt-Forum	EARTH
Universal Data Communications	UDCINC
Universal Technical Systems	UTSSUPPORT
University of Phoenix	UP
UNIX Forum	UNIXFORUM
Unternehmens-Statistiken	BUSDEM
Unternehmensanalysen	ANALYZER

Unternehmensdaten	COMPANY
Unternehmensprofile	COSCREEN
US-Association of Investors Corporation-Forum	NAIC
US-State-Country Reports	USSTCN
US-Telefonbuch	PHONEFILE
US-Vereinigung für Computer Sicherheit	NCSA
US-Zeitungsarchiv	NEWSLIB
UserLand Software-Forum	USERLAND
VAX-Forum	VAXFORUM
Ventura-Forum	VENTURA
Verbraucherberichte	CONSUMER
Vericomp	PCVENC
Veröffentlichungen der US-Bundesregierung	GPO
Video-Logic	VIDEOLOGIC
Virtual Reality Laboratories Inc	VRLI
Virtus Corporation	VIRTUS
Visumratgeber	VISA
Volkswagen	VW
Voyager Company	VOYAGER
Walden Computer Books	WB
Wall Data	WALLDATA
Walter Knoll Florist	WK
Wang-Support-Bereich	WANG
Wang-Support-Forum	WANGFORUM
Warentermin-Menüseiten	COMMODITIES
Warentermin-Notierungen	CPRICE
Warentermin-Produktsymbole	CSYMBOLE
Warenzeichen-Zentrum	TRADERC
Wetter	WETTER
Wetterberichte	WEA

Wetterkarten	MAPS
Whitewater Group	WHITEWATER
Wiley Pro-Shop	JW
Willie's Computer Software Co.	WILLIES
Wilson Window Ware	WILSON
Window Craft	WINAPB
Windows-3rd Party-Applikations-ForumA	WINAPA
Windows-3rd Party-Applikations-ForumB	WINAPB
Windows-3rd Party-Applikations-ForumC	WINAPC
Windows-3rd Pary-Applikations-ForumD	WINAPD
Windows-Anbieter-Foren	WINVEN
Wirtschaftsdatenbank-Plus	BUSDB
Wissenschafts-Quiz	SCITRIVA
Wolfram Research-Forum	WOLFRAM
WordPerfect-Anwender-Forum	WPUSERS
WordStar-Forum	WORDSTAR
Wordtech Systems	WORDTECH
Working Software	MACBVEN
WORLDSPAN Travelshopper	WORLDSPAN
WORLDSPAN Tavelshopper (CIM)	WORLDCIM
Worldwide Car Network	WCN
WUGNET	WUGNET
XChange	XCHANGE
XTree Company	XTREE
Z Best	ZBEST
Zagat's Restaurantführer	ZAGAT
Zenith-Forum	ZENITH
Zenographics	ZENO
Zeos International	PCVENE
Ziff Buyer's Market	BUYMARKET

Ziff-Windows-Forum	GERWIN
ZiffNet	ZIFFNET
ZiffNet/Mac	ZMAC
ZSoft Corporation (Windows)	ZSOFT

Software für CompuServe im Überblick

CompuServe-Information Manager für Windows (WinCIM)

Leistungsumfang: Aufbau und Funktionsweise ist gleich dem Information Manager unter DOS. Der WinCIM greift auf die Oberfläche von Windows zurück und ist über die Icons sehr leicht zu bedienen.

Hardware-anforderungen: IBM-kompatibler PC ab 286er Prozessor. Ab Windows 3.0 oder 3.1.

Online-Hilfe: WINCIM Support Forum (GO WCIMSUP). Die Benutzung des Forums ist kostenlos.

Preis und Registrierung: Preis für eine registrierte Version ist $ 10. Der Download registriert direkt als Nutzer. Eine Bestellung ist über GO ORDER möglich. Der Preis beträgt dann $ 25. Beim Download ist die Verbindungszeit zu CompuServe kostenlos. Die Verbindungskosten für Netze, wie Datex-P oder Datex-J, sowie die Gebühren zum jeweiligen CompuServe-Knoten fallen an.

CompuServe Information Manager für DOS

Leistungsumfang: Der DOSCIM ermöglicht die Erstellung und Verarbeitung von E-Mails und Forennachrichten ohne Verbindung zu CompuServe. Eine einheitliche Menüführung erleichtert das Arbeiten in den Foren unter CompuServe. Nachrichten können während einer Verbindung zu CompuServe markiert und für ein späteres Bearbeiten geladen werden. Der DOSCIM ist die klassische Oberfläche für die Verbindung zum CompuServe-System.

Hardware-anforderungen: IBM-kompatibler Computer (286er und höher). Ab DOS 2.0

Online-Hilfe: CIM Support Forum (GO DCIMSUP). Die Benutzung des Forums ist kostenlos.

Preis und Registrierung: Preis für eine registrierte Version ist $ 10. Der Download registriert direkt als Nutzer. Eine Bestellung ist über GO ORDER möglich. Der Preis beträgt dann $ 25. Beim Download ist die Verbindungszeit zu CompuServe kostenlos. Die Verbindungskosten für Netze, wie Datex-P oder Datex-J, sowie die Gebühren zum jeweiligen CompuServe-Knoten fallen an.

CompuServe Information Manager für Macintosh (MACCIM)

Leistungsumfang: Der MACCIM arbeitet mit einer leicht zu bedienenden Oberfläche, die alle Möglichkeiten für die Arbeit mit CompuServe bietet. E-Mails und Forennachrichten können ohne Verbindung zu CompuServe geschrieben und beantwortet werden.

Hardwareanforderungen: Apple Macintosh Rechner

Online-Hilfe: MACCIM Support Forum (GO MCIMSUP). Die Benutzung des Forums ist kostenlos.

Preis und Registrierung: Preis für eine registrierte Version ist $ 10. Der Download registriert direkt als Nutzer. Eine Bestellung ist über GO ORDER möglich. Der Preis beträgt dann $ 25. Beim Download ist die Verbindungszeit zu CompuServe kostenlos. Die Verbindungskosten für Netze, wie Datex-P oder Datex-J, sowie die Gebühren zum jeweiligen CompuServe-Knoten fallen an.

CompuServe Navigator für Macintosh

Leistungsumfang: Erstellung von E-Mails und Forennachrichten ohne Verbindung zu CompuServe. Automatisches Laden von Dateien aus den Foren. Arbeitsweise ist ähnlich dem Navigator für Windows und spart Online-Zeit und Kosten.

Hardwarevoraussetzungen: Macintosh Plus oder höher, mit System 6.03 oder höher.

Online-Hilfe: Hilfe findet man im Navigator Support Forum (GO NAVSUP). Unterstützung in mit Programmen und binären Tools bietet das Macintosh Communication Forum(GO MACCOM). Die Softwarebibliothek 2 'CompuServe Navigator« beinhaltet entsprechende Softwareunterstützung.

Preis und Registrierung: Den Navigator beziehen Sie mit GO NAVIGATOR. Erst danach kann man die Upgrades beziehen. Die geladene Kopie des Macintosh Navigators muß anschließend online registriert werden. Wechseln Sie mit GO NAVREG

ACCIS/SM

Leistungsumfang
Erstellen von E-Mails und automatischer Versand an die Empfänger. Mehreinträge von bis 50 Nuztzerkennungen und Netzzugängen möglich. Formatierung der Nachrichten in die Displaygröße des HP 95LX. Volle Unterstützung des eingebauten System Managers.

zur Registrierung, die meist binnen 24 Stunden vorgenommen wird (Wochentags).

Hardwarevoraussetzung:
HP 95LX

Online-Hilfe:
HP Handhelds Forum (GO HPHAND) Sektion 5

Preis und Registrierung:
Preis für eine registrierte Version ist $ 35 Dollar.

ACCIS/DOS

Leistungsumfang:
Vollautomatischer Zugang zu CompuServe. Laden und Versenden von E-Mails und Forennachrichten. Kleine Größe, sehr geeignet für Laptop- oder Palmtop-Computer.

Online-Hilfe:
HP Handehelds Forum (GO HPHAND) Sektion 5

Systemvoraussetzungen:
MS-DOS Rechner

Preis und Registrierung:
Das Programm ist kostenlos aus der Sektion 5 im HP Handheld Forum zu beziehen (ACCIS.ZIP).

Autopilot

Leistungsumfang:
Navigator für den Amiga. Automatischer Zugang zu CompuServe. Unterstützt den Mailversand an Netze wie Internet. Skriptsprache ermöglicht das Programmieren von festen Abläufen in den Diensten von CompuServe (Datenbanken usw.).

Systemvoraussetzungen:
Amiga Rechner mit Amiga DOS 2.0 oder höher. Eine MS-Windows-Version ist geplant.

Online-Hilfe:
Amiga Vendor Forum (GO AMIGAVEND) Sektion 9.

Anhang 339

Preis und Registrierung: Das Programm kann aus der Library 9 bezogen werden (AP.LHA). Der Preis für eine registrierte Version ist $ 69,95. Die Registrierung erfolgt per E-Mail an den Hersteller.

AUTSIG

Leistungsumfang: Flexibler Navigator. Arbeitet auf jedem MS-DOS Rechner unabhängig vom Arbeitsspeicher.

Systemvoraussetzungen: MS-DOS Rechner mit einem 8088 Prozessor und besser.

Online-Hilfe: IBM Communications Forum Sektion 1 (GO IBMCOM)

Preis und Registrierung Das Programm ist kostenlos und kann aus der Library 1 geladen werden (ATODOC.EXE und ATOSIG.EXE).

FASTCIS

Leistungsumfang: Lauffähig auf jedem IBM-kompatiblen PC. Ebenfalls verwendbar für die HP-Handheld Rechner HP100LX und HP95LX. Unterstützt den automatischen Transfer von E-Mail und Forennachrichten.

Systemvoraussetzungen: IBM-kompatible Rechner, HP95LX und HP100LX.

Online-Hilfe: HP Handhelds Forum Sektion 14 (GO HPHAND)

Preis und Registrierung: Die registrierte Version kostet $ 69 Dollar. Die Software ist beziehbar über die Softwarebibliothek (Sektion 14) oder direkt beim Hersteller (Tel.+1-800-825-9977).

Golden Compass

Leistungsumfang: Volle Unterstützung des Multitasking von OS/2. Ermöglicht die Hintergrundarbeit während eines Logins. Sie können aus einem Forum Nachrichten beziehen und während dieser Zeit in einem anderen Forum arbeiten. Komplette Mausunterstützung. Definierbare Schalter für wiederkehrende Anwendungen.

Systemvoraussetzungen: OS/2 1.x, 2.x

Online-Hilfe: OS/2 User Forum Sektion 4 (GO OS2USER). Für alle registrierten Nutzer steht eine interne Sektion zur Verfügung.

Preis und Registrierung: Mit GO COMPASS erhalten Sie weitere Informationen. Der Preis für eine registrierte Version beträgt $ 99 Dollar.

Journalist

Leistungsumfang: Mit Journalist können Sie sich Ihre eigene Zeitung über CompuServe erstellen. Die Meldungen werden in ein vorgegebenes Layout einkopiert. Der Login in CompuServe wird automatisch durchgeführt. Die Software empfängt alle Tickermeldungen und archiviert diese. Ein eingebauter Timer ermöglicht den dauerhaften und automatischen Zugriff auf CompuServe.

Systemvoraussetzungen: Windows ab 3.1

Online-Hilfe: Geben Sie FIND PED ein.

Preis und Registrierung: Die Software muß bei der Firma PED für $ 130 Dollar bestellt werden.

MESSAGE

Leistungsumfang: Kommunikationsprogramm für die HP Palmtop Rechner. Ermöglicht den Versand von E-Mails und das Laden von Dateien und Nachrichten.

Systemvoraussetzungen: HP95LX, HP100LX und IBM-kompatible Rechner.

Online-Hilfe: HP Handheld Forum Sektion 5 (GO HPHAND)

Preis und Registrierung: Die registrierte Version muß als Shareware online für $ 20 Dollar angemeldet werden (GO SWREG). Ein Upgrade für $ 49 Dollar für FASTCIS ist möglich. Die Software ist in der Sektion 5 zu finden (MESSG.ZIP).

NAVCIS

Leistungsumfang: Navigator mit zahlreichen Offline-Möglichkeiten.

Systemvoraussetzungen: IBM-kompatibler Rechner mit MS DOS oder Windows.

Anhang 341

Online-Hilfe:	PC Vendor F Forum Sektion 11
Preis und Registrierung:	Der Preis für die Registrierung ist nicht bekannt.

OzCIS

Leistungsumfang:	Einer der bekanntesten Navigatoren mit zahlreichen Offline-Möglichkeiten (s. Kapitel 4).
Systemvoraussetzungen:	IBM-kompatibler Rechner mit 80286 oder größer. 1 MB Arbeitsspeicher und 1,5 MB Festplattenspeicher erforderlich.
Online-Hilfe:	OzCIS Support Forum (GO OZCIS) oder OzCIS Europa Treff im Markt & Technik Forum (GO MUTFOR)
Preis und Registrierung:	OzCIS liegt in der Softwarebibliothek des OzCIS Support Forums auf (GO OZCIS). Eine Registrierung muß nach 30 Tagen erfolgen.

QUICKCIS

Leistungsumfang:	Navigator für den Atari mit zahlreichen Offline-Möglichkeiten.
Systemvoraussetzungen:	Atari 68000/68030 machines
Online-Hilfe:	Atari Productivity Forum Sektion 2 (GO ATARIPRO)
Preis und Registrierung:	Das Downloaden einer registrierten Version ist kostenlos.

TAPCIS

Leistungsumfang:	Navigator mit umfangreichen Möglichkeiten. Split-Screen, während Sie eine Nachricht beantworten, können Sie eine andere Mitteilung parallel lesen. Umfangreiche Bibliothek mit vielen Skriptdateien.
Systemvoraussetzungen:	IBM-kompatibler PC. Die Software ist lauffähig unter Windows, DOS und OS/2 als DOS-Applikation.
Online-Hilfe:	Tapcis Forum Sektion 1 (GO TAPCIS)
Preis und Registrierung:	Das Downloaden einer registrierten Version ist kostenlos. Die Dateien TAP.EXE und TAPDOC.EXE liegen in der Sektion 1 im Tapcis Forum auf.

WIGWAM

Leistungsumfang:	Navigator für MS-Windows. Verwaltung aller Forennachrichten in einer eigenen Datenbank.
Systemvoraussetzungen:	IBM-kompatibler PC. Die Software ist lauffähig unter Windows, DOS und OS/2 als DOS-Applikation.
Online-Hilfe:	U.K. Computing Forum Sektion 10 (GO UKCOMP)
Preis und Registrierung:	Das Downloaden einer registrierten Version ist kostenlos. Die Datei WIGWAM.ZIP liegt in der Sektion 10 des U.K. Computer Forums auf.

WINCIS

Leistungsumfang:	Navigator für MS-Windows. Automatische Bearbeitung von Foren und E-Mail. Split-Screen-Funktion für die Erstellung von Antworten auf Forennachrichten. Eigene Skriptsprache ermöglicht das Erstellen eigener Abläufe.
Systemvoraussetzungen:	IBM-kompatibler PC 386/20 MHz, 4 MB oder besser. Ab Windows Version 3.1.
Online-Hilfe:	Windows User Group Sektion 12 (GO WUGNET)
Preis und Registrierung:	Das Downloaden einer registrierten Version ist kostenlos.

XC

Leistungsumfang:	Kommunikationssoftware für Unix/Xenix. Die Software läuft interaktiv oder über Skripte. Für CompuServe sind mehrere Skriptbeispiele vorhanden.
Systemvoraussetzungen:	Xenix, SVR3 Unix, SVR4 Unix, Sun Coherent, AIX und weitere Unix-Komponenten.
Online-Hilfe:	Unix Forum Sektion 4 (GO UNIXFORUM)
Preis und Registrierung:	Das Downloaden einer registrierten Version ist kostenlos.

Internationale Zugänge zu CompuServe

Land/Stadt	Zugang	Netzwerk
Australien		
Adelaid	08-379-7466	CSP Falnet
Brisbane	07-368-2113	
Canberra	06-257-4137	
Melbourne	03-521-2400	
	03-510-2243	
Perth	09-321-4066	
Sydney	02-415-3155	
	02-415-1324	
Belgien		
Brüssel	02-215-0530	CE CompuServe
Brasilien		
Sao Paulo	00 0672	USA Infonet-World
außerhalb	11 1081212	
Canada		
Calgary	403-294-9120	USA CompuServe
	403-294-9155	
Edmonton	403-466-5083	CompuServe
	403-440-2744++	
Montreal	514-879-8519	CompuServe
	514-879-5826++	
Ottawa	613-830-7385	CompuServe
Quebec City	418-647-1885++	DataPac
	418-647-3181	
Toronto	416-367-8122++	CompuServe
	416-367-1743	
Vancouver	604-737-2452	CompuServe
	604-739-8194++	

344 CompuServe

Land/Stadt	Zugang	Netzwerk
Winnipeg	204-489-9747++	
	204-489-9292	

Plus 202 zusätzliche kanadische Städte zu Datapac. Weitere Hinweise erhalten Sie mit GO LOGON.

Land/Stadt	Zugang	Netzwerk
Dänemark		
Kopenhagen	38-331499	CUK Infonet-Euro
	38-341449	
Deutschland		
Berlin	030 60 60 21	GER CompuServe
Düsseldorf	0211 4792424	CompuServe
Frankfurt	069 20976	CompuServe
Hamburg	040 -6913666	CompuServe
Hannover	0511 548181	Datex-P
Köln	0221 2971	Datex-P
München	089 66530170	CompuServe
Stuttgart	0711 450080	CompuServe
bundesweit	01910	Datex-J

Plus 28 weitere deutsche Städte über das Datex-P-Netz der Telekom. Weitere Hinweise erhalten Sie mit GO LOGON

Hinweis: *Seit kurzer Zeit ist der Logon mit 14400 bps in die Datex-P-Knoten möglich. Die Telekom hat für diese Zugänge eine bundeseinheitliche Nummer eingerichtet, die durch die jeweilige Vorwahl ersetzt werden muß. Für Köln ist diese Nummer 0221-19552*

Land/Stadt	Zugang	Netzwerk
Finnland		
Helsinki	02919	GER Infonet
Frankreich		
Paris	1-47 89 39 40	FRA CompuServe

Land/Stadt	Zugang	Netzwerk
außerhalb	1-36 06 24 24	Telepac
Großbritannien		
Birmingham	021 359-4000	CUK CompuServe
Bistrol	0272 760740	CompuServe
Edinburgh	031 313 2137	GNS Dialplus
	031 459 0251	Mercury
	031 459 0307	Mercury
London	071 490 8881	CompuServe
Manchester	061 436 3333	CompuServe
Reading	0734 581818	CompuServe

Plus 118 andere Städte in Großbritannien. Weitere Hinweise erhalten Sie mit GO LOGIN.

Hong Kong		
Hong Kong	304-1332	HKG CopuServe
Irland		
Dublin	01-6768800	CUK Infonet-Euro
	landesweit 131	ISR IsraKav
Israel		
Italien		
Mailand	02 40910853	FRA Infonet-Euro
Rom	06 2315728	Infonet-Euro
Japan		
Tokyo	03-5471-4790	NIF CompuPass
	03-3739-9968	FENICS

Plus 145 weitere japanische Städte zu FENCIS. Weitere Hinweise erhalten Sie mit GO LOGON.

Luxemburg	498822	FRA Infonet-Euro
Mexiko		
Cancun	98-83-0013	USA Infonet-World

Land/Stadt	Zugang	Netzwerk
Guadalajara	36-26-0231	
Mexico City	525-726-7600	
Monterrey	83-54-2291	
NeuSeeland		
Auckland	09-358-3031	CSP Falnet
Wellington	04-499-3422	
Niederlande		
Amsterdam	020 688 00 85	CUK CompuServe
Norwegen		
Oslo	02 423590	CUK Infonet-Euro
Österreich		
Wien	01-50148	GER Infonet-Euro
Philippinen		
Manila	2-8171449	USA Infonet-World
Portugal		
Lissabon	1-3956446	FRA Infonet-Euro
Singapur		
Singapur	5351444	USA Infonet-World
	5351940	
Südkorea		
Seoul	02 795 1002	POS Infonet-World
Spanien		
Barcelona	03-4108773++	FRA Infonet-Euro
	03 4300202	
Madrid	01-3581428	Infonet-Euro
	01-3581951	

Land/Stadt	Zugang	Netzwerk
Schweden		
außerhalb	020-910037	CUK Datapak
Stockholm	08-140-500	CompuServe
Schweiz		
Bern	031 260787	GER Infonet-Euro
außerhalb	049-049111	TelePac
	049 047111	
Genf	022 798 6364	Infonet-Euro
Zürich	01 2731028	CompuServe
Taiwan		
Taipei	020 688 00 85	TTN TTN-Net
Ungarn		
Budapest	267-0756	HUN HungaryNet
USA		
Atlanta	404-841-0578	USA CompuServe
Chicago	312-201-0711	
Dallas	214-720-9183	
Las Vegas	702-796-4877	
Los Angeles	213-624-3730	
New Orleans	504-733-3184	
New York	212-766-2080	
Philadelphia	215-561-1634	
Phoenix	602-468-0285	
San Francisco	415-434-1580	
Seattle	206-242-9992	
Washington, D.C.	202-547-0103	

Kundenservice von CompuServe

Es folgt eine Liste der CompuServe-Büros. Ein Teil der Telefonnummern sind Service-Nummern, vergleichbar mit der 0130er Nummer in Deutschland.

Australien – Neu Seeland
gebührenfrei:(Aus): 008 023 158
gebührenfrei:(N.S.): 0800 441 082
außerhalb: (+61) (2) 410-4260

Deutschland
gebührenfrei: 0130 86 46 43
außerhalb: (+49)(89)66 -535 222

Frankreich
innerhalb: 36-63-81-31
außerhalb: (+33)(1)47-14-21-60

Großbritannien
gebührenfrei: innerhalb 0800 289458
außerhalb: (+44)(272)760680

Hong Kong
innerhalb: 867-0102
außerhalb: (+852) 867-0102

Israel
innerhalb: (03) 290466
außerhalb: (+972) (3) 290466

Japan
gebührenfrei: 0120 22 1200
außerhalb (+81)(3)5471-5806

Korea
gebührenfrei: 080 022 7400
außerhalb: (+82)(2)411-1327

Schweiz

gebührenfrei: 155 31 79

Taiwan

gebührenfrei: 080 251 009
außerhalb: (+866)(2)651-6899

Ungarn

innerhalb: 156-5366
außerhalb: (+36) (1) 156-5366

USA

innerhalb: 800-848-8990
außerhalb: (+1)(614)529-1340

CompuServe-Gebühren

Die Gebühren unter CompuServe ändern sich mittlerweile kontinuierlich, und der Abdruck der aktuellen CompuServe-Preise macht eigentlich keinen großen Sinn. Sie können sich die aktuellen Preise jederzeit online auf den Bildschirm holen. Mit GO RATES erhalten Sie einen Überblick.

```
Hourly connect time charges apply for all usage of extended
services for members on the Standard Pricing Plan. For members on
the Alternative Pricing Plan, hourly connect time charges are in
effect at all times except in the Free services (GO FREE).

Rates are quoted in US dollars, effective 6 February, 1994:

    Standard Pricing Plan:         Alternative Pricing Plan:
    300 baud........$ 4.80/hour    300 baud..........$ 6.30/hour
    1200,2400 baud..$ 4.80/hour    1200,2400 baud....$12.80/hour
    9600,14400 baud.$ 9.60/hour    9600,14400 baud...$22.80/hour

Connect time is billed in one minute increments, with a minimum
of one minute per session. Connect time rates do not include
communications (network) charges or premium surcharges, which are
billed in addition to hourly connect time charges.
```

Bild A.1: Mit GO RATES erhalten Sie den kompletten Überblick über alle Gebühren von CompuServe

Damit der Buchleser, der eben mal in der Buchhandlung in diesem Buch blättern sollte, die Kosten von CompuServe vor Augen hat, folgt eine etwas andere Kostentabelle auf den nachfolgenden Seiten.

5-Minuten-Takt-Tabelle

Erfahrungsgemäß werden Sie sich mit dem WinCIM durchschnittlich um die 5 Minuten innerhalb von CompuServe aufhalten. Auch wenn Sie mit dem Navigator mehrere Foren besuchen, werden Sie diese Zeit erreichen.

Zum besseren Verständnis die anfallenden Kosten im Überblick. Als Berechnungsgrundlage wurde ein Dollar-Kurs von 1 Dollar = 1,75 DM angenommen.

Telefongebühren

Die Anwahl eines Knotens, sei dieser von CompuServe oder der Telekom (Datex-P), kostet zuzüglich normale Telefongebühren. Für 5 Minuten ergeben sich derzeit folgende Kosten:

Zone	Normaltarif	Billigtarif
Nahzone:	0,23 DM	0,23 DM
Regionalzone	1,15 DM	0,69 DM
Fernzone über 50 km	3,45 DM	1,84 DM

CompuServe-Gebühren

Die Verbindungsgebühren für die Nutzung eines Extended Service, dazu gehören auch die Foren, für 5 Minuten Verbindungsdauer.

	Standard-Preis-Plan	Alternativ-Preis-Plan
300 bps	0,70 DM	0,92 DM
1200, 2400 bps	0,70 DM	1,87 DM
9600, 14400 bps	1,40 DM	3,33 DM

Netzwerk-Kosten

Es ist leider noch nicht genug an Gebühren was auf Sie zukommt, wenn Sie CompuServe nutzen. Zu guter letzt die Kosten für die einzelnen Kommunikationsnetze.

Nutzung für 5 Minuten Verbindungsdauer
Datex-P und Datex-J

	Billigtarif (9.00-18.00 Uhr)	Normaltarif
bis 2400 bps	1,49 DM	2,07 DM
ab 9600 bps	3,06 DM	5,10 DM

CompuServe-Direkt-Login	*(5 Minuten)*
von 8.00 bis 19.00 Uhr	1,12 DM

Wie sollen Sie nun vorgehen?

In fünf Minuten kann eine 9600 bps Verbindung mehr Daten übertragen, als eine Verbindung mit 2400 bps. Sie dürfen jedoch bei CompuServe nicht die internen Rechnerzeiten von CompuServe selber unterschätzen. Ein großer Teil der Kosten beruht meist auf dem Wechsel zwischen den unterschiedlichen Diensten.

Wenn Sie das 5-Minuten Modell für die unterschiedlichen Verbindungsvarianten anwenden, sollten Sie für sich das günstigste Verbindungsmodell heraussuchen. Machen Sie es sich zur Regel und nutzen Sie CompuServe immer nach 19.00 Uhr! Sie sparen einen großen Teil der Kosten ein, gerade wenn Sie über einen direkten CompuServe-Knoten die Verbindung aufnehmen.

Wenn Sie aus der Zone 3 einen Datex-P-Knoten anrufen, so sind Sie es selber Schuld! Denn Fernzone ist nun einmal Fernzone und Sie können dann direkt einen CompuServe-Knoten anwählen. Sie sparen auf diese Weise zwischen 1.-DM bis 4.-DM an Kosten.

Hier alle Kosten für 5 Minuten CompuServe in Kurzform:

Normaltarif (8.00-18.00)	*Standard-Preis-Plan*
Fernzone 2400 bps, Datex-P	6,22 DM
Fernzone 9600 bps, Datex-P	9,95 DM
Fernzone 2400 bps, CompuServe-Knoten	5,27 DM
Fernzone 9600 bps, CompuServe-Knoten	5,97 DM
Regionalzone, 2400 bps, Datex-P	3,92 DM
Regionalzone, 9600 bps, Datex-P	7,65 DM

Normaltarif (8.00-18.00)	*Standard-Preis-Plan*
Regionalzone, 2400 bps, CompuServe-Knoten	2,97 DM
Regionalzone, 9600 bps, CompuServe-Knoten	3,67 DM
Nahzone, 2400 bps, Datex-P	3,00 DM
Nahzone, 9600 bps, Datex-P	6,73 DM
Nahzone, 2400 bps, CompuServe-Knoten	2,05 DM
Nahzone, 9600 bps, CompuServe-Knoten	2,75 DM
Tarife von 18.00 bis 19.00 Uhr	
Fernzone 2400 bps, Datex-P	4,61 DM
Fernzone 9600 bps, Datex-P	8,34 DM
Fernzone 2400 bps, CompuServe-Knoten	3,66 DM
Fernzone 9600 bps, CompuServe-Knoten	4,36 DM
Regionalzone, 2400 bps, Datex-P	3,46 DM
Regionalzone, 9600 bps, Datex-P	7,19 DM
Regionalzone, 2400 bps, CompuServe-Knoten	2,51 DM
Regionalzone, 9600 bps, CompuServe-Knoten	3,21 DM
Nahzone, 2400 bps, Datex-P	3,00 DM
Nahzone, 9600 bps, Datex-P	6,73 DM
Nahzone, 2400 bps, CompuServe-Knoten	2,05 DM
Nahzone, 9600 bps, CompuServe-Knoten	2,75 DM
Tarife von 19.00 bis 8.00 Uhr	
Fernzone 2400 bps, Datex-P	4,03 DM
Fernzone 9600 bps, Datex-P	6,30 DM
Fernzone 2400 bps, CompuServe-Knoten	3,66 DM
Fernzone 9600 bps, CompuServe-Knoten	4,36 DM
Regionalzone, 2400 bps, Datex-P	2,88 DM
Regionalzone, 9600 bps, Datex-P	5,15 DM
Regionalzone, 2400 bps, CompuServe-Knoten	2,51 DM
Regionalzone, 9600 bps, CompuServe-Knoten	3,21 DM
Nahzone, 2400 bps, Datex-P	2,42 DM
Nahzone, 9600 bps, Datex-P	4,69 DM

Normaltarif (8.00-18.00)	*Standard-Preis-Plan*
Nahzone, 2400 bps, CompuServe-Knoten	2,05 DM
Nahzone, 9600 bps, CompuServe-Knoten	2,75 DM

Die aktuellen Kosten erhalten Sie mit GO RATES.

Stichwortverzeichnis

!
8-Bit-Code 7
\Delayed Delete\ 79

A
Abbrechen 33
Ablegen 33
Abstrakt 290
ACCIS/DOS 338
ACCIS/SM 338
Adreßbuch 23, 24
Advanced 77
Adventure in Travel 254
Ahnenforschung 243
AIDS Artikel 216
Aktienkurse 180
Aktualisieren von Foren 83
All Passes 78
Allgemeines Verhalten 39
America Online 6
Amerikaner 188
Amiga File Finder 150
Anmelde-Dateien 283
Antworten 33
Aquarium Forum 244
ASCII 290
Associated Press 23, 260
Associated Press Online 233
Association of Shareware Professionals 143
AT&T Easylink 169, 170
Atari File Finder 150
Aufenthaltsdauer 12
Auffinden von Foren 121
Ausgerechnet Alaska 225
Auto Add 78
Auto Save 78
Auto-Answer-Incurred 78
Auto-File Sent Messages 78
Auto-File Sent Messages i 79
Auto-Join-Forum 79
Automobil Forum 244
Autopilot 338
Autor 197
Autosearch-Funktion 183
AUTSIG 339

B
Bachus Weinforum 244
Basic Services 37, 260
Bastel Forum 245
Bauanleitungen 245
Baud 290
Baum 33
Baum 32
BBS 290
Beantwortungsstruktur 32
Befehle
    Baum 32
Behinderten Forum 244
Benutzerkredit 12
Bettmann Archives 263
Beverly Hills 90210 231
Bill Gates 207
Bit 290
Boca Research 133
Bonds-Verzeichnis 181
Books in Print 216

Börse 25
Börsennotierungen 82
BPS 290
Brief 23, 170, 171
Britische Firmendatenbank 220
Britische Marketing Datenbank 220
Broadcast Professional Forum 234
BRS 8
BTX 204
Business Database Plus 216
Business Dateline 216
By Searching 58
Byte 290
BZT-Nummer 11

C
CB-Simulator 14
CENDATA 216
Central Point Software Forum 143
CIM 291
CIS 291
CISNav 46
Citibank 182
CLASSIFIEDS 193
Clipping Service 267
    Ordner anlegen 269
    Suchstrategie 270
    Tips und Tricks 274
COM-Port 50, 77
Comic Forum 244
Commerce Business Daily 216
Compendex 217
CompuServe
    Allgemeines Verhalten 39
    Amiga 11
    Anschrift 10
    Apple 11
    Atari 11
    Benutzerkredit 12
    Expansion 6
    Gewinn 6

Kosten 16
Modem 11
Nutzerzahlen 6
Preise 37
Regeln 41
Startpaket 12
Telefonnummer 10
Voraussetzung 11
CompuServe Mail 54
CompuServe Navigator für Macintosh 337
CompuServe-Büros 348
CompuServe-Gebühren 350
CompuServe-Knigge 39
CompuServe-Konferenzen 296
CompuServe-Story 5
CompuServe-Verzeichnis 121
Computer Database Plus 217
Computer Directory 217
Computerviren 137
Contribute Files 62
Control Data 7
Cox
    Maurice 7
Create Mail 55
Current 78
Current Activity 38
CUSIP-Nummer 177

D
Daily 88
Data Star 8
Data-Compression 51
Dataquest Online 217
Dateiablage 31
Dateiversand 62
Datenbank 291
Datenbanken 26
Datenbankrecherchen 200
Datex-P
    NUA 293

NUI   293
PAD   293
Datex-P   15
Datex-P-Knoten   291
Datex-P-Netz   291
Definition der Arbeitstage   88
Deutsche Computerforum   19
Deutsche Firmeninformationen   213
Deutsche Presseagentur   23, 266
Deutsches Computer Forum   136
DFÜ   291
DIALOG   291
Dinosaurier Forum   235
Directories   81
Disclosure II   180
Diskette im Buch   284
Download   291
Dr. Neuhaus Forum   135, 136
Drucker   119
Dun & Bradstreet   217

E
E*TRADE   185
E-Mail   22, 23, 169, 291
    Adressierung   23
EAASY SABRE   250
Eisenbahn Forum   244
Electronic Business Directory   217
Eliot Stein's Hollywood Hotline   233
Empfangsquittung   78
Entertainment-Foren   233
ERIC   217
Error-Correction   51
Erträge und Erwartungen   185
Ertragsprognosen   186
Europa Forum   136
Europäisches Firmenverzeichnis   217
Every   88
Executive News Service   267
Executive Option   267

Anmelden   267
Extract   76

F
Familiengeschichte   243
FASTCIS   339
Fax   23, 170
Fax   23
Faxen   170
Faxgerät   22
Fernmeldeanlagengesetz   11
Fido-Netz   287
File Finder   150
    Navigator   154
    Schlagwort   153
    Schlagwortkette   157
    Tips und Tricks   156
    Trefferliste   156
    Trefferzahl   156
    Trunkierung   157
    Uploaddatum   156
Film   233
Filmkritiken   228
Financial Information.   82
Finanz Forum   185
Finanzdienste   177
Finanzinformationen   25
Firmeninformationen   213
Fischzüchter   244
Fith Generation Systems Forum   143
Fitneß   245
FIZ Technik   8
Florida Forum   256
Flugsimulationen   223
Flugsimulationsprogramm   224
Folder   79
Foreign Language Forum   187
Forenliste   287
Forum   18
    Sektion   19
Forum Messaging   79

Forum Settings 79
Foto Forum 244
Future Focus 186

G
Gamers Forum 237
Garten Forum 245
GBI 8
Gedichte 245
Gesundheit 245
Gesundheitsforum 245
GIF-Gallery 226
Global Report 182
    Autosearch-Funktion 183
    Autosearch-Funktion 183
    Befehle 184
    Seitencodes 184
Global Village Communications 133
GO-Befehl 292
Golden Compass 339
Graphics File Finder 150

H
H&R Block Inc. 6
Haustier Forum 245
Hayes Forum 136
Hobby-Foren 244
Hollywood 225
Host 292
Hotline 119

I
IBM Communications Forum 136
IBM File Finder 121, 150
IBM Systems
    Utilities Forum 143
In-Depth-Company-Information 178
Indexdurchlauf 49
Information Manager 12
Information Manager für DOS 336
Information Manager für Windows 336

Information USA 218
Informationsmaterial 10
Initialisierungsstring 50
Inserate 193
International Trade Forum 192
Internet 22, 169, 170, 171, 288
    Beispieldateien 175
    LISTSERV 173
    Mailing Lists 172
Internet-Tauglichkeit? 169
Intervall 86
InvesText 218
IQuest 209
    Informationen 208
    Preise 201
    SmartSCAN 209
    Trefferliste 211
ISDN 292

J
Japan Forum 257
Jörg Schieb 226
Journalist 275, 340
    Bezugsquelle 280
Journalisten Forum 235
Jurassic Park 235

K
Kalifornien 257
Kanadische Unternehmen 217
Kelly Bundy 226
Kino 233
Knowledge Index 218
Koch Forum 245
Konferenz 21
Konjunkturdaten 185
Kontostand 16, 38
Kosten 38, 351
    Tabelle 350
Kosten 16

Kreditkarte   166
Kundenservice   348

L
L.A. Law   231
Lee Foster   254
Legal Research Center   218
Liste Datenbankdienste   215
LISTSERV   173
Literatur Forum   245
LOGIN   292
LOGOFF   292
LOGON   292
Lookup   177
Luftfahrtgesellschaften   7

M
MACCIM   337
Macintosh Communications Forum   137
Macintosh Developers Forum   143
Macintosh File Finder   150
Macintosh New Users Forum   143
Macuser Forum   137
Magazine Database Plus   218
Magill's Kino-Datenbank   232
Mail Settings   78
Mailboxen   120
Mall   166, 292
   Anbieter   162
   Befehle   166
   CompuServe-Zeitschrift   163
   Computerzubehör   162
   EDV-Bücher   167
   Index   162
   Kalkulation   167
   Kauf eines Modems   162
   Kreditkarte   166
   Order   166
   Preise   165
   Produktgruppen   162
   Produktsuche   162
   Versandkosten   167
   Zölle   166
MallPreisvergleich   163
Market Identifiers   217
Markt & Technik Forum   136
Marktdaten   186
McAfee
   Virenscanner   138
McAfee Forum   143
McAfee Forum   137, 138
MCI-Mail   169, 170
Megahertz   134
Member-Directory   289
Message   292, 340
MicroNet   5
Microsoft   8
Mietwagen   250
Mitgliederverzeichnis   203
Mitteilungen   40
MNP   292
Modem   11, 50, 133, 293
   BZT-Nummer   11
   Initialisierungsstring   50
   Wahlsperre   51
Modem Spiele Forum   240
Modem Vendor Forum   133, 136
MOVECIM   48
   Beispiel   48
Multi-Tech Systems   134
Musik & Kunst Forum   245

N
Nachrichtenbilder   263
National Computer Security Association   143
NAVCIS   340
Navigator   43
   Advanced Settings   77
   Aktienkurse   180
   Aktualisieren von Foren   83
   Beziehen von Dateien   68

Börsennotierungen 82
COM-Port 50, 77
Dateiversand 62
Forum 50
Forum Settings 79
General Settings 77
Grundeinstellungen 49
Installation 46
Installationsvorgang 47, 48
Konfigurationsmenüs 50
Login 63
Mail Settings 78
Mehrere Kennungen 85
Oberfläche 51
Offline-Library 62
Praktische Hinweise 74
Prinzip 46
Protokolldatei 52
Rebuild Indexes 49
Schalter 51
Script Template 80
Service-Menü 51
Session-Settings 76
Setup 76
SETUP.EXE 46
Skript 51
Suchformulierung 58
Terminal Emulation 80
Terminalmodus 82
Thread Summaries 66
Verzeichnis 46
Verzeichnisstruktur 94
Weiteren Dienste 81
Windows 46
Navigatoren
   MACCIM 337
Netzwerk-Kosten 350
News 259
NewsGrid 219, 266
Norton Utilities Forum 143
NOT-Logik 270
Notify of expired 90
NUI 293
Nutzer 295

O

OAG Travel Service 253
ODER-Logik 211, 270
Offline Library 70
   Markieren von Dateien 71
   Retrieve 71
Offline-Library 62
   Suchmenü 70
Oldtimer 244
Once 87
Online 293
Outdoors Forum 254
Over the Counter News Alert 267
OzCIS 96, 341
   Access Network 103
   Acitve in 1st Pass? 110
   Address Books 109
   Ask on Mail D/Ls? 106
   Auto 111
   Base Address 104
   Befehlsleiste des Haptmenüs 98
   Compose New 108
   Configuration 100
   Connect Baud Rate 104
   Download des Programms 96
   Download Mail? 106
   Downloads Path 105
   E-Mail 107
   Editor 109
   Entry Script 110
   Filename 107
   Files Path 110
   Forum \"Go\" Word 110
   Forum Title 110
   Forums 99
   Get Weather 106
   GIF Files Path 105

Help   101
Home Service   103
Host einrichten   101
Host Title   102
Host-Optionen   105
Interrupt Request Line   104
Is this a PS/2?   104
Keep Msgs in Mailbox   106
Libs   111
Long Scan Fields   111
Mail   99
Mail/Forums Path   105
Max Msg Count   106
Modem Init String   103
Modem Reset String   103
Modem Type   103
Online   100
Outbox send only   108
Overwrite Mail?   106
Password   103
Period   111
Phone Number   102
Post Script   105
Pre Script   105
Process Mail   106
Process Marked   108
QS Hdr Sections   111
Qscan New Mail   108
REA NEW Sections   111
REA THR Sections   111
Read Messages   107
Save Messages   108
Save Purged Msgs?   107
Scan Mail?   107
Script   103
Send/Recv Online   108
Serial Port   104
Service Prefix   110
Services   100
Show Pass Stats?   106
Systemvoraussetzungen   97

Tools   98
Undelete Messages   108
Update   111
Update Date   111
Upload To Mail   108
Use Hardware Flow Ctrl?   104
Use Tone dialing?   104
Use XON/XOFF   104
User ID   103
View Outbox   108
View Qscan List   108
Your Name   110

P
Packer   293
PAD   293
PaperChase   219
Parameter   294
Pass   72, 78
   Anzahl   73
   Programmierung   73
   Settings   72
Pass-Funktion   72
Paßwort   16, 38, 49
   Ändern   38
   Verloren   39
Patent Research Center   219
PED Software Corporation   280
Phone*File   204, 219, 243
Portfolio-Analysen   83
Postausgang   33, 34
PR & Marketing Forum   21, 191, 220
Practical Periphals Forum   136
Preisliste   34
Previous Activity   38
Procomm   11
Programme   31
Protokoll
   Abspeichern   66
   Verbindungszeit   65
Protokolldatei   52

Protokollfunktion 212
PSI Integration 134
PSYCHINFO 219

Q
Questel 8
QUICKCIS 341

R
Read Mail Disposition 79
Rebuild Indexes 49
Recherche
    Helpdesk 213
    Preise 201
    SOS 212
    Suchbegriffen 215
    Suchstrategie 200, 215
Reiseführer 248
Reiseplanung 247
Retrieve Message 58
Reuters 23
Reuters Ticker 263
RockNet 245
Roger Eberts Filmkritiken 228

S
Sammlerhinweise 241
Satellitenbild 24
Scenery-Files 224
Scheduler 86
    Auto run of expired launches 90
    Beispiele 91
    Confirm launch deletes 91
    CSNav Parameters 89
    Daily 88
    Definition der Arbeitstage 88
    Every 88
    Once 87
    Programmieroptionen 87
    Recurs 88
    RUN 91
    When 86
Science Fiction Forum 246
Script Template 80
Script-Preview 63
Search Library 61
Segel Forum 245
Sektion 294
Sektion 19
Seltene Krankheiten 219
Senden 33, 34
Service-Menü 51
Services Window 53
Session-Settings 76
Shareware 237
Shopping Mall 8, 136, 164
Show Library Section Numbers 79
Show Message Section Numbers 79
Showbiz Forum 225
SIC-Code 177, 294
Siehe Mall 164
Since 57
Skript 51
    Aktualisierung 61
    Aufgabe 55
    Contribute Files 62
    Dateiversand 62
    Dienst deaktivieren 74
    Erstellen 53
    Notbremse 65
    Rechte Maustaste 75
    Retrieve Message 58
    RUN 63
    Search Library 61
    Softwarebibliothek 61
    Suche nach Nachrichten 59
    Summarize 56
    Terminal Emulation 80
    Update 60
    Vorschau 64
Skript-Editor 51
    Menügeführt Arbeiten 74

SmartSCAN 211
Soap-Operas 230
Softwarebibliothek 31, 61
Sonderzeichen 39
SOS 212
Spiele 237
   Gamers Forum 237
Spiele-Foren 237
Sporttaucher Forum 246
Sprungadresse 27
Standard Pricing Plan 37
STN International 8
Submission Date 121
Suchlogik 46
Summaries
   All 67
   Ignore 68
   New 67
   Single 67
Summarize 56
Summarize Messages 56
Summarize-Option 58
Supra Corporation 133
Symantec Utilities Forum 143
Sysop 294

T
Tandy 6
TAPCIS 341
Taucher 246
Telebit 134
Telebox 400 170
Telefonbücher 204
Telefongebühren 350
Telefonnummer 202
Telemate 11
Telex 23, 170
Telexe 171
Telexnummer 23
Telix 11
Tenderlink 218

Terminalemulation 294
Terminalmodus 82
The Business Wire 216
Thomas Register Online 220
Thomson Publishing 196
Thread 32, 57, 294
Thread Summaries 66
Ticker 260
   Associated Press 260
   Clipping Service 267
   Deutsche Presseagentur 266
   Executive News Service 267
   Nachrichtenbilder 263
   Newsgrid 266
   Nutzungsrechte 260
   Over the Counter News Alert 267
   United Press International 267
   Washington Post 267
Ticker-Symbole 177
Timer 86, 141
Top-Ten-Filme 228
Travel Forum 248
Trefferliste 211
Trojanisches Pferd 144
Trunkierung 270
TRW Firmenprofile 220

U
U.K.Computing Forum 136
U.K.Forum 257
U.S.Department of State Advisories 257
Übertragungsprotokoll 294
UK-NEWS 263
Umsatzdiagramme 186
Umwelt Forum 246
UND-Logik 210, 270
United Press International 267
Unterhaltung 233
Unterwasserfotografie 246
Update 84
Update the message section names 60

Upload 295
US Robotics 134
US-Börse 187
US-Börsenaufsichtsbehörde 180
US-Serien 226, 230
US-Serien 226
US-Telefonbücher 204
US-Zeitungsdatenbank 220
User 295
Utilities 119

V
Vendor 133
Verbindungsqualität 13
Verbindungszeit 65
Verbosity 77
Vertrag 35
Verzeichnisstruktur 47
View Update Item 84
Virenscanner 137
Virus 142
VISA 7

W
Waiting for me 57
Wallstreet 25
Warenzeichen
  Großbritannien 216
Washington Post 267
Weinliebhaber 244
Werbung 193
West-Coast Travel 257
Wetterkarte 24
WIGWAM 342
Wildcards 69
WinCIM 13, 26, 283
  Installation 283
WINCIS 342
Work From Home Forum 191
Worldspan Travelshopper 253
Wörterbuch 290

X
X-Modem 295
X400 169
XC 342

Y
Yacht-Club 245
Yellow Pages USA 216

Z
Z-Modem 295
Ziffnet Support Forum 136
Zoom Telephonics 134
Zugänge 343

O'REILLY/THOMSON

Die Welt des Internet
Handbuch & Übersicht
Ed Krol

Das Internet ist das größte weltumspannende Computernetz mit über 600.000 angeschlossenen Rechnern. Dieses Buch gibt dem Leser eine generelle Einführung ins Internet, dessen Benutzung, sowie einen Überblick der Möglichkeiten die Internet bietet. Die ersten Kapitel geben Einblick in das Netzwerkprotokoll TCP/IP, mit dem Internet arbeitet. Der mittlere Teil des Buches befaßt sich mit Anpassung der Software, Fehlersuche und Datenschutz. Ein weiterer Teil des Buches gibt einen Überblick der wichtigsten Netzdienste sowie deren Anbieter. Im umfangreichen Anhang des Buches findet der Leser diverse Referenzmanuals, Beispiele und Informationen zum TCP/IP Header.

420 Seiten, 1994,
59,- DM, geb.

TCP/IP Netzwerk Administration
Craig Hunt

Dieser Band der bekannten Nutshell-Reihe erhellt den Bereich der Verwaltung von Netzen auf TCP/IP-Basis. TCP/IP ist ein Netzwerkprotokoll, welches für die UNIX-Welt von größter Bedeutung ist. Das Buch beginnt klassisch mit den TCP/IP Protokollen im allgemeinen, IP-Adressen sowie deren Beantragung. Es folgt ein Einschub zur Konfiguration eines netzwerkfähigen UNIX-Kerns. Danach geht es mit den Standardprogrammen weiter. So wird ausführlich die Konfiguration der IP-Schnittstelle, der Netzrouten eines Namensservers und natürlich "Sendmail" behandelt. Abschließend folgen Kapitel, die sich mit der Fehlersuche und der Sicherheit in TCP/IP-Netzwerken befassen.

500 Seiten, 1994,
79,- DM, geb.

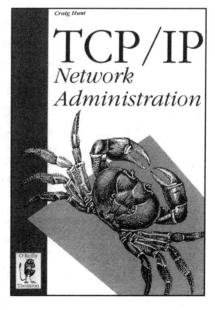

BUSINESS.COM

Informations-Broking

Michael Klems

Michael Klems ist derzeit der einzige deutsche Informations-Broker, der im Auftrag von Firmen und Institutionen weltweit in Netzen und Datenbanken Informationen recherchiert. Ganz praxisnah und mit vielen Tricks und Hintergrundinformationen erfährt der Leser, was er tun muß, um Zugang zu den Netzen zu erhalten, welche Mailboxen und Online-Datenbanken für ihn interessant sein könnten und wie er am schnellsten und preisgünstigsten an diese Informationen kommt. Auf der Diskette befinden sich Terminalprogramme, Retrieval-Anwendungen und vieles mehr.

350 Seiten, 1994,
79,- DM, geb. mit Diskette
ISBN 3-929821-15-X